Competition Policy and Consumer Welfare

경쟁정책과 소비자후생

이 종 인 저

불만족을 만족으로 바꿀 힘이 없는 소비자는 불행하다

법 영 사

책을 펴내면서

수년간 이어지고 있는 경기침체의 그림자가 지워지지 않고 있다. 이러다간 '잃어버린 20년'으로 불리는 일본식 장기불황의 늪에 빠지는 것은 아닌지 염려되기도 한다. 소비자의 구매심리 위축에 따른 장기적 물가하락(deflation) 우려 등에 대응하는 정부의 적극적인 재정·금융 개입을 요구하는 목소리도 커지고 있다. 그럼에도 불구하고 이른바 '보이지 않는 손'에 이끌리는 시장경제체제의 우월성에 대한 신념은 확고부동하다.

하지만 시장경제체제는 자유방임의 상태에서는 유지될 수 없으며 일정부분 정부의 개입이 불가피하다. 국가경제의 존립의 바탕이 되는 국방과 치안, 공정한 사회질서의 확립과 공공사업의 운영 등을 위한 각종 준칙의 마련과 모니터링, 제재 등의 역할은 정부의 몫이다.

자유시장기구에 바탕을 둔 자본주의 시장경제체제를 굳건하게 하는 핵심 정책의 하나로 경쟁정책이 있다. 경쟁정책은 시장의 여건을 경쟁적으로 유지하거나 촉진함으로써 바람직한 경제성과를 실현하기 위한 것이며 궁극적인 목적은 소비자후생의 증진이다. 그런데 시장에서 소비자후생의 증진을 목적으로 하는 다른 정책이 있는데 바로 소비자정책이다. 소비자정책은 시장경제에서 소비자문제 해결을 위해 정부가 법과 제도 등을 통하여 시장에 직·간접적으로 개입하는 일련의 과정을 말한다.

이러한 두 정책 모두 소비자후생의 증진을 목표로 한다. 그런 측면에서 두 정책은 서로 긴밀한 관계에 있으며, 따라서 경쟁정책과 소비자후생의 문제를 살펴보기 위해서는 부득이하게 소비자정책의 분야도 함께 고려하는 것이 바람직하다. 이 책에서는 여러 경쟁정책들의 법·제도적 개념과 경제 이론적 관점에서의 경쟁정책의 의의를 공부한다. 이어 해당 경쟁정책이 소비자후생에 미치는 효과를 살펴본다.

이 책을 집필하고자 했던 계기는 저자가 건국대학교 상경대학에서 '경쟁정책과 소비자정책', '공공정책과 소비자복지', '소비자경제특론' 등의 교과목을 담당하면서 경쟁정책과 소비자정책, 그리고 소비자후생을 포괄하는 내용을 담고 있는 적절한 교재를 찾을 수 없었다는 점이다. 경쟁정책에 관한 적지 않은 이론과 심결사례들이 있지만 그러한 정책들의 수행이 어떻게 얼마만큼 소비자후생에 영향을 미치는지, 그리고 연관된 소비자문제에는 어떤 해법으로 작용하고 있는지 등에 관한 학생들의 궁금증을 해소해 줄 책자나 자료를 발견할 수 없었던 것이다. 그런 연고로 저자는 지난 2010년부터 매학기 강의노트를 만들어 활용해 왔는데 어느새 한권의 책으로 엮을 만큼의 분량이 되었다. 다음 학기 강의를 앞두고 학생들의 불편을 들어주고자 급히 출간을 결정했다.

이 책의 내용은 수십 년간 경제학과 현실경제를 접하면서 획득한 지식과 저자의 신념을 바탕으로 한 창작물일 수도 있겠지만, 사실 다양한 출처와 자료에서 얻은 상경대학 상급생들에게 필요한 수준의 관련 지식들의 묶음으로 보는 것이 타당할 것이다. 경쟁정책의 기본 틀은 우리나라 공정거래법 등 관련 제도에 바탕을 두고 있지만, 목차상의 순서와 일본의 사례 등은 오다(小田切宏之) 교수가 집필한 '競争政策論—独占禁止法事例とともに学ぶ産業組織論'을 상당부분 참고하였다. 저자는 건국대학교에서 '경쟁정책과 소비자정책', '공정거래와 소비자' 등의 강의를 위한 강의노트를 준비하면서 그 책의 내용과 사례들을 종종 인용하기도 하였다. 이 책의 집필을 준비하면서 저자는 해당 책의 출판사인 일본평론사로부터 책의 형식과 내용의 일정부분을 인용하거나 일본사례 등을 소개하는데 양해를 구했음을 밝히며, 동사의 협조에 지면을 통해 심심한 감사를 드리는 바이다.

이 책은 15~16주로 되어 있는 한 학기 강의용으로 편성하였다(오리엔테이션과 중간시험 그리고 기말시험 주간에는 실질적 진도를 나갈 수 없는 대부분의 대학 실정을 감안했다). 이 책은 학생들뿐 아니라 시장경제체제에서의 소비자후생의 문제, 그리고 경쟁정책과 관련 정책에 관심 있는 일반 독자들에게도 유용하다. 궁금하긴 하지만 이해가 쉽지 않은 시장경제, 경제와 법, 경쟁정책과 제도의 문제를 식후 커피한잔과 같이 일반인에게 손쉽게 다가가면서도 이들의 지식과 후생(만족) 수준을 높여주는 책으로 활용될 수 있도록 하는데 포커스를 맞췄기에 일반 독자에게도 유용한 살아있는 정보가 될 것으로 확신한다.

이 책의 출간은 많은 분들의 도움이 있었기에 가능했다. 특히 이 책의 전체 내용에 해당하는 강의노트들을 읽고 코멘트해준 건국대학교 소비자정보학과 학생들에게 고마움을 전한다. 덧붙여, 어려운 출판 여건에서도 경제문제와 소비자후생의 전문서의 학술적 가치에 비중을 두어 선뜻 출간을 결정해준 법영사의 고호균 대표와 편집부원 여러분께 감사드린다.

이 책을 저술하면서 우리나라 경쟁정책과 시장경제 그리고 소비자후생에 관련된 이론적 토대를 여러 경제현상에 맞게 해석하고 또 다양한 응용을 통해 독자들의 이해를 돕고자 했으나 출간을 앞두고 보니 부족한 점이 한둘이 아니다. 저자의 일천한 지식과 능력 탓이며 미흡한 부분은 다음 기회에 보완해나갈 것을 약속드린다. 이 책에 대한 독자 여러분의 건설적인 지적과 비평을 바란다.

2015년 8월 15일
광복절 아침에 연구실에서

이종인 씀

차　례

여담(regression) 차례

주요 참고문헌

강두석(2014), 신제도경제학원론, 다산출판사.

공정거래위원회 홈페이지(www.ftc.go.kr)

공정거래위원회 사이트(http://www.ftc.go.kr/policy/compet/mnaExam.jsp).

기획재정부(2010), 시사경제용어사전.

김수행(역, 2007), 애덤 스미스의 국부론(상, 개역초판), 비봉출판사.

신석훈, 최근 하도급법 개정 논의의 문제점, KERI칼럼, 2011.

신현윤(2009), 경쟁법 역외적용의 최근동향, 「경쟁법연구」 제20권, 한국경쟁법학회.

여의도연구원(2013), 공정과 상생의 인터넷산업을 위한 정책간담회 자료(2013.7)

윤창호·장지상·김종민(편, 2011), 한국의 경쟁정책, 형설출판사.

이승신·이종인·박정근(2014), 소비자와 글로벌마켓 중심의 시장경제, 박영사.

이종인(2015), 당신이 소비자라면, 이담북스.

이종인(2014), "우리나라 소비자정책 추진체계의 문제점 진단 및 개선방안 모색", 2014소비자통합학술대회 발표논문(2014.11).

이종인(2013), 범죄와 형벌의 법경제학, 도서출판 한울.

이종인(2012), 세상을 바꿀 행복한 소비자, 이담북스.

이종인(2011), "재벌문제를 둘러싼 최근의 쟁점 진단과 대응방안 검토", 경쟁저널 제159호(2011년 11월호), 공정경쟁연합회.

이종인(역, 2000), 법경제학, 비봉출판사.

조은혜(2010), "저작권 인식과 학술정보의 오픈 액세스에 관한 연구" 28쪽.

한서희, FRAND 선언의 사후적 위반행위에 대한 판단-"서울중앙지방법원 2012. 8.24. 선고 2011가합39522판결"을 중심으로, 경제법판례연구 제8권, 2013.

Manfred Neumann(2001), Competition Policy; History, Theory and Practice.

Steinemann·Apgar·Brown(2005), Microeconomics for Public Decisions, South-Western.

Utterback, James M(1994), Innovation : How Companies Can Seize Opportunities in the Face of Technological Change, Harvard Business School Press.

Williamson, O. E.(1971), The Vertical Integration of Production: Market Failure Considerations, American Economic Review, 61(2), pp.112-123.

小田切宏之(2008), 競爭政策論, 日本評論社.

細川幸一(2007), 消費者政策論, 成文堂.

제 1 장 시장경제의 한계와 소비자 선택의 제약

우리가 그동안 배워왔던 시장경제는 이른바 경쟁적 시장이 바탕이 되어 (적어도 효율성의 측면에서는) 매우 우수한 제도이다. 하지만 현실의 시장은 경쟁적이지도 못하고 거래당사자간 정보도 비대칭적인 경우가 많다. 시장의 내부에 자원배분의 비효율성을 가져오게 하는 외부효과와 공공재와 같은 수많은 요인들이 존재하며, 그로 인해 이른바 시장실패(market failure)가 나타난다. 그래서 정부가 일정부분 역할을 담당해야 할 당위성이 있으며, 경쟁정책이나 소비자 후생정책과 같은 형태로 시장에 개입(intervention)하게 된다. 하지만 정부도 완벽할 수 없어 이른바 정부실패(government failure)가 종종 발생된다. 소비자 선택의 문제를 포함하여 경제문제의 원활한 해소를 위해서는 시장기능과 정부기능의 장점들을 조화시켜 활용할 필요가 있다.

이 장에서는 '소비자후생 증대'라는 궁극적 목표를 위한 '경쟁정책'의 기초적 내용들을 공부해보도록 하자. 우선 제1절에서는 완전경쟁시장(perfectly competitive market)에 있어 수요와 공급의 상호작용의 결과 유일한 가격과 공급량의 조합이 결정되는 과정 즉 시장균형 상황을 아담스미스의 이른바 보이지 않는 손(invisible hands)에 빗대어 살펴보고, 시장구조가 독점으로 변경된 경우에는 가격과 공급량이 어떻게 달라지는지에 관해 살펴본다.

이어 제2절에서는 중요한 경제적 성과 기준이면서 상호 상충되는 경우가 많은 이른바 효율성과 형평성의 문제를 살펴본다. 사회의 구성원들이 누리는 총잉여(소비자잉여+생산자잉여)로 측정되는 전통적인 효율성 기준의 의의와, 시장경제에서 또 하나의 중요한 경제문제인 형평성에 관한 다양한 경제·사회적 관점과 견해들을 정리한다.

제3절에서는 시장경제의 한계 문제를 다룬다. 현실에서 볼 수 있는 경쟁의 불완전성, 시장의 실패, 정보비대칭의 문제, 정부정책의 실패 등에 관한 경제이론들을 정리한다. 끝으로 제4절에서는 이러한 시장경제체제에서 소비자문제의 원인과 바람직한 해소방향을 (기존과는 다른) 소비자선택의 관점에서 정리한다.[1)]

1. 보이지 않는 손

1) 시장경제체제와 경쟁

시장경제

일상생활에서 흔히 말하는 시장경제라는 것은 자본주의시장경제를 의미하며 자유기업경제라고도 한다. 자본주의 시장경제에서는 자본과 토지와 같은 생산수단이 사유화되고, 기업은 이윤을 얻기 위해 이 생산수단을 이용하여 공장을 짓고 노동자를 고용하여 상품을 생산한다. 소비자 역시 만족스러운 소비생활을 위해 보다 낮은 가격의 좋은 품질의 상품을 선택한다.

이러한 시장경제 체제에서는 생산·교환·분배·소비가 모두 자유시장기

---

1) 본 장의 내용은 다음 저서 중 저자가 집필한 부분(32~36쪽, 112~131쪽)을 상당부분 참조했다. 이승신·이종인·박정근(2014), 소비자와 글로벌마켓 중심의 시장경제, 박영사.

구(free market mechanism)에 의해 이루어진다. 즉 새뮤얼슨(Paul A. Samuelson)이 정의한 세 가지 기본적 경제문제인 What & How much to produce, How to produce, For whom to produce의 문제가 모두 시장기구에 의존하여 달성되는 것이다.

이러한 시장경제체제에서는 애덤 스미스의 이른바 '보이지 않는 손'에 이끌리어 개별 경제주체들이 자신의 이익을 추구할 때 한정된 자원이 가장 필요로 하는 부분에 쓰이게 되며 결과적으로 사회의 이익도 함께 증진된다.[2] 예컨대 생산자는 보다 높은 가격에 상품을 만들어 팔고자 하고 소비자는 보다 낮은 가격에 사려고 하는데 시장에서 '가격 메커니즘'에 이끌리어 공급에 비해 수요가 큰 부분, 즉 가격이 상승한 부분으로 상품이 팔려 소비자 만족이 늘어나며, 생산자 역시 주어진 자원을 가격이 상승한 상품을 생산하는데 사용함으로써 이윤을 얻게 된다. 따라서 소비자와 생산자 모두에게 이익이 되어 사회 전체적으로도 주어진 자원이 효율적으로 활용되는 결과를 낳게 되는 것이다.[3]

공정한 경쟁의 필요성

시장경제에서 경제주체들은 자신의 이익을 위해 경제활동을 하면서 다양한 경쟁을 하게 된다. 경제학사전에서는 '시장경제'를 '개별 경제주

---

2) 그의 유명한 국부론(An Inquiry Into The Nature and Causes of The Wealth of Nations, 1776) 상권 500쪽과 도덕감정론(The Theory of Moral Sentiments, 1759)에서 언급된 내용이다.

3) 이러한 오늘날의 '보이지 않는 손'의 개념은, 그러나 애덤 스미스가 말했던 의미와는 다소의 차이가 있다. 그는 '국부론'에서 개인이 자신의 상태를 개선하려고 자연스럽게 노력하는 것을 막지 말라는 의미에서 '자연적 자유(natural liberty)'와 '보이지 않는 손'을 주장했지만, 더불어서, 사회 전체의 안정을 위협하는 몇몇 개인의 자연적 자유의 행사는 제한되어야 함을 강조했다. 따라서 '보이지 않는 손'이라는 은유나 '자연적 자유'에 의해 그가 강조하고자 하는 것은, 사회적 이익을 증진시키는 범위 내에서 개인의 사익 추구를 허용하는 것이 바람직하다는 것이다(김수행(역), 국부론(상), 2007).

체들이 시장에서 경쟁에 의해 형성되는 가격을 지표로 하여 자유롭게 경제 활동을 전개하는 경제'로 정의하고 있다. 다시 말해 자유로운 경쟁을 바탕으로 하고 있다. 시장경제에서 경쟁이 중요한 이유는 상술한 '가격 메커니즘'이 잘 작동하기 위한 전제조건이 바로 경쟁이기 때문이다.

경쟁은 또한 경제발전의 핵심 요소인 기술진보를 가져오는 측면에서 중요하다. 경쟁이 제한되거나 독점이윤을 누리는 독과점 기업이나 산업에서는 신기술 개발의 유인이 많지 않아 기술진보와 경제발전을 가로막을 가능성이 크다.

하지만 시장경제에서의 모든 경쟁이 바람직한 것은 아니다. 자유롭고 공정한 경쟁인 경우에만 자원의 효율적 배분을 가져오는 효과를 기대할 수 있다.

자유경쟁은 개별 경제주체들이 특히 국가에 의한 제약이나 간섭 없이 사적 이익의 극대화를 위해 서로 경쟁하는 것을 의미한다. 신고전파 경제학에서는 (아래에서 살펴볼) '완전경쟁'의 여러 조건에서 이러한 자유경쟁의 실현이 가능하다고 보았다. 공정경쟁은 경쟁시장에서 기업과 개인이 자유롭고 공정한 경쟁을 통해 경제 활동을 하는 것을 의미한다.4)

여담(regression) 1.1

애덤 스미스가 사용한 '보이지 않는 손'의 의미

영국의 고전학파 경제학자인 애덤 스미스가 저서 '도덕감정론'(1759)과 '국부론'(1776)에서 각각 한 번씩 사용한 말로서 개개의 모든 이해는 궁극적·자연적으로 조화를 이룬다는 사상이다.

스미스는 이 용어를 1758년 이전에 언급하였으나, 그의 사후인 1795년에 출판된 '철학논문집'의 '천문학사' 편에 주피터의 '보이지 않는 손(the invisible

4) 시사경제용어사전(기획재정부, 2010.11). 제2장에서 공정경쟁과 불공정경쟁의 의미를 상세히 살펴본다.

hand of Jupiter)'으로 표현되었다. 여기서 신은 보이지 않는 손을 이용하여 사물의 규칙적 운행을 정지시키거나 교란시키는 존재로 등장, 후에 나오는 그리스도교의 하나님과는 역전적 위치에 있다. 이와 같은 그의 견해는 무지한 미개인의 사고방식을 대표하는 것으로, 신의 질서에 관한 17~18세기적 이해에 선행하는 것이었다.

그러나 이후의 도덕감정론에서 이 말은, 역전되어 신은 전능하며 사랑의 존재로서 신의 보이지 않는 손은 개개인의 이익추구의 에너지를 인류 일반의 이익으로 연결시키는 통할자라고 표현하였다. 그의 자연적 유신론은 보이지 않는 손을 기술적(記述的)이고 연역적으로 설명하려 한 것이다.

'국부론'에서 보이지 않는 손의 개념은 보다 경제학적 색채를 띠고 있으며, 자연적 자유체제의 주장과 결부되어 중상주의적 통치원리를 부정하게 되었다. 자본의 용도에 관한 개개인의 자유로운 선택을 사회전체 이익과 일치시키는 보이지 않는 손의 작용은, 구체적으로는 자유경쟁시장에 있어서의 경제적 균형 속에서 자본투하의 자연적 순서를 표현하는 것으로 인식되고 있으며, 이것은 자본주의사회에서의 자율성 표현이라고 할 수 있다.

자료 : 두피디아(http://www.doopedia.co.kr/) 정보에 기초하여 저자 작성

2) 경쟁시장에서의 균형

경제학에서 경쟁 또는 완전경쟁이란 경쟁자의 숫자가 매우 많은 상태를 의미한다. 한 산업에 수많은 기업이 존재하여 그들 중 한 기업의 행동이 시장가격에 영향을 주지 못하고, 수많은 소비자가 존재하여 개인의 효용극대화행동이 시장가격에 영향을 줄 수 없는 산업을 완전경쟁산업(perfectly competitive industry)이라고 한다(흔히 '경쟁산업'이라 하면 이론적으로는 완전경쟁산업을 의미한다).

이와 같은 완전경쟁산업에서는 생산물의 총수요(aggregate demand)와 총공급(aggregate supply)은 <그림 1-1>과 같이 우하향하는 수요곡선 $d=d(P)$

와, 우상향하는 공급곡선 $s=s(P)$로 나타낼 수 있다. 총수요와 총공급이 교차하는 점에서 균형가격(시장청산가격, market clearance price)과 균형공급량이 결정된다. 이 균형가격과 균형공급량 수준에서 소비자와 생산자의 의사결정이 일치하게 된다.

<그림 1-1> 완전경쟁시장의 균형

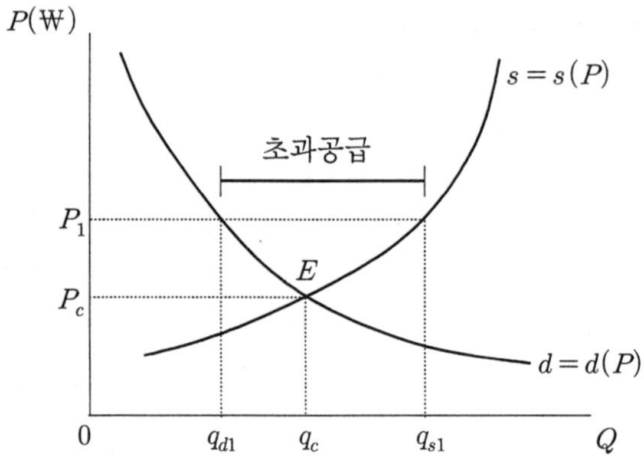

<그림 1-1>에서 P_c, q_c의 조합이 균형이 되는 이유는 P_c, q_c 조합 이외의 경우를 살펴봄으로써 이해할 수 있다. 최초의 시장가격이 P_1이라 하면 P_1에서 생산자는 q_{s1}의 생산물을 공급함으로써 자신의 이윤을 극대화할 수 있고, 효용을 극대화하려하는 소비자는 q_{d1}단위의 생산물을 구입하게 될 것이다. 이 경우 P_1 가격에서 생산자가 팔려고 하는 공급량이 소비자가 구입하려하는 수요량을 초과하기 때문에 공급과 수요의 결정이 서로 일치하지 않게 된다. 이와 같이 시장에 초과공급이 나타날 경우에는 시장 가격이 하락하게 될 것이며, 이에 따라 소비자는 수요량을 늘리고 생산자는 공급량을 줄이게 되어 공급량과 수요량간의 격차가 좁혀지게 될 것이다.

이러한 과정에서 시장가격은 P_c에 이르게 되며, P_c에서는 생산자의 공급량과 소비자의 수요량이 일치하게 된다.

3) 독 · 과점시장에서의 균형과 불공정경쟁 가능성

(1) 독점시장

독점(monopoly)은 한 산업에 단지 1개의 생산자만 존재하는 극단적 형태의 시장구조를 말한다. 시장에 진입장벽(entry barrier)이 존재하여 해당 산업에 기업간 경쟁이 불가능한 경우 독점기업이 생겨나고 또한 유지할 수 있게 된다. 이와 같은 진입장벽은 일반적으로 다음 몇 가지 조건 아래서 나타난다.

첫째, 가장 단순한 독점의 발생원인은 상품생산에 필요한 요소를 독점적으로 장악하는 경우를 들 수 있다. 예컨대 우리나라에 하나밖에 없는 약초 재배지를 소유하고 있는 기업은 이것이 원료가 되어 제조되는 약품시장을 독점하게 되는 것이다.

둘째, 기술적 진입장벽인 규모의 경제(economies of scale)가 있는 경우에는 독점이 필연적으로 발생한다. 규모의 경제란 생산 수준을 늘릴수록 평균생산비가 낮아지게 되는 생산의 한 조건을 의미한다. 이러한 규모의 경제가 나타나는 경우에는 한 산업에 하나의 기업이 다른 많은 기업들보다 낮은 비용으로 생산을 할 수 있게 되어 결국 한 기업만 생존할 수 있게 된다. 이처럼 규모의 경제라는 기술적 요인이 독점화의 경향을 가져오게 되는 경우를 자연독점(natural monopoly)이라고 하는데, 전기, 수도사업, 원격통신사업, 전신업, 발전소 등 공익사업(public utilities)은 자연독점인 경우가 많다.[5)]

셋째, 진입에 대한 법적 제한이 있을 경우 시장의 독점화가 촉진된다. 예컨대 정부가 특정 산업에 신규진입을 불허하는 경우, 그리고 특정 기

---

5) 제10장 2절(필수설비와 자연독점)에서 규모의 경제와 자연독점에 관해 보다 자세히 살펴보고 있다.

업에 특허권(patent)을 부여하거나 전매권을 허용하는 경우 독점이 형성·유지된다.

경쟁적 기업과 마찬가지로 독점기업도 한계비용과 한계수입이 일치하는 수준에서 생산을 결정하여 이윤을 극대화하게 된다. 독점기업의 한계비용은, 경쟁 기업과 마찬가지로 생산량을 한 단위 더 늘릴 때 드는 비용이며 <그림 1-2>에서 *MC*곡선으로 나타냈다. 하지만 독점기업의 한계수입은 경쟁 기업의 한계수입과 같지 않다. 한계수입은 판매단위수의 한계적 변화(혹은 근소한 변화)에 따른 기업의 총수입의 변화를 의미한다. 경쟁적 기업의 경우에는 한계수입이 상품의 가격과 일치하였다. 경쟁적 기업은 시장가격에서 자신이 원하는 단위를 판매할 수 있으므로, 판매단위를 추가할 때마다 판매가격이 그대로 총수입에 더해진다. 하지만 독점기업의 경우는 이와 다르다.

<그림 1-2>의 *MR*곡선에서 보듯이 판매단위가 증가할수록 독점기업의 한계수입은 감소한다. 그림에서 *MR*곡선이 수요곡선 아래에 위치하게 됨을 유의하라. 이것은 판매단위에 관계없이 한계수입은 항상 시장가격보다 적음을 나타낸다. 그림에서 q_c단위까지는 판매단위가 증가되어도 *MR*이 양수가 되지만, 그 크기는 감소한다. 즉, 판매단위가 증가할수록 기업

<그림 1-2> 독점기업의 이윤극대화 생산량·가격 수준

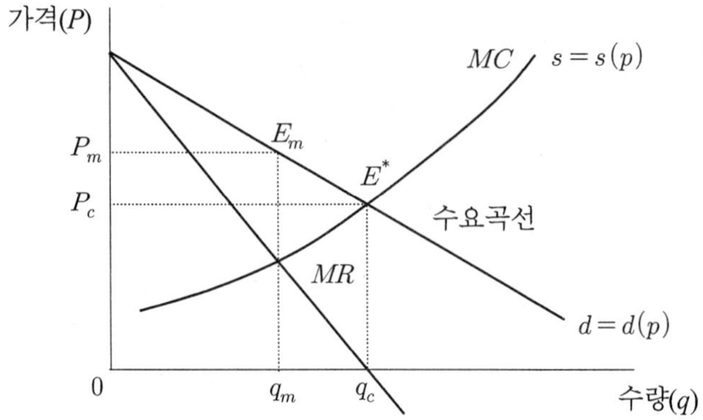

의 총수입은 증가되지만 그 증가비율은 감소한다. q_c단위를 생산할 경우 이 기업의 총수입은 더 이상 증가하지 않는다(즉 MR=0이다). q_c단위 이상을 생산할 경우 MR은 음수가 된다. 즉, q_c단위보다 더 많이 생산할 경우에는 각 생산단위는 독점기업의 총수입을 오히려 감소시키게 된다.

이와 같이 독점기업의 한계수입과 판매단위간의 관계가 복잡한 이유는 독점시장에서의 수요곡선이 우하향하기 때문이다. 수요곡선이 우하향하는 것은 독점기업이 판매가격을 낮추어야 함을 의미한다. 즉 생산물의 판매단위를 늘이기 위해서 독점기업은 추가되는 마지막단위(한계 단위)의 가격만 낮추는 것이 아니라, 판매할 상품 전체의 가격을 낮추어야 한다. 그 결과 생산물의 판매를 한 단위 추가함으로써 얻는 총수입의 증가분이 해당단위의 판매가격보다 항상 적게 된다. 한계수입이 가격보다 항상 적고 가격(수요곡선)이 감소하기 때문에 MR곡선도 또한 우하향하고 수요곡선 아래에 위치하는 것이다.

독점기업은 한계수입과 한계비용이 일치하는 수준의 생산량을 선택함으로써 자신의 이윤을 극대화한다. <그림 6-2>의 q_m수준이 MR=MC인 생산수준이다. 수요곡선은 q_m의 생산수준에서 소비자는 P_m가격을 지불하려 함을 나타낸다. 만일 이 산업이 독점이 아니라 경쟁 산업이라면 기업의 이윤극대화 행동으로 총공급곡선과 산업의 수요곡선이 교차하는 점(E^*)에서 균형가격과 균형공급량이 결정될 것이다. 경쟁시장가격 P_c는 독점가격(P_m)보다 낮고 경쟁시장에서의 공급량(생산량, 소비량) q_c는 독점공급량 수준보다 높게 된다.

(2) 과점시장과 독점적경쟁시장

경제학에서는 위에서 설명한 극단적 완전경쟁과 극단적 독점 사이에 존재하는 여러 형태의 시장구조에 대해 분석하고 있다. 그 중 가장 중요한 시장구조는 과점(oligopoly)과, 불완전경쟁(imperfect competition)의 한 형태인 독점적경쟁시장(monopolistic competition)이다.

과점시장이란 몇몇 개의 기업이 한 시장(혹은 주어진 산업)내에 존재하며 이들 기업들의 이윤극대화 결정이 서로 의존적인 형태의 시장구조를 말한다. 즉, A기업의 최적해는 자신의 한계비용과 한계수입(수요곡선)에만 의존하는 것이 아니라 B, C, D 등 그 산업 내 다른 기업들의 생산량과 판매가격에 의해서도 영향을 받게 된다는 의미이다.

독점적경쟁시장이란 기업들의 자유로운 시장진입과 퇴출, 시장 내 다수 기업의 존재 등 완전경쟁시장의 여러 특성을 대부분 가지고 있지만, 상품의 품질이 차별화(differentiated products)되어 있다는 독점시장의 중요한 특징을 하고 있는 시장구조를 말한다. 따라서 차별화된 이질적인 상품(heterogenous products)을 생산하는 기업이 어느 정도의 독점력을 가진다는 점에서는 독점시장과 비슷하지만, 다수의 타 기업과 경쟁해야하고 또 잠재적 진입자도 고려해야 하는 입장에 있기 때문에 그 독점력에는 한계가 있다.

2. 효율성과 형평성

1) 효율성 기준

(1) 효율성의 의의

이론뿐 아니라 정책적 사고에서 필수적으로 활용되는 중요한 개념에서 효율성(efficiency)이 빠질 수 없다. 우리는 적은 비용으로 만족을 높이는 경우를 흔히 현명한 소비행동이라는 의미로 '효율적 소비'라고 표현하곤 한다.

경제학에서는 효율성의 개념을 다양한 범주에서 정의하고 있다. 예를 들어 생산에 있어서의 효율성을 보면, 보다 적은 생산요소(inputs)의 조합을 사용하여 동일한 생산물(outputs)을 생산할 수 없으며, 동일한 생산요소의 조합을 사용하여 보다 많은 생산물을 생산할 수 없는 상황이 되면 생산에 있어서 '효율적이다'라고 한다. 또한 소비의 효율성을 보면, 보다 적은 소득(돈)을 사용하여 목표하는 효용(만족)수준을 달성할 수 없거나, 같은 지출(돈)로 더 높은 효용(만족)수준을 달성할 수 없는 상황은 소비에 있어서의 효율성이 달성된 것으로 정의한다.

앞서도 소개하였지만, 유명한 경제학자인 아담스미스(Adam Smith)는 경쟁적 시장에서는 이른바 '보이지 않는 손(invisible hand)'에 의해 소비자의 효용극대화와 생산자의 이윤극대화가 달성되고 그 결과 우리 사회에 가장 큰 부(wealth)로 귀결된다고 하였다. 이는 시장에서 소비자와 생산자가 각각 효용극대화와 이윤극대화를 추구하며, 그 결과 소비의 효율성과 생산의 효율성이 달성되어 마침내 사회적 효율성이 달성된다는 것이다.

다양한 효율성의 개념과 유형이 존재하지만, 아래에서 설명하는 파레토효율성 기준이 가장 일반적이다.

(2) 파레토 효율성과 잠재적 파레토 효율성

경제학에서의 효율성에 대한 정의 중에는 자원 배분에 있어서의 만족수준을 나타내는 이른바 파레토 효율성(Pareto efficiency)이 있다. 다른 어떤 사람의 만족을 더 악화시키지 않고서는 적어도 한 사람의 만족수준을 높이는 것이 불가능한 상태를 '파레토 효율적이다(Pareto efficient)'라고 한다. 예컨대, 시장에 영수와 영희라는 두 명의 소비자와 우산과 빵이라는 두 재화만이 존재한다고 하자. 처음에 두 재화가 두 사람에게 배분되어 있는 경우 이 배분이 파레토 효율적일 것인가를 보자. 만일 이 두 사람 중 영수(혹은 영희)의 만족을 더 낮추지 않고서는 영희(혹은 영수)의 만족을 더 높일 수 있도록 빵과 우산을 재배분할 수 없는 경우, 이 배분을 파레토 효율적인 배분이라고 한다.

한편 '파레토개선(Pareto Improvement)'라는 표현도 종종 사용되는데, 이는 하나의 자원배분 상태에서 다른 사람에게 손해가 가지 않게 하면서 최소한 한 사람 이상에게 이득을 가져다주는 것을 의미한다.

또 다른 효율성의 개념으로 칼도-힉스효율성(Kaldor-Hicks efficiency)이 있다. 어떤 정책으로 어느 한쪽에 손해가 생기더라도 그로 인한 다른 쪽의 이익의 크기가 그 손해보다 크면 효율적이라는 의미이며, 이를 잠재적파레토효율성(potential Pareto efficiency)이라 하기도 한다. 즉 어떤 정책의 결과 발생된 손실을 이익부분에서 모두 보상하고서도 (사회에 미치는) 이익이 크다는 것이다. 이러한 칼도-힉스효율성은 파레토효율성이 지나치게 이상적이어서 현실에서의 공공정책에 적용하기 어려운 여건에서 제시되었다. 하지만 칼도-힉스효율성 역시 현실에 적용하는데 제약이 없지 않다. 가장 큰 제약은, 정책에 따른 효과 중 손실 대상자들이 이익의 수혜자들로부터 전적인 보상을 받아야 하는데 현실적으로 상당히 어렵다는 점이다. 사실 사회구성원 중 구체적으로 누가 이익과 손실을 보는지, 그 중 누구에게 손실보상분을 부담지울 것인지 등에 대한 사회적 통념을 설정하기가 쉽지 않은 것이다.

이러한 효율성은 명쾌한 수학적 개념이기도 해서 경제학에서는 수학적 분석방법으로 효율성을 분석하는 경우가 일반적이다.

효율성의 개념은 중요한 경제학 개념 중의 하나인 최적화(optimum) 개념과 일맥상통한다. 즉 어떤 사회 구성원의 경제적 후생은 그들이 누리는 총잉여(total surplus: 소비자잉여+생산자잉여)로 측정할 수 있다면, 이러한 총잉여를 극대화시키는 자원배분의 속성이 바로 효율성이라고 볼 수 있다.

2) 형평성과 경제체제

효율성에 초점을 둔 경제체제는 결국 규제 없는 경제, 이른바 정부의 개입이 없는 자유방임(laissez-faire)의 경제로 귀결된다. 하지만 현실에서 자유방임의 경제체제는 신화(神話)에 불과하며 어떤 형태로든 정부의 규제가 없을 수 없다. 적어도 시장이 잘 작동되도록 하는 기본적 게임의 법칙은 정부가 설정해주어야 하는 것이다.

이상적인 자유방임의 경제에서도 제기되는 경제가 있다. 다름 아닌 '시장에서의 자원의 배분이 과연 공평한가?'의 문제이다.

(1) 형평성의 의의

효율성과 대비되는 중요한 사회적 개념으로 형평성 내지 공평성(equity)이 있다. 형평성이란 사회구성원들 사이에 경제적 후생이 사회통념상 불편부당하게 배분되는 것을 의미한다.[6] 형평성은 적용되는 여건에 따라 여러 의미를 갖는다. 예컨대 평등성(equality), 공평성(fairness), 동등함(sameness), 정당한 권리(right)의 보장, 받을만한 자격(deserts), 소득배분(distribution of income), 지불능력(ability to pay) 등의 의미로 해석되기도 한다.

형평성은 이와 같이 다양한 뜻으로 해석되고 있어서 사실 그 의미를 명쾌하게 정의하기는 거의 불가능하다. 하지만, 일반적으로 재능의 형평성, 과정의 형평성, 결과의 형평성 등 3가지로 구분하여 형평성의 개념을 이해할 수 있다.

---

6) 일반적인 공평성과는 달리 형평성의 (법적) 개념은 동등한 자를 동등하게, 동등하지 않는 자를 동등하지 않게 취급하는 것을 뜻하며, 전자를 수평적 형평성, 후자를 수직적 형평성이라고 한다.

(2) 형평성의 3가지 관점

기본재산 또는 재능(equity of endowments)의 형평성은 말 그대로 한 사회에서 개인의 부나 자원의 원천적 배분을 의미한다. 이 기준에 따르면 상속재산이나 개인적 재능에 차이가 없어야 이른바 천부적 형평성이 달성된다. 이러한 형평성의 기준은 그러나 현실에서는 적용되기 어렵다. 비록 개인의 노동력의 대가나 상속된 부의 재분배는 과세 등을 통해 공평하게 할 수 있지만 개인의 지능이나 신체상태, 유전적 질병 등의 특성은 공평하게 할 방법이 없는 것이다. 다시 말해 개인의 천부적 형평성은 어떤 사람에게는 이익이 되는 반면 또 어떤 사람에게는 불이익을 주는 '불공평'한 결과를 낳게 된다.

과정의 형평성(equity of process)이란 모든 개인이 자신의 능력을 바탕으로 동등하게 경쟁하여 소득을 얻을 기회가 주어져야 한다는 의미이다. 흔히 천부적 형평성과 과정의 형평성을 구분할 때 흔히 사용하는 사례는 달리기 경주이다. 천부적형평성은 모든 경기자가 동일한 출발선에 서 있어야 한다는 관점인 반면, 과정의 형평성은 모든 경기자에게 공정한 게임의 조건과 동등한 거리와 규칙이 제공되어짐을 의미한다.

현실에서는 이 두 가지 형평성의 기준이 잘 준수되지 않거나 지켜지기 어려운 경우가 많다. 예컨대 세계 여러 국가들에서 소수민족들의 자녀들은 교육의 기회가 제한되거나 상대적으로 열악한 교육환경에 직면하게 되고 또 인종차별을 겪거나 사회진출에 어려움을 겪는 비율도 상대적으로 높다.

이러한 두 가지 형평성 기준은 비록 결과가 동등하지 않더라도 불공평하다고 하지 않을 수 있다. 하지만 결과의 형평성(equity of outcomes)은 '결과의 절대적 공평(absolute equality of outcomes)'을 판단의 기준으로 삼는다. 그런데 사실 꼼꼼히 살펴보면 결과의 형평성이란 개념 자체에도 여러 판단의 기준이 있을 수 있다. 공산주의 이념과 같이 '능력에 따라 생산하고 필요에 따라 배분'하는 것도 그 하나가 될 수 있을 것이며, '동일한 효용을 주는 결과'를 기준으로 삼을 수도 있을 것이다. 하지만 어떤 판단의 기준이든지 절대적 공감을 얻기에는 부족하다.

3) 효율성과 형평성간의 선택

지금까지 살펴본 효율성의 목표와 형평성의 목표 사이에는 특히 소비자정책을 포함한 공공정책과정에서 상충되는 경우가 많다. 경제적 효율을 높이는 정책들이 형평성을 훼손하는 경우도 있으며, 형평성 제고 차원에서 추진되는 많은 복지정책들이 효율성을 저하시키는 경우도 없지 않다. 사실 많은 정책들은 자원배분의 효율성과 사회구성원들의 형평성 제고 간의 상충관계를 경험하게 된다. (앞서 살펴보았듯이) 형평성의 경우도 사회적으로 일치된 판단의 기준을 갖기 어렵다.

예컨대 의료서비스는 기본적으로 시장의 '보이지 않는 손'에 맡길 경우 불완전한 정보와 불확실성으로 인해 공익성을 훼손하는 등 시장실패에 처할 위험이 매우 높아 국가의 공적 개입이 이루어지고 있는 분야이다. 하지만 의료서비스의 형평성의 가치를 지나치게 강조하여, 국가가 의료시장에 과도하게 개입할 경우 의료보장제도의 권위주의화, 관료주의화, 경쟁부재로 인한 서비스 품질의 저하 등의 정부실패가 발생하여 효율성을 떨어뜨릴 수 있다. 즉 의료서비스는 시장실패에 따른 형평성의 문제, 그리고 정부실패에 따른 효율성의 문제라는 딜레마에 놓여 있는 것이다.

그럼에도 불구하고, 제기되는 문제는 '과연 효율성과 형평성을 동시에 달성하거나 개선할 수 있을까?'에 있다. 가능성이 없는 것은 아니다. 예컨대 공해(pollutions)와 같은 환경문제를 해결하기 위한 '오염물질거래제(pollution permit)'와 같은 시장지향적 정책으로 인해 사회적 비용을 절감하여 효율을 개선하는 동시에 시민들에게 미치는 공해물질 감소를 통해 사회적 형평의 문제도 일정부분 해결될 수 있다.

하지만 항상 그러한 긍정적 효과가 나타나는 것은 아니다. 많은 경제정책들은 효율성 위주로 진행되고 있는 것이 현실이며, 경우에 따라서는 형평성에 초점을 둔 정책의 추진으로 인해 효율성을 저해하는 결과를 보이기도 한다. 어떨 수 없이 효율성과 형평성간에 선택을 할 수 밖에 없는 경우가 적지 않다.

3. 시장실패와 정부의 역할

1) 시장 실패

(1) 불완전경쟁과 시장의 실패

시장경제의 장점과 한계

수많은 기업과 가계가 시장에서 상호작용하면서 분산된 의사결정에 의해 자원배분이 이루어지는 경제체제를 우리는 시장경제라고 배웠다. 이러한 시장경제는 개인의 이익[私益; private interests] 추구에 의한 의사결정과 사유재산을 근간으로 하는 경제질서이며, 국민경제의 여러 문제들을 기본적으로 시장의 힘에 의해 해결하는 체제를 의미한다. 또한 가격변동을 신호로 수요와 공급이 자동으로 조절된다. 다시 말해 '시장가격'이라는 이른바 '보이지 않는 손'에 의해 사익(private interest)과 공익(public interest)이 서로 조화된다. 그런 관점에서 무계획의 시장경제가 계획경제(planned economy)보다 성공적이라는 평가를 받는다.

이러한 시장경제의 장점을 극대화하기 위한 제도적 장치로는 첫째, 사유재산권의 보호(배타적 이용권, 침해자로부터의 법적 보호, 양도권리), 둘째 경제활동(계약)의 자유 보장, 끝으로 공정·자유로운 경쟁을 들 수 있다. 한마디로 정부는 법치주의의 기치아래 게임의 규칙(Rule of game)을 잘 만들어주기만 하면 된다는 것이다.

이러한 시장경제는 (일정 조건에서라면) 적어도 자원의 효율적 배분이 달성될 수 있으며, 소비자주권(consumer sovereignty)을 보다 쉽게 보장할 수 있게 된다.

하지만 시장 기구는, 주기적으로 나타나는 실업과 인플레로 인한 사회후생의 현저한 감소를 피할 수 없을 뿐 아니라, 소득 내지 부의 공평한 분배를 실현할 가능성이 매우 낮다. 또한, 효율성 측면에서의 성과가 탁월하다 해도 자원배분의 효율성이 완벽할 수 없는 것이다. 우리는 그 이유를 시장실패(market failure)에서 찾을 수 있다.

시장실패의 사례

경제이론에서 시장의 실패는 사익추구가 공익을 초래한다는 아담스미스(Adam Smith)의 보이지 않는 손(Invisible Hands)의 원리가 들어맞지 않는 것을 의미한다. 만일 개인의 사익추구 행위가 공익을 해치거나 타인을 해롭게 한다면 시장의 가격 메커니즘이 효율적 자원배분 내지 균등한 소득분배를 실현하지 못하게 될 것이다. 다시 말해 시장의 기능이 잘 작동하지 않게 되는 것이며 이를 시장실패로 이해할 수 있다.

대개 시장실패는 현실의 시장기구가 효율적으로 작동하지 않는 면이 있음을 의미한다. 경제 이론적으로는 다음과 같은 원인에 의해 시장의 실패가 발생한다고 한다. ① 독점과 같이 시장이 경쟁적이지 못할 때, ② 공해와 같은 외부효과(externality)가 있을 때, ③ 비경합성(non-rivalry)과 비배제성(non-excludability)의 특성을 보이는 공공재(public goods)가 존재할 때, ④ 거래당사자간에 심한 정보의 불균형이 존재할 때 시장기구가 제대로 작동되지 않아 실패(failure)가 나타나게 된다. 이러한 시장실패는 그 형태별로 다음과 같이 구분된다. 첫째, 시장의 기능상 장애로 볼 수 있는 이른바 독점·불완전경쟁산업, 둘째 시장의 내재적 결함으로서 비용체감산업(규모의 경제), 외부효과, 공공재(예: 국방서비스), 셋째, 시장의 외재적 결함으로써 소득분배상의 불균형을 들 수 있다. 그 외에도 위험·불확실성, 물가앙등, 실업, 국제수지 불균형 등도 시장실패의 형태 내지 원인으로 볼 수 있다.

이러한 시장실패의 예를 들어보면, 타인에게 해를 미치나 그에 대한 보상 또는 처벌이 뒤따르지 않는 경우와, 타인에게 이들을 주나 보상받지 못하는 경우를 구분해서 살펴볼 수 있다.

첫 번째의 사례로는, 공해와 환경오염이 대표적이며, 새치기, 끼어들기, 음주운전, 불법주차, 시험 부정행위, 희귀종의 남획, 불법사냥 등을 예로 들 수 있다. 이러한 사례들은 대개 외부불경제 또는 공유자원 형태로 나타나는 시장실패이며 만일 정부의 개입이 없다면 지나치게 많이 생산되거나 지나친 행위가 나타날 것이다.

두 번째의 사례로는 국방·치안서비스와 방범서비스의 경우가 대표적이며, 자기 집 앞 눈치우기, 예방주사 맞기, 등대, 과학기술 R&D 등이 좋은 사례이다. 이러한 외부경제 또는 공공재 형태로 나타나는 시장실패의 경우 만일 정부의 개입이 없다면 지나치게 적게 생산되거나 과소한 행위가 이루어질 것이다.

여담(regression) **1.2**

시장이 실패(failure)했다?!

시장의 실패(market failure)란 말 그대로 시장경제에서의 여러 메커니즘들이 그 기능을 제대로 발휘하지 못해서 노동, 자본, 토지와 같은 생산요소와 생산물과 같은 자원이 적재적소에 효율적으로 배분되지 못하는 상태를 말한다. 다시 말해 시장기구(mechanism)가 제 기능을 제대로 발휘하지 못해서 여러 자원이 비효율적으로 배분되는 상태이다. 이는 정부도 주어진 역할을 제대로 하지 못해 효율성을 저하시키는 이른바 정부실패와 대응되는 개념으로 사용되기도 한다.

자유경제체제는 개인의 자유로운 경제활동이 시장에서 가능토록 하는 경제체제이다. 하지만 모든 경제활동을 이러한 시장기능에만 의존하게 되면, 다시 말해 정부가 일절 관여하지 않게 되면 어떻게 될까? 극단적으로 적어도 경제활동에서는 무정부주의(anarchism)를 지향하게 되면 어떤 결과가 나타날까? 자원의 배분이나 소득 분배에 있어서 심각한 불평성과 불공정성이 나타날 것이다. 자유민주주의의 근간인 사유재산제도까지 거부하게 되면 시장경제의 존립 자체가 불가능해질 수 있다. 즉 시장이 실패하게 된다.

참고로 시장실패란 말을 처음으로 사용한 경제학자는 하버드대 케네디 행정대학원의 명예교수였던 프란시스 바토(Francis Bator)교수이다. 그는 불확실성과 정보의 불완전성 문제를 제쳐 놓고 전통적인 경제 분석의 틀 내에서 살펴보아도 불완전경쟁, 공공재, 외부효과 등이 시장 실패를 초래하는 요인임을 지적했다. 그러한 시장실패에 관한 이론을 정립한 공헌으로 바토교수는 2001년 스티글리츠(Joseph Stiglitz)교수와 함께 공동으로 노벨경제학상을 받게 된다.

(2) 외부효과 문제

앞서 살펴본 시장실패의 사례들은 일방의 생산, 분배, 소비 행위가 제3자에게 의도하지 않은 이득 및 손해를 주었으나, 그 대가를 받지도 지불하지도 않은 경우들이다. 이러한 경우들은 대부분 경제이론에서 설정하는 '시장(market)의 테두리 바깥에 존재하게 된다'는 의미에서 외부효과가 발생한다고 말한다.

외부효과는 근본적으로 소유권행사에 있어서의 결함에 기인하는데, 부수적으로 발생하는 편익과 비용을 타인으로부터 배제시키기가 (기술적으로) 불가능하거나, 불명확하거나 용이하지 않은 소유권 설정에 기인한다. 이러한 외부효과가 존재하게 되면 사적편익(비용)과 사회적 편익(비용)이 달라진다.

외부효과는 공해(pollution)와 같은 부정적 외부효과(negative externalities)와 R&D와 같은 긍정적 외부효과(positive externalities)로 구분되며, 부정적 외부효과를 외부불경제(external diseconomies)로, 긍정적 외부효과를 외부경제(external economies)로 부르기도 한다.

부정적 외부효과

부정적 외부효과는 <그림 1-3>에서 보듯이 사적편익이 사회적 편익보다 크며, 사적비용은 사회적비용보다 적은 경우이다. 생산자, 소비자 모두 이러한 부정적 외부효과를 야기하는 경제활동에 관여될 수 있다.

생산에 있어서의 부정적 외부효과가 존재할 경우 완전경쟁균형 생산량이 파레토 효율적 생산량을 초과하게 되어 재화의 과잉공급이 발생하게 된다. <그림 1-3>을 통해 설명하면, 사회적 관점에서는 q_1의 재화가 생산되어 공급되는 것이 바람직하지만 외부효과가 존재할 경우 q_0 수준의 재화가 생산·공급되는 것이다. 환경오염물질을 배출하는 제조업의 경우가 좋은 예이다. 이들의 생산 활동에서는 오염물질을 발생해서 공해(pollutions)를 야기하게 되지만 그로 인한 사회적비용을 모두 부담하는 것은 아니다.

<그림 1-3> 부정적 외부효과

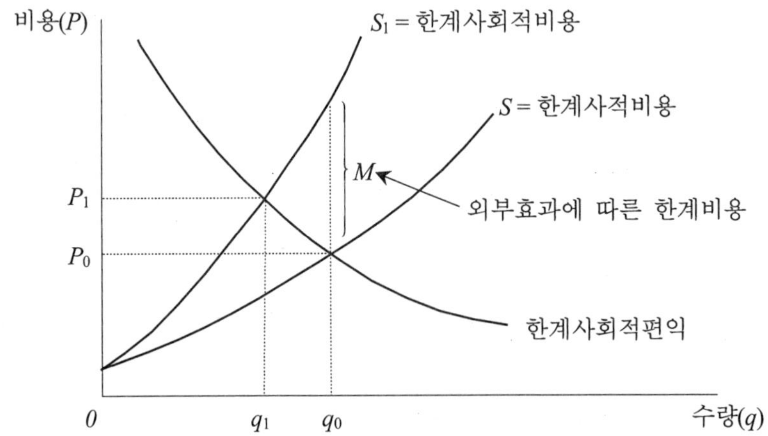

이와 같은 부정적 외부효과가 야기될 경우에 효율적 자원배분을 위한 정책으로는 사회적비용과 사적비용간의 차액에 해당하는 조세를 부과하는 것이다. <그림 1-3>에서 한계사회적비용과 한계사적비용의 차액인 M을 환경세의 형태로 과세함으로써 부정적 외부효과를 내부화(internalize)할 수 있다.

소비활동에서도 부정적 외부효과를 발생시킬 수 있는데, 자동차운전의 경우가 좋은 예이다. 운전자들은 자동차운전이라는 상품을 소비함으로써 공기 중에 환경과 인체에 유해한 배기가스를 방출시킨다. 하지만, 그로 인해 발생하는 보행자 건강 침해나 환경오염과 같은 사회적 비용들을 다 부담하지는 않으며 심지어 자신의 비용으로 생각하지도 않는다. 이러한 부정적 외부효과는 결과적으로 과다한 (운전이라는) 소비행위를 하도록 한다.

이러한 소비에 있어서의 부정적 외부효과의 경우도 사회적비용과 사적비용의 차액에 해당하는 유류세나 환경세를 부과함으로써 지나치게 많은 소비를 억제하는 등 외부효과를 내부화할 수 있다.

긍정적 외부효과

긍정적 외부효과는 사회적 편익이 사적편익보다 크며, 사회적비용은 사적비용보다 적은 경우이다. 부정적 외부효과와 마찬가지로 생산활동과 소비자활동 모두 긍정적 외부효과와 연관될 수 있다.

우선 긍정적 외부효과를 초래하는 생산활동의 경우를 보자. 기존의 주택을 헐고 새 집을 건축하는 주택환경개선사업을 예로 들어 보자. 이윤극대화를 추구하는 건축업자는 오래된 나무와 아름다운 화초가 있는 정원도 헐고 그 자리에 집합주택을 지으려할 것이다. 하지만 해당 정원은 소유권을 가진 집주인뿐 아니라 지역주민들에게도 많은 즐거움을 주었던 것이어서, 사회적 편익이 사적편익보다 컸었다. 이때 '정원'이라는 완전경쟁균형 생산량은 파레토효율적 생산량에 미달하게 되며 결과적으로 지나치게 적은 공급을 초래한다.

소비에 관한 긍정적 외부효과도 이와 비슷한 방법으로 이해할 수 있다. 예컨대 보존해야 할 사적지로 지정된 한 민가의 사적편익은 사회적 편익보다 적을 것이다.

이와 같은 긍정적 외부효과가 존재할 경우 효율적 자원배분을 위한 바람직한 대책은 사회적 편익과 사적 편익의 차액을 보조금 형태로 지원하는 것이다.[7)]

외부효과 대처 전략

이러한 외부효과에 대한 전략으로 여러 가지가 있지만 어느 것도 유일한 대책이 될 수는 없다. 외부효과에 대응하기 위한 전략을 구사할 때 반드시 고려해야 할 사항들이 있다. 경제적 효율성이 우선적으로 고려되어야 한다. 그 어떤 경우도 장기적으로 손실을 보면서 전략을 구사할 수는 없을 것이다. 제2절에서 공부했던 형평성의 문제 역시 시장실패에 대응할 전략을 짤 때 고려해야 할 중요한 요소이다.

그 외에도, 정책의 실행가능성과 유연성, 그리고 불확실성과 경제적 인센티브 등도 외부효과에 대응할 전략 마련 시 고려해야 할 중요한 요소들이다.

가장 일반적인 외부효과 대처 전략은 정부의 규제이다. 법규나 규칙을 통해 금지하거나 통제하는 방식과, 행정명령이나 지침을 통한 정부의 개입 등이 대표적인 규제이다.

한편, 세금을 부과하거나 다양한 형태의 보조금을 지급하는 전략은 정부가 직접적 규제를 하지 않고도 외부효과 문제를 줄이거나 해소할 수 있게 하는 시장지향적인 방식이다. 최근에는 이른바 오염물질 배출권거래제(marketable permits) 형태의 인센티브 전략도 상용화되고 있는 추세이다.[8)]

---

7) 보다 상세한 설명은 공공경제학 교과서나 외부효과에 관련된 논문들을 참고할 수 있을 것이다.

8) 오염물질을 배출하는 생산활동을 하고 있는 기업들 간에 오염물질의 배출 권한을

한편, 외부효과의 존재가 자원의 효율적 배분을 저해하는 이유 중의 하나는 재산권이 분명하게 확정되어 있지 않아서라는 견해가 있다. 경제학에서는 이를 코즈정리(Coase Theorem)를 통해 설명하고 있다. 코즈정리란, 민간의 경제 주체들이 자원분배 과정에서 재산권이 명확하게 확립되어 있는 경우 만일 아무런 비용지불(이를 '거래비용'이락 한다)이 없거나 미미한 비용으로 협상이 가능하다면, 외부효과로 인해 발생하는 비효율성은 시장에서 스스로 해소될 수 있음을 의미한다.[9)]

(3) 공공재 문제

사회과학에서 공공재란 소비의 편익을 누구나 공유할 수 있는 재화나 서비스를 말하며 공급주체와는 관계가 없다. 이론적으로는 비경합성(non-rivalry)과 비배제성(non-excludability)의 특성[10)]을 함께 갖는 재화와 서비스를 공공재 또는 집합재(collective goods)라고 한다. 국방서비스나 환경보호법, 등대 등이 좋은 예이다. 등대는 주변을 항행하는 선박의 좌초위험을 줄여주는데, 한 선박이 그 혜택을 본다고 해서 주변의 다른 선박의 혜택을 방해하지 않으므로 비경쟁적이며, 또한 주변을 항행하는 선박이라면 누구든지 등대불빛의 혜택을 받을 수 있기 때문에 비재제적이다.

흔히 국가가 생산·공급하는 재화와 서비스를 공공재라고 생각하는 경향

시장에서 거래할 수 있도록 한 제도를 말한다. 오염활동 혹은 오염방지 활동에 대한 권리와 의무를 분명히 정의하고, 이에 대한 자율적 조정을 촉진하여 최소의 사회적 비용으로 적정한 환경오염 수준을 유지하고자 고안된 재산권제도의 하나이다((시사경제용어사전, 2010.11, 대한민국정부). 우리나라도 이 제도가 지난 2014년 1월 국무회의 심의를 거쳐 배출권거래제 기본 계획이 확정되었고, 2015년에 본격적으로 시행되었다.

9) 코즈정리는 저명한 경제학자인 코즈(Ronald Coase)가 쓴 1937년의 '기업의 본질'(The Nature of the Firm)에서 유래되었다.

10) 비경합성이란 새로운 소비자가 추가로 진입한다 하여도 기존의 소비자에게 영향을 미치지 않는 성질을 말하며, 대개 '소비에 있어서의 비경합성'을 의미한다. 비배재성은 타인을 소비자로부터 배제시킬 수 없는 것을 말한다.

이 있는데 그렇지 않다. 의료보험이나 국민연금, 임대주택 등은 국가가 공급하지만 공공재가 아니다.

공공재의 가장 큰 문제는 특정인을 해당 재화 또는 서비스로부터 배제할 수 없어 발생하는 이른바 무임승차자(free-rider)문제이다. 다시 말해 공공재의 두 가지 특성 때문에 그 생산비를 부담하지 않더라도 일단 생산된 뒤에는 누구나 소비 가능하고 따라서 아무도 그 비용을 부담하지 않으려 한다. 비용을 지불하는 소비자만 봉이 되는 것이다.

이런 공공재의 공급을 시장에 맡기면 어떻게 될까? 공공재의 공급량이 턱없이 부족하거나 극단적으로는 공급 자체가 이루어지지 않을 것이다. 따라서 공공재의 특성을 갖는 재화나 서비스는 시장에서의 가격기구가 작동할 여지가 없어 결국 시장의 실패를 초래하게 된다. 따라서 공공재의 공급은 일정부분 정부가 그 역할을 담당할 수밖에 없다.

2) 정부의 역할과 정부 실패

(1) 전통적 정부의 역할

정부의 역할은 시대적 상황을 배경으로 한다. 예컨대 중상주의 시대에 있어서 정부는 국민의 경제활동에 적극적으로 개입하여 통제하는 것을 미덕으로 여겼지만, 시장의 기능을 중심으로 한 자유경쟁의 근대 야경국가 시대에는 이러한 정부의 간섭을 배제하는 것이 하나의 미덕이었다.

하지만 1930년대 대공황을 겪은 이후로 세계적으로 정부의 적극적인 재정정책과 금융정책을 당연시하는 이른바 현대 복지국가 모델에서는 국민경제의 안정적 성장을 위한 경제정책을 시행하고 사회보장제도를 실시하는 등 정부의 적극적인 시장개입이 당연시되었다.

최근에는 이른바 ‘보이지 않는 손’이 작동하는 시장기능과 불가결한 정부 기능의 장점을 잘 조화하는 시스템이 바람직하다는 관점이 우세하다.

시장경제체제를 갖고 있는 세계의 많은 국가에서도 전통적인 정부의 역할은 무시하지 않는다. 대표적인 정부의 역할로는, ① 사유재산권 보호, ② 시장실패 교정, ③ 가치재의 공급, ④ 소득·부 재분배, 그리고 ⑤ 거시경제의 안정화 등이다.

시장경제가 잘 작동되려면 무엇보다 정부가 사유재산을 잘 보호해주어야 한다. 열심히 일해서 얻은 소득과 부를 완력으로 빼앗아가는 것을 용인한다면 사람들은 열심히 일하는 대신 강도가 되려 할 것이다.

또한 시장의 불완전성과 시장실패를 정부가 나서서 보완하고 교정해주어야 한다. 앞서도 살펴보았지만 공해와 환경파괴, 음주운전과 불법주차, 시험부정행위와 노상방뇨행위 등 사익만을 추구하는 행위들은 시장에서 자발적으로 해결되기 어려우며, 정부가 개입하여 교정해야 한다. 하지만 주의할 점은 이러한 정부의 역할이 시장의 기능을 대체하는 것은 아니며 시장의 기능을 보완하고 교정하고 규제하는 것이다.

또한 정부는 의료와 교육 서비스, 국방과 치안서비스와 같은 이른바 공공재적 성격의 가치재를 공급해주어야 한다. 이러한 가치재는 시장에서는 무임승차자 문제로 인해 제값받고 팔리지 않으며 따라서 생산자체가 불가능해진다.

취약계층을 보호하고 소득과 부를 재분배하는 등 이른바 '형평성'의 문제 역시 '효율성'을 중시하는 시장경제에서 충분한 해소가 어려우므로 상당부분 정부가 그 기능을 수행해야 하는 것이다.

끝으로, 경기변동 조절과 물가안정, 성장촉진, 빈곤해소 등 거시경제의 안정화를 위한 제반 정책은 시장의 기능만으로는 달성이 불가능하다.

이러한 정부의 역할에서 우리는 다양한 정부의 얼굴을 그려볼 수 있다. 국방치안, 도로항만, 정보네트워크, 사회 인프라 등을 공급하는 공공재의 공급자(public goods provider)의 얼굴에 더하여, 기업의 애로를 해소하고 경영을 지원하며 보조금정책을 담당하는 지원자(facilitator)의 모습도 있다. 또한 각종 법규와 규칙을 제정하여 운용하는 규제자(regulator)의 얼굴을 하고 있으며, 공기업을 운영하는 기업가(entrepreneur)의 역할도 수행한다. 더불어, 한 국가의 경제발전 계획을 세우고 산업정책을 수립하는 등 계획 수립자(planner)의 역할도 중요하지만 국민들에게는 각종 세금을 징수하는 징세자(tax collector)의 일면이 정부의 주된 역할의 하나로 보인다.

(2) 정부의 실패

시장실패 등의 보완과 교정을 위한 시장에 대한 정부의 개입이 자원의 최적배분을 저해하거나 기존의 상태를 더욱 악화시키는 경우를 정부의 실패(government failure)라고 한다. 정부실패란 말은 1970년대 후반에 등장했다. 1930년대 대공황이후 정부의 적극적인 재정정책과 금융정책을 옹호하는 이른바 케인즈학파(Keynesian School)에 힘입어 정부 주도형 성장전략이 주를 이루었다. 하지만 1978년과 1982년 두 차례 석유파동을 겪은 후 세계적 경기침체에 빠지게 되었고 각국의 정부는 재정적자에서 헤어나지 못하는 상황이 되었다. 그 결과 정부의 적극적인 개입의 한계를 느끼고 그 대안을 모색하는 과정에서 정부실패라는 개념이 제기되었다.

정부의 실패는 여러 형태로 나타난다. 주택임대료상한정책과 최저임금제도, 그리고 농산물보조금제도와 같은 이른바 빈곤층과 사회취약계층을 보호하기 위한 제반 정책과 제도가 오히려 빈곤층과 사회취약계층을 더 어렵게 하는 결과는 시장주의자들이 제기하는 대표적인 정부실패의 예시이다. 또한 환경규제의 결과 경제적 유인이 낮아져 제조업체의 생산성 저하하는 것도 정부실패의 한 형태이다. 경제이론적으로는 어떤 형태이든 관계없이 정부의 개입은 후생손실(deadweight loss)이 발생하게 된다.

경제원칙을 지키지 않는 정부의 시장 개입은 정부실패를 초래할 가능성이 항상 있다. 정부는 게임의 규칙(rule of game)을 정하고 심판의 역할에 충실해야 한다.

한편, 1980년대 이후에는 정부가 직접적으로 시장에 개입하는데 한계가 있다는 인식이 확산되어갔다. 다시 말해 정부실패로 인해 정부의 개입이 시장실패보다 더 나쁜 결과를 초래한다고 본 것이다. 사실 정부의 개입이 없이도 시장에서 자율적으로 실패를 교정하는 자정 작용이 작동한다는 주장도 만만치 않다. 또한 글로벌 경제 환경에서 국가 간 정책조율이 확대됨으로써 정부의 시장개입이 더욱 어려워지게 되었다.

(3) 정부의 핵심적 역할

앞에서도 강조했듯이 정부는 시장의 기능이 원활한 작동되도록 하기 위한 제도적 장치로서, 국민의 재산권을 보호하고, 계약의 자유를 보장하며, 경쟁의 촉진을 위해 노력해야 한다. 또한 외적의 침입으로부터 자국민의 생명과 재산을 보호하며(국방), 타인의 침해로부터 생명과 재산을 보호(경찰, 사법)해야 한다.

덧붙여, 정부가 해서는 안 되는 역할이 있다. 개인이나 단체의 재산권을 침해하거나, 지나친 시장간섭과 규제, 그리고 결과의 평등을 추구해서는 안 된다.

결론적으로, 시장실패의 교정을 위한 정부의 역할과 시장기능을 조화시킬 필요가 있다. 환경오염과 같은 외부효과의 문제도 정부역할과 시장기능의 조화 속에서 해결책을 찾아야 하며, 환경규제, 안전, 소비자보호 등 그 정당성이 인정되는 사회적 규제의 경우도 일정부분 시장기능과 조화함으로써 공익적 목적을 달성할 수 있게 된다.

'어떤 역할을 해야 한다는 것(명분)과 그 역할을 잘한다는 것(현실)은 서로 다른 이야기'이다. 시장과 정부 양자의 장점을 보완적으로 활용하는 지혜가 필요하다.

4. 시장경제체제에서의 소비자의 선택

1) 소비자문제의 원인

일반적으로 소비자문제란 소비자와 기업간에 상품(goods & services)의 거래로 발생하는 제반 문제를 의미한다. 예컨대, 기업의 허위 과장된 표시·광고 내지 기만적인 행위나 약속 불이행(warranty 불이행)으로 발생하는 소비자 피해, 또는 당연히 기대할 수 있는 상품의 안전이나 기능에 미치지 못하는 상품을 소비자가 사용함으로써 발생되는 소비자 위해(hazards: 급발진) 등이 소비자문제의 전형적인 예이다.

이러한 소비자문제는 기업과의 상품 거래에서 소비자라는 경제주체가 갖는 특성, 예컨대, 정보의 부족, 전문성의 부족, 흩어진 다수의 목소리 등으로 인한 권리의 자력행사의 어려움 등등으로 인해 발생하는 제반 문제이다.

경제학적인 관점에서는, 이러한 소비자의 특성으로 인해 발생하는 앞절에서 소개한 시장의 실패(market failure)를 소비자문제의 주된 원인으로 보고 있다. 비경쟁적 산업 내지 시장, 공해와 같은 외부효과, 공공재적 특성의 재화나 서비스, 거래당사자간 정보비대칭 등으로 인한 시장의 실패가 각종 소비자문제를 야기하는 원인이 되는 것이다.

이 중, 거래당사자간 정보의 불균형 내지 소비자의 정보부족의 문제를 중심으로 소비자문제를 살펴보면, 소비자는 기업과의 상품 거래에서 상품의 품질(안전성)에 관한 정보가 기업보다 부족한 위치에 있다. 즉 소비자정보의 비대칭성이 존재하며 이 경우 소비자의 합리적인 판단이 어려워진다. 소비자정보가 비대칭적이라는 것은 소비자정보의 공공재적 성격에 기인한다. 소비자정보는 (국방, 치안, 공원서비스 등과 같이) 공공재, 즉 그 공급량에 관계없이 일단 제공되면 누구나 동시에 이용할 수 있으며

(비경합성; non-rivalry), 대가없이 사용하려는 사람을 막을 수 없다(비배제성; non-excludability).

소비자정보의 비대칭성의 또 다른 요인은 현대산업사회에서의 특징인 '고도의 분업'과 '전문화'에서 찾을 수 있다. 시장이 복잡하고 전문화되어감에 따라 소비자들은 시장에 공급된 정보를 소화하는데 물적, 시간적 제약과 분석능력의 한계에 직면하게 된다.

설사 소비자정보가 완전하고 대등한 상태로 제공된다고 할지라도 현실적으로 소비자는 합리적인 판단을 하지 못하는 게 사실이다. 예컨대 유행이나 개인의 취향·습관에 따라 하는 소비행위는 합리적인 소비행위가 되기 어렵다. 또한 소비자는 개인적 이해력의 차이 등에 의해 합리적인 판단이 어려울 경우가 많다.

이러한 시장실패의 결과로, 앞서 소개하였듯이, 기업과의 상품 거래에서 소비자라는 경제주체가 갖는 특성, 즉 정보와 전문성의 부족, 권리의 자력 행사의 어려움 등으로 인해 소비자문제가 발생하는 것이다.

2) 경쟁정책을 통한 소비자문제의 해결

소비자문제가 시장실패로 인해 발생한다는 관점에서라면 그러한 소비자문제의 해결도 시장실패에서 찾는 것이 바람직하다. 경제학이론에서 소개된 여러 시장실패의 교정수단을 활용하는 것이다. 즉 독과점의 폐단, 공해, 비대칭소비자정보 등의 존재로 시장경제가 효율적인 자원배분기능을 제대로 하지 못할 때 적절한 공공규제와 적절한 정보제공을 통하여 시장실패의 문제를 해결하는 것이 바로 소비자문제를 해소하는 지름길이다.[11]

---

11) 하지만, 역시 원론적인 사항이지만, 소비자문제(시장실패) 해결을 위한 이러한 공공규제(정부개입)가 오히려 큰 부작용을 낳을 수도 있을 것이다. 이른바 정부의 실패(government failure)이다. 예컨대, 독과점기업의 가격횡포로부터 소비자를 보호하기 위하여 가격을 규제할 경우 독과점기업은 상품의 품질을 저하시켜 독과점이윤을 확보하려 할 것이다.

개별 피해를 구제해주는 것만이 궁극적인 소비자문제의 해결은 아닌 것이다.

법적으로는 그러한 시장 실패를 보완하기 위해 법과 제도를 효과적 운용하여 소비자 권리(주권)를 확보토록 해야 한다. 예컨대, 사업자의 사기 기만적 행위나 계약불이행으로부터 소비자를 보호하고, 피해가 발생한 경우 분쟁의 처리비용을 최소화할 수 있는 시스템을 운용하며, 소비자의 집단적 의사반영을 위한 채널을 제도화해야 한다. 하지만 무엇보다 시장에서의 경쟁을 저해하는 기업들의 담합이나 우월적지위의 남용과 같은 여러 부당하고 불공정한 거래행위를 억제하는 이른바 경쟁정책들이 시장의 실패를 최소화함으로써 소비자문제를 해결할 수 있는 바람직한 방향이다.

결론적으로 소비자정책은 바람직한 경쟁정책을 통해 시장의 실패를 줄이거나 해소하여 소비자의 주권을 행사할 수 있는 시장 환경을 조성하고, 소비자의 합리적 선택을 방해하는 요인들을 없앰으로써 소비자의 후생을 높여나가는 방향으로 추진되어야 할 것이다.

[검토과제]

1. 애덤스미스의 이른바 ‘보이지 않는 손(invisible hands)’의 의미는 무엇인가?
2. 현실에서 효율성과 형평성을 동시에 달성할 수 있는 상황 또는 사례를 살펴보라.
3. 시장실패의 주된 원인 중에 외부효과(externalities)가 있다. 부정적 외부효과의 사례를 들어 시장의 실패를 설명하라.
4. 소비자문제의 원인을 경제이론적 의미에서 정리해보라.

제2장 경쟁정책과 소비자정책의 목표

시장에서의 경쟁을 유지하거나 경쟁을 저해하는 행위를 규제함으로써 자원이 효율적으로 배분되도록 하는 것을 목적으로 하는 정부의 정책을 흔히 경쟁정책(competition policy)이라고 한다. 경쟁정책의 목적은 공정거래법 제1조에 나타나있듯이 경쟁적 시장 환경을 유지·촉진함으로써 바람직한 경제성과를 실현하며, '소비자를 보호'하고 '국민경제의 균형발전을 도모'하기 위한 것이다.[12] 대부분의 학자들은 이러한 경쟁정책의 궁극적 목적을 '소비자후생(consumer welfare)의 증진'에 두고 있다.

소비자후생의 증진이 주된 목적인 또 다른 정책분야가 있다. 시장경제에서의 제반 소비자문제의 해결을 위한 '소비자정책' 내지 '소비자보호정책'이 바로 그것이다.

이 장에서는 이 책의 논제인 경쟁정책의 문제를 소비자후생 증진을 위한 제반 소비자정책과 연계하여 공부해보도록 한다. 제1절에서 경쟁정책의 목표와 범위, 그리고 경쟁이 중요한 이유들에 관해 살펴보고, 제2절에서 한국의 경쟁정책의 배경과 특징, 그리고 경쟁정책의 주요 내용들을 정리한다. 이어 제3절에서 소비자문제에 관한 여러 시각을 소개하고 소

---

12) 공정거래법 제1조(목적) 이 법은 사업자의 시장지배적지위의 남용과 과도한 경제력의 집중을 방지하고, 부당한 공동행위 및 불공정거래행위를 규제하여 공정하고 자유로운 경쟁을 촉진함으로써 창의적인 기업 활동을 조장하고 소비자를 보호함과 아울러 국민경제의 균형 있는 발전을 도모함을 목적으로 한다.

비자정책의 개념과 우리나라 소비자행정의 체계를 살펴본다. 이어서 사회후생의 척도로서 소비자잉여와 생산자잉여의 개념과 활용에 관해 공부한다. 마지막으로 제4절에서는 경쟁정책과 소비자정책간의 상호 보완적 관계를 알아본 다음, 양 정책간의 상승효과를 위한 공공정책적 대응방안들을 검토해 본다.

1. 경쟁정책의 목표

1) 경제 원리와 시장경쟁

(1) 시장경쟁

인류의 경제생활에서는 늘 부족한 상태(scarcity)에서 경쟁(competition)이 유발될 수밖에 없다. 사람들이 원하는 수량보다 더 적을 때 그 상품은 희소(scarce)하다. 구직자의 수보다 일자리가 적은 경우 구직의 기회 역시 희소하다. 이러한 희소한 상태에서 사람들은 어떤 형태로든지 경쟁할 수 밖에 없다. 개인 간의 경쟁을 엄격히 제약하는 사회주의 대신 자본주의에서는 이러한 시장에서의 경쟁을 원칙적으로 허용한다. 아니 해결할 수 없는 희소성의 문제를 개인 간의 경쟁을 통해서 해소하도록 하는 것이다.

시장경제에서 시장은 이러한 경쟁이 이루어지는 장터(arena)를 의미한다. 경쟁의 기본은 호가경쟁(bidding competition)이다. 어떤 소비 상품이 10단위 생산되는데 주어진 기간에 사람들이 원하는 수량, 즉 수요량은 15단위라고 하자. 앞장에서 살펴보았듯이 시장경제체제의 기본 원리 중의 하나는 가격메커니즘이다. 더 높은 가격을 지불하겠다는 고객에게 희소한 상품이 시장에서 가격메커니즘에 의해 배분되는 것이다. 이와 같이 상품에 대한 지불의사(willingness to pay)가 가장 높은 소비자에게 희소한 상품이 배정되는 시장경쟁 방식을 호가경쟁이라고 한다.

시장경쟁의 기본 원칙이 이러한 호가경쟁인 경우 더 많은 금액을 지불할 수 있는 능력이 시장경제에서 실질적인 경쟁력이 된다. 이러한 지불능력은 곧 개인의 소득수준을 의미하므로 호가경쟁은 자연스럽게 높은 소득을 얻기 위한 소득경쟁으로 귀결된다.

이러한 호가경쟁과 소득경쟁과 같은 시장에서의 경쟁은 자유롭고 공정(fair competition)해야 한다. 시장에서 자유롭게 경쟁을 하게 되면 상품의 가격이 지나치게 높아지지 않으며, 품질도 향상되고 서비스의 질도 개선된다. 그로 인한 경제적 이익을 시장에서 소비자와 생산자가 공유할 수 있어 국가 경제 발전의 밑거름이 될 수 있다.

(2) 현실에서의 불공정한 경쟁

우리는 앞장에서 독과점시장에서의 불공정경쟁의 가능성에 관해 기초적인 관점에서 살펴보았다. 예를 들어, 시장이 과점화 되면 과점 기업들이 서로 짜고 암묵적으로 가격을 높이고 싶은 유혹이 생긴다. 그래서 만약 담합이 이루어지게 되면, 소비자의 입장에서는 기업들간의 경쟁을 통한 가격인하 효과가 없어져 보다 비싼 가격을 지불하고 상품을 구매할 수 밖에 없으며, 이는 곧 소비자후생의 감소로 이어진다.

이 책에서는 다양한 행태의 불공정 경쟁과 그에 대응하는 경쟁정책들을 다루고 있다. 사실 경쟁정책을 추진하는 기틀이 되는 공정거래제도 또는 반트러스트법(Anti-Trust Law)의 기초는 미국의 셔먼법(Sherman Act, 1890)이다. 셔먼법은 세계 여러 나라들의 경쟁법의 모태로써, 담합을 통한 경쟁 제한행위들과 독점을 겨냥한 기업합병 등을 불법화하고 있다.

2) 경쟁정책의 의의

경쟁정책의 의미를 사전에서 찾아보면, '폭넓은 경쟁을 촉진하고 보호하기 위한 정부의 접근방법' 또는 '더 나은 정책패키지의 개발을 위한 정책관할단위(policy jurisdictions) 간의 다툼'으로 나타나있다. 이러한 경쟁정책의 의미에 다소의 시장경제적 견해를 추가한다면, '시장에서의 경쟁은 '독점'과 상반된 '경쟁시장'의 이점을 지향한다'고 볼 수 있다. 다시 말해 경쟁정책은 시장에서의 경제 주체들 간의 분업과 협업을 조성하고 이를 통해 희소한 자원의 적절한 배분을 추구하는 이른바 '시장제도'를 근간으로 한다는 의미이다.

여기서 정책(policy)이란 말은 우리가 일상생활에서 흔히 사용하고 있으면서도 막상 그 개념을 정확히 표현하기는 쉽지 않은 낱말이다. 그 이유는 단어 사용의 여건이나 말하는 이에 따라 여러 가지로 나타내어지고 있기 때문이다. 하지만 한마디로 '정부나 공공기관이 공익을 실현하기 위해 마련해 놓은 행동방침' 정도로 정의해 볼 수 있겠다. 현실에서 정책은 법률이나 사업계획, 정부방침, 정책지침, 결의 등과 같은 여러 형태로 표현된다.

경쟁정책은 경쟁의 촉진에 관련된 각종 법, 이른바 경쟁법을 기초로 한다. 경쟁법이란 자본주의 시장경제에 있어서, 건전하고 공정한 경쟁상태를 유지하기 위하여 회사의 독점적, 협조적, 또는 경쟁방법으로서 불공정한 행동 즉, 반경쟁적 행위를 규율함으로써 시장의 경쟁성을 촉진 및 유지하기 위한 법령의 총칭 내지 법분야를 말한다.

세계적으로 경쟁법을 도입한 국가가 크게 늘고 있다. 불과 15년 전까지만 해도 미국과 EU 등을 포함해 세계 20여 개국에 불과했으나, 2014년 4월 현재 약 110여 개국이 경쟁법을 도입하고 있다. 세계 각국의 경쟁법은 그 역사적 배경에 따라 다소 차이가 있지만[13], 시장에서 경쟁을

---

13) 유럽지역은 역사적으로 미국과 같은 '거래자유'보다는 '계약 자유(freedom of contract)'를 더 중시해 왔으나, 제2차 세계대전 이후에는 미국과 같은 형태의 경쟁정책을 채택하게 된다. 하지만 세부내용들을 보면 미국과 유럽 간에 상당한 차이가 있다.

추구하고자 하는 궁극적인 목적인 경쟁의 보호 및 촉진이라는 공통의 목적을 갖고 있다. 우리나라는 '독점규제 및 공정거래에 관한 법률'(이하 '공정거래법'으로 약칭한다)이 주된 경쟁법인데, 동 법 제1조를 보면, '공정하고 자유로운 경쟁을 촉진'하는 것을 기본으로 한다.

이러한 목적을 위해 공정거래법은 시장지배적 사업자(독과점사업자)와 대규모기업집단(재벌)을 규제하고자 하며, 동시에 그러한 목적을 수단으로 삼아 창의적인 기업활동을 조장하고 소비자를 보호하고, 궁극적으로는 국민경제의 균형 있는 발전을 도모하는 것을 목적으로 하고 있다. 한마디로, '공정한 경쟁'과 '자유로운 경쟁'을 추구하는 것이다.

2. 한국의 경쟁정책

1) 배경과 특징

(1) 우리나라 경쟁정책의 배경

경쟁법은 산업화라는 역사적 변혁에 의해 새롭게 형성된 산업부문의 질서를 관리하기 위하여 입법된 법제이다. 그러므로 각국의 경쟁법이 지니는 특성은 그 나라 산업부문의 특징을 반영하기 마련인데 각국의 산업부문은 그 산업화 과정과 긴밀하게 연관되어 있다. 세계가 놀란 20세기 후반의 고도성장을 실현한 한국경제의 산업화는 잘 알다시피 강력한 정부 선도의 경제개발의 결과물이다.

개발초기의 한국경제는 많은 어려움에 봉착하고 있었는데 국내에 유능한 기업가가 거의 없었다는 점이 그 중 하나였다. 정부는 단시일 내에 많은 산업을 일으키려 하였지만 사업을 맡아서 성공적으로 운영할 능력이 있는 기업가들은 크게 부족하였던 것이다. 자본과 기술을 해외로부터 도입하여 공장을 건설 운영하고 전 생산과정을 원활하게 관리하며 생산한

제품을 시장에 판매하는 일은 기본적으로 기업가의 역할이다. 그러나 당시 국내 기업가들은 스스로의 힘으로 해외 차관과 기술을 도입해 올 능력을 갖추지 못한 상태였다.

또한 한국전쟁 후 10년도 채 안되어 외국에서 한국의 경제를 투자부적격 지역으로 간주하였기 때문에 국내 기업가들의 사업 계획만으로는 외자를 유치할 방법이 없었다. 따라서 정부가 적극적으로 나서서 보증을 서고, 기업을 선별하여 특별 지원하는 방향을 택하였다. 그러다 보니 정부 지원은 사업을 제대로 수행하는 몇몇 소수의 사업자들에게 집중되었다. 이들은 결국 우리 경제를 좌지우지해 온 이른바 재벌로 급성장하게 되고, 비록 한국 경제의 고도성장에 크게 기여했지만, 한편으로 한국의 산업조직은 몇몇 재벌 총수가 주도하는 재벌체제 중심으로 형성된 것이다.

(2) 우리나라 경쟁정책의 특징

이러한 배경 아래에서 1980년 말에 공정거래법이 탄생하게 되었다. 현행 공정거래법은 1980년 12월 31일 당시 5공화국이 출범되기 직전 전국비상계엄 아래서 설치된 최고군사회의 성격의 '국가보위비상대책위원회(약칭 국보위라고 한다)'에서 제정되었다. 평상시에는 그만큼 공정거래법의 입법을 반대하는 재계 로비세력의 영향력이 강하였기 때문이기도 하다.

이러한 공정거래법이 제정된 배경에서 우리나라 경쟁정책의 특징을 살펴볼 수 있다. 가장 큰 특징은 재벌을 규제하기 위한 법제라는 점이다.

재벌규제 위주의 경쟁법제

공정거래법은 '독점', '재벌'이라는 표현이 의미하듯이 재벌문제가 바로 독과점 문제로 인식되었기 때문에 '재벌문제를 다루기 위한 공정거래법'이 필요했던 것이다. 그런 의미에서 당시의 공정거래법을 재벌단속법으로 희화화하는 경우도 있었다.

공정거래법은 재벌체제를 뜻하는 대규모 기업집단의 구조와 행동이 산업조직론에서 문제 삼는 시장지배력과는 상관없더라도 이것을 단속하는 조항을 적잖이 포함하고 있다. 예컨대 공정거래법 제1조는 '과도한 경제력의 집중을 방지'하는 것을 목적으로 하는데 시장경쟁과 관련하여 문제되는 것은 시장지배력이지 경제력집중이 아니다.

경제력 집중이 시장지배력을 낳는 배경이 될 수는 있겠지만 반드시 시장지배력으로 연결된다는 명제는 입증된 바 없고 일반적 상황에서는 입증될 수도 없다. 오히려 세계 시장에서 성취가 출중한 기업들이 생기면 경제력이 집중되는 현상이 결과적으로 나타날 수 있는 것이다. '기업지배구조는 경쟁 질서와는 무관'하다는 관점을 주장하는 견해도 있는 데도 불구하고 우리나라 현행 공정거래법 체계는 다분히 재벌문제를 독과점 문제로 인식하고, 재벌기업의 지배구조 개선을 직접적인 단속 목표로 삼고 있다는 특징을 하고 있다.

시장지배적 사업자 규제

이러한 재벌규제 위주의 경쟁법제는 당연히 시장지배적 사업자에 대한 규제로 이어진다. 공정거래법 제2장에는 '시장지배적 지위의 남용 금지'를 규정하고 있다. 시장지배적 지위의 남용 금지는 모든 나라의 경쟁법에서 수용하는 조항이지만, 우리나라 법의 특징은 시장점유율을 근거로 하고 있다는 점이다. 예컨대 시장 지배적 사업자를 추정하도록 한 조치(제4조)와 가격남용행위 금지조치(3조2의 1항1호)가 대표적이다.

> 공정거래법 제4조(시장지배적사업자의 추정)
>
> 일정한 거래분야에서 시장점유율이 다음 각 호의 어느 하나에 해당하는 사업자(일정한 거래분야에서 연간 매출액 또는 구매액이 40억원 미만인사업자는 제외한다)는 제2조(定義)제7호의 시장지배적 사업자로 추정한다.

1. 1사업자의 시장점유율이 100분의 50 이상
2. 3 이하의 사업자의 시장점유율의 합계가 100분의 75 이상. 다만, 이 경우에 시장점유율이 100분의 10 미만인 자를 제외한다.

물론 기업의 절대적 규모와 진입장벽의 유무 등 다른 요인들도 고려하지만 시장점유율을 가장 중요하게 보는 것이다. 이렇게 추정된 시장 지배적 사업자는 ① 가격을 부당하게 결정, 유지, 또는 변경하는 행위, ② 상품의 판매 또는 용역의 제공을 부당하게 조절하는 행위, ③ 다른 사업자의 사업 활동을 부당하게 방해하는 행위, ④ 새로운 경쟁사업자의 참가를 부당하게 방해하는 행위, 그리고 ⑤ 부당하게 경쟁사업자를 배제하기 위하여 거래하거나 소비자의 이익을 현저히 저해할 우려가 있는 행위 등 남용행위를 하면 안 된다(제3조의 2).

시장지배적 지위의 남용 행위로 규정된 행동 가운데 ②에서 ⑤까지의 항목은 제4장(부당한 공동행위의 제한)과 제5장(불공정거래행위의 금지 조항)으로도 처벌할 수 있는 행위들로서 시장지배적 사업자의 경우 더욱 특별하게 다스리겠다는 것이다. 다만 항목 ①은 가격남용행위를 금지하고 있다(이는 담합이 아닌 경우에도 가격 책정을 단속할 수 있는 조항으로 문제될 소지가 있다).

여담(regression) 2.1

한국 재벌의 소유구조 이해하기

공정거래법의 제3장(기업결합의 제한 및 경제력집중 억제)의 내용은 순수한 기업결합(합병)의 문제를 제외하고는 지주회사설립제한, 상호·순환출자의 금지, 의결권금지 등 우리나라 특유의 재벌문제를 단속하는 조항이 대부분이다.

앞서 언급했지만 우리나라의 재벌 체제는 개발연대 특정 기업들을 지원해 온 경제개발정책의 유산이라고 볼 수 있다. 이들의 기업 활동이 비록 성공적이었다고 하더라도 각자 보유한 개인 자금이 각자의 모든 사업에 필요한 자금을 모두 충당할 만큼 무한한 것은 아니었다. 한정된 개인 자금으로 많은 사업체를 지배할 수 있는 소유구조는 이른바 소수지배구조(controlling minority structure) 뿐이다.

이러한 소수지배구조를 이해하기 위해 몇몇 출자구조에 관해 살펴본다.

(1) 상호출자 방식

우선, 독립된 법인간 자본을 맞출자하는 이른바 상호출자 형태는, A기업이 B기업에 출자하고, B기업 역시 A기업에 출자하여 자본을 교환하는 출자방식으로서, 이들 두 기업이 서로의 주식을 보유하게 된다. 이러한 상호출자는 주로 재벌계열사간에 행해지면서 서로의 결속을 강화하는 수단으로 활용되어왔는데, 해당 재벌 입장에서는 경영의 효율성을 높이고 위험을 분산할 수 있다는 장점이 있지만 이로 인해 경쟁제한과 경제력집중 문제 등이 발생하기도 한다. 예컨대 100억 원의 자본금을 가진 A, B 두 기업이 각각 50억 원을 서로에게 출자한다면 실제 증가된 자본금의 합은 0원임에도 두 기업의 장부상 자본금은 각각 150억 원으로 증가된 것으로 나타난다. 공정거래법에서는 이러한 폐해를 막기 위해 자산규모 5조 원 이상의 기업집단을 상호출자제한 기업집단으로 지정하고 있다.

> 공정거래법 제9조(상호출자의 금지등)
>
> ① 일정규모이상의 자산총액등 대통령령이 정하는 기준에 해당되어 제14조(상호출자제한기업집단등의 지정)제1항의 규정에 따라 지정된 기업집단(이하 '상호출자제한기업집단'이라 한다)에 속하는 회사는 자기의 주식을 취득 또는 소유하고 있는 계열회사의 주식을 취득 또는 소유하여서는 아니된다.

(2) 피라미드형 소유구조

<그림 2-1>의 피라미드형 소유구조와 <그림 2-2>의 순환출자 방식은 재벌체제 소유구조의 전형으로서 소수지배구조의 한 형태이다. 우선 피라미드형 출자형태를 살펴보면, 아래 <그림 2-1>에서 오너의 배당참여율

(자본참여율)은 0.2575(=51/198)에 불과하지만, 각 기업에서의 주주총회 의결권은 각각 0.51%이다(총수의 배당권과 의결권 간의 괴리가 크다).

<그림 2-1> 피라미드형 소유구조

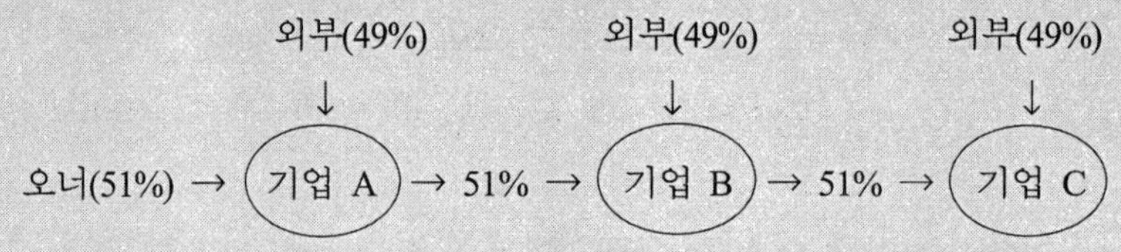

<그림 2-1>에서 기업A에 출자한 투자분 51%는 A의 자본이면서 동시에 B의 자본으로 중복계산되는 셈이다. 결과적으로 기업집단의 자본은 300%가 된다.[14]

(3) 순환출자 방식

계열기업 간에 순환적으로 출자하여 지배구조를 확립하는 순환출자방식을 아래 <그림 2-2>에 나타내었다. 순환출자 방식은 계열기업의 수를 늘리면서도 지배체제를 공고히 할 수 있다는 이점이 있기 때문에 재벌기업들이 일반적으로 사용하고 있는 방법이다. 공정거래법 등에서 계열기업 간 상호출자가 원칙적으로 금지되었기 때문에 순환출자가 애용되어 왔다.

<그림 2-2> 순환출자 방식의 지배구조

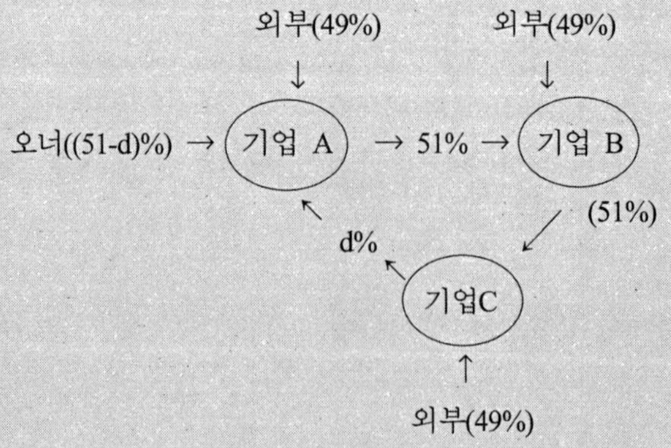

---

14) 100%×(100×(A+B+C)).

<그림 2-2>에서 오너의 자본참여율이 0.25 이하이지만, 의결권은 여전히 51%로, 전체 기업집단을 완전히 지배한다. 그림에서 만일 d=50%이면 오너는 단지 1%의 지분만으로도 A, B, C로 이루어진 기업집단을 완전히 지배하게 된다.

실재 우리나라 재벌 오너의 평균 자본참여율은 5% 이내임에도, 의결권은 평균 40%이다. 따라서 이러한 재벌의 문제점 때문에 공정거래법(제9조의2(순환출자의 금지)) 등을 통해 재벌을 단속하는 것이 당연했다. 하지만 현행 공정거래법과 상법에서는 순환출자 자체를 금지하고 있지는 않다. 다만 출자총액제한제도 등을 통해 대기업의 순환출자를 일정부분 제한하고 있는 실정이다.

이러한 순환출자는 글로벌경쟁이 심화된 오늘날에 있어서 일정부분 순기능도 하고 있다. 예컨대 글로벌기업들과 경쟁하는 국내기업집단이 순환출자를 통해 자금조달이 용이해지며 외국의 적대적 M&A에 대한 방어수단이 될 수 있다. 하지만 순환출자로 복잡하게 얽혀있는 기업집단의 한 계열기업이 부실해지면 그에 출자한 다른 계열기업들까지 연쇄적으로 부식해지는 악순환이 발생하는 등의 역기능도 종종 발생하고 있는 것이 현실이다.

2) 정책의 추진 주체와 주요 정책

(1) 정책의 추진 주체

한국의 경쟁정책의 추진 주체는 공정거래위원회이다. 공정거래위원회는 한국의 경쟁정책을 수립하고 운영하며, 불공정거래 등에 관한 사건을 심의하고 의결 처리하는 합의제 준사법기관이며, 국무총리 소속의 중앙행정기관이다.

공정거래위원회 기구는 의사결정기구인 위원회와 실무기구인 사무처로 구성되어 있다. 위원회는 위원장 1인, 부위원장 1인, 상임위원 3인, 비상임위원 4인 등 총 9인의 위원으로 구성되며, (불)공정거래에 관련된 사

건을 심의하고 결정하는 임무를 담당한다.[15)]

사무처는 경쟁정책을 직접 입안·추진하거나 공정거래에 관련된 사건을 조사하여 위원회에 상정하고, 위원회의 결정에 따라 처리하는 실무기구이다. 사무처의 구성은 기획관리관, 심판관리관, 정책국, 독점국, 경쟁국, 소비자보호국, 하도급국, 조사국, 총무과, 그리고 4개 지방사무소(부산·대구·대전·광주)로 이루어져 있다. 사무처의 산하기구로 경제제한규제개혁작업단, 정책개발기획단, 업무혁신작업단 겸 ICN 준비기획단이 있다.

공정거래위원회의 주요 업무는 크게 경쟁촉진, 소비자 주권 확립, 중소기업의 경쟁기반 확보, 경제력 집중 억제 등 4가지이며, 이를 위해 독점규제 및 공정거래에 관한 법률 등 9개 법률을 운용하고 있다.

(2) 주요 정책

공정거래법 및 공정거래위원회의 소관 사무 등에서 규정한 우리나라 경쟁정책은 크게 7개 범주로 구분된다. ① 독과점 사업자의 시장 지배행위의 남용 규제 ② 기업결합의 제한 및 경제력 집중의 억제 ③ 부당한 공동행위 및 사업자단체의 경쟁제한 행위의 규제 ④ 불공정거래행위 및 재판매가격 유지행위의 규제 ⑤ 부당한 국제계약의 체결 제한 ⑥ 경쟁제한적인 법령 및 행정처분의 협의·조정 등 경쟁촉진정책에 관한 사항, 그리고 ⑦ 국제경쟁정책에 관한 사항 등이다.[16)]

공정거래위원회에는 한 해 동안 추진할 주된 경쟁정책들을 업무계획 형태로 매년초 수립하여 발표해 오고 있다. 2015년의 경우에는 '원칙이 바로 선 시장경제질서 확립'이라는 경쟁정책의 목표를 설정하여 다음과

---

15) 위원장과 부위원장은 국무총리의 제청으로 대통령이 임명하고, 상임위원과 변호사·경제학자로 구성된 비상임위원은 위원장의 제청으로 대통령이 임명한다. 이들의 임기는 모두 3년이다.

16) 자세한 사항은 공정거래위원회 홈페이지(www.ftc.go.kr)와 관련 자료들을 참고할 수 있다.

같은 6가지의 정책과제를 중점적으로 추진하겠다는 의지를 나타내기도 했다. ① 대·중소기업 간 불공정 관행 개선, ② 글로벌 독과점 사업자에 대한 법 집행 강화, ③ 신유형 거래 분야의 경쟁촉진을 통한 창의·혁신 역량 제고, ④ 공공분야의 경쟁촉진 및 공정거래질서 확립, ⑤ 기업 구조조정 지원 및 대기업 집단 소유 지배 구조 개선 유도, ⑥ 소비자가 행복한 시장 구현 등이다.[17]

이러한 여러 범주의 경쟁정책과 주요 추진과제들은 사실 이 책의 각 장에서 다루고자 하는 내용들이다. 이 책의 제3장에서부터 제11장까지 이러한 정책들의 내용들과 소비자후생에 미치는 효과 등에 관해 구체적으로 살펴보고 있다.

3. 소비자정책과 소비자후생

1) 소비자정책의 패러다임

(1) 소비자정책의 의의

사람들은 소비의 주체인 소비자가 되어 경제활동의 중심역할을 한다. 그러면서도 소비자는 늘 ‘약자’의 존재로 인식되어 왔다. 사실 소비자는 거래에서 약자의 위치에 종종 서게 된다. 그럴 수밖에 없는 이유들도 있다. 무엇보다 각자의 관심과 행태가 너무나 다양해서 통합적인 힘(power)을 갖기 어렵다. 더군다나 관심은 있어도 정보가 부족해서 전문성이 떨어진다. 자본주의 경제체제에서는 생산자는 자본과 조직력, 그리고 정보력을 기반으로 한 기업조직을 통해 특정 시장을 전문화하게 되고, 이들과의 거래관계에 있는 소비자에 비해 우월한 힘을 갖기 쉽다. 이 점이

17) 각 정책과제의 구체적인 내용은 공정거래위원회의 보도자료(2015년 2월 2일자 배포), ‘원칙이 바로 선 시장경제질서 확립방안’을 참고할 수 있다.

소비자가 시장에서 약자의 위치에 있을 수 있는 주된 배경이며, 소비자 문제의 발생 원인이기도 하다.[18)]

앞서 시장경제체제에서의 소비자문제의 발생 원인과 바람직한 해결방안에 관한 관점에 관해 살펴보았다. 시장거래에서의 직접당사자인 소비자와 사업자가 각각 나름의 역할을 할 수도 있지만, 정책적 관점에서는 정부가 '소비자정책'의 수단을 통해 소비자문제의 해결을 이끌어낼 수 있는 것이다.

소비자정책(consumer policy)은, 비록 여러 관점에서 다양하게 정의할 수 있겠지만 한마디로 표현하면 '소비자를 위한, 소비자문제의 해결을 위한 정책'이다.

☑ **용어 정리 - 소비자정책**(consumer policy)

> 시장경제에서 소비자문제 해결을 위해 정부가 법과 제도 등을 통하여 시장에 직·간접적으로 개입하는 일련의 과정을 소비자정책이라 할 수 있다.

앞서 공부했듯이 소비자문제는 시장경제에서의 시장실패의 여러 요인들에 의해 발생된다. 독과점과 같은 경쟁 제한적인 시장 구조, 소비자와 사업자간의 정보의 비대칭성, 공공재의 문제점, 외부효과 등과, 이들 요인들의 복합적인 상호작용에 따른 사업자의 불공정한 거래행태와 소비자의 비합리적인 소비행태 등이 소비자문제를 발생시킨다. 그 결과 소비자는 거래과정에서 합리적인 선택에 제약을 받게 되고, 소비생활 과정에서 경제적 손실을 입거나 신체나 생명상의 위해(hazards)을 받기도 한다.

소비자정책은 이러한 소비자문제의 원인과 해결방안을 밝혀낼 뿐만 아니라 소비자피해를 예방하고 구제하는 등 소비자의 기본권을 확보하거나 보장하고자 하는 일련의 정부 또는 공공부문의 활동이라고 할 수 있다.

---

18) 저자의 다른 책 「당신이 소비자라면」(이담북스, 2015)에서 대한민국의 소비자로서의 삶의 관점에 관한 담론을 피력하고 있다.

이러한 관점에서의 소비자정책은 소비생활향상과 소비자의 후생 증대를 가져올 뿐 아니라, 기업들의 기술개발과 가격인하를 유도하는 시장경쟁을 촉진하여 궁극적으로는 국민경제의 발전에 이바지하게 된다.

<그림 2-3> 효과적 소비자정책 집행 구조

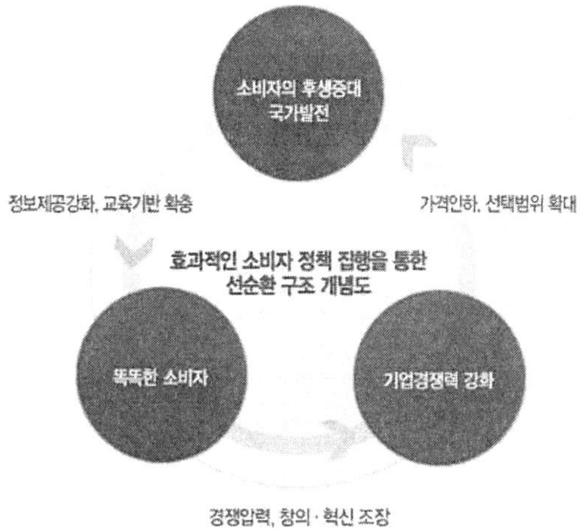

※ 출처: 공정거래위원회 홈페이지(http://ftc.go.kr/, 2015년 8월 15일)

(2) 소비자정책 패러다임의 변환

1980년 1월에 '소비자보호법'이 제정되고 1987년 7월에는 한국소비자보호원(한국소비자원의 옛 명칭)이 설립되는 등 일련의 소비자(보호)정책과 행정이 80년대 초중반에 수립되었다. 하지만 그 이후에도 약 20년간은 우리나라 소비자정책의 기조가 소비자중심은 아니었다. 산업정책의 부작용을 교정하거나 소비자 피해를 사후적으로 구제하는 이른바 '후견적 소비자보호정책'의 형태였던 것이다.

그러다가, 2000년도 중반에 이르러서야 소비환경의 변화와 소비자정책 확대 요구 등 여러 국내외적인 여건 변화를 반영, 정책의 추진체계가 대대적으로 개편되었다.

과거 열등한 지위에 있는 소비자를 보호하는 데 초점을 맞췄던 이른바 '보호론적 관점'에서 소비자가 자주적으로 문제를 해결할 수 있도록 지원해 주는 '주권론적 관점'으로 패러다임이 전환되었다. 그에 따라 소비자정책도 기존의 '소비자보호'에서 '소비자의 권익 증진과 소비생활의 향상'으로 전환하게 되었다. 2006년 9월에 소비자보호법을 소비자기본법으로 대폭 개정했으며, 이듬해 한국소비자보호원의 명칭을 '한국소비자원'으로 변경하고 조직의 관할 등 국민생활 향상을 위한 소비자정책의 집행기능을 공정거래위원회로 이관했다.

또한 2008년 1월에는 소비자단체소송제도와 집단분쟁조정제도를 새로 도입했고, 같은 해 2월에 정부조직을 개편하여 정책의 주관 추진체계를 공정거래위원회로 이관하게 되었다.

앞서 설명했듯이 이러한 변화는 종래와 같이 소비자가 일방적 보호의 대상이 아니라 자주적 권리를 행사하는 주체, 즉 소비자 주권을 행사하는 주체로서의 지위를 강화하기 위한 목적에서 비롯되었다.

이러한 소비자정책 패러다임의 변환 속에 소비자정책의 기본계획이 수립되었는데, 종래의 단 년도 위주 시책에서 벗어나 중장기적 관점에서 소비자정책을 체계적이고 일관성 있게 추진해 나갈 수 있도록 3년 단위 소비자정책에 관한 기본계획을 수립할 수 있는 근거규정이 마련되었다. 해당 규정에 따라 공정거래위원회는 지난 2009~2011년 소비자정책 기본계획을 수립(2008년 10월 1일)했으며, 2014년에는 3차 기본계획을 수립했다.

2) 한국의 소비자정책·행정

(1) 소비자정책·행정의 추진 체계

이와 같이 2008년 개편된 소비자정책 추진체계의 기본 틀이 현재까지 유지되고 있다. 이는 개정 소비자기본법(2006.9.27) 및 동법 시행령(2007.3.27)을 근거로 한다.[19] 국가 차원에서는 소비자정책위원회 아래 공정거래위원회 및 기획재정부(이하 '기재부'로 약칭), 보건복지부, 지식경제부, 농림수산식품부 등 12개 중앙행정기관에서 대체로 산업별로 소관 분야를 담당하며, 지방의 경우는 16개 광역 지방자치단체별 (지역)소비자정책위원회, (지역)소비자보호기관을 두고 있다.

또한, 공정거래위원회에서 소비자기본법에 의거하여 한국소비자원 관할 등 소비자정책의 집행기능을 총괄하고 있는데,[20] 국가 소비자 기본정책의 심의·의결 자문기구인 소비자정책위원회 및 산하 분과회의의 운영을 주관하고 있다(공정위·민간 공동위원장 체제). 더불어 소비자원의 업무추진을 감독하고 있다.

소비자정책의 추진은 크게 규제행정과 지원행정으로 구분되며, <그림 2-4>에서 보듯이 관련 법령[21]에 근거하여 여러 부처와 기관에서 담당하고 있는 실정이다.

<그림 2-4> 소비자정책 추진체계

※ 출처: 공정거래위원회 홈페이지(www.ftc.go.kr, 2015년 8월 15일)

19) 2006년 9월 27일 '소비자기본법'으로 전부개정 이후 6차례 부분 개정이 있었다.

20) 공정위 홈페이지(www.ftc.go.kr) 및 관련 자료를 참고할 수 있다.

21) 주요법령을 보면, 공정위 소관으로는, 공정거래법, 표시광고법, 할부거래법, 방문판매법, 약관규제법, 전자상거래소비자보호법, 소비자기본법, 제조물책임법 등이 있으며, 기타 부처 소관으로는 민법, 품질경영법, 산업표준화법, 약사법, 식품위생법, 평생교육법 등이 있다.

(2) 소비자정책·행정의 영역

소비자정책·행정의 영역은 크게 거래의 적정화, 안전성 보장, 정보제공, 소비자교육, 피해구제 등 5개로 구분된다.

<표 2-1> 우리나라 소비자정책·행정의 영역

<table>
<tr><th colspan="2" rowspan="2">구 분</th><th colspan="2">주요법령</th><th rowspan="2">주요 관련 기관</th></tr>
<tr><th>공정위소관</th><th>타부처소관</th></tr>
<tr><td rowspan="2">규제행정</td><td>거래적정화</td><td>공정거래법, 표시광고법, 할부거래법 방문판매법, 약관규제법, 전소법 등</td><td>품질경영및공산품안전관리법, 산업표준화법 등</td><td>공정위, 지식경제부</td></tr>
<tr><td>안전성 보장</td><td>소비자기본법 (제조물책임법)</td><td>약사법, 식품위생법, 품질경영및공산품안전관리법등</td><td>보건복지부(식약처), 지식경제부</td></tr>
<tr><td rowspan="3">지원행정</td><td>정보제공</td><td>표시광고법</td><td>각 부처 개별법령</td><td>공정위, 소비자원</td></tr>
<tr><td>소비자교육</td><td>소비자기본법</td><td>평생교육법</td><td>각 부처 공통</td></tr>
<tr><td>피해규제</td><td>소비자기본법, 제조물책임법</td><td>민법</td><td>공정위, 소비자원, 법원</td></tr>
</table>

우리나라는 미국이나 일본과 같은 분산형 소비자정책 추진체계를 하고 있다. 다시 말해 전담 추진 독립규제기관이 없으며 그 대신 여러 행정부처와 기관에서 소관 업무별로 나눠져 수행되고 있다. 다만 소비자정책을 총괄하고 조정하는 기구를 별도로 두고 있다.

선진국들에서의 소비자정책의 추진체계는 해당국의 정치·경제·사회적 여건이 반영된 형태로 서로 다른 특징을 갖고 있다. 미국과 달리 일본과 영국은 정책의 기획·입안·집행을 통합한 형태이며, 소비자정책 전담기관을 두고 있다. 하지만 미국, 일본, 영국 모두 우리나라 공정위와 같은 경쟁정책과 소비자정책을 통괄하는 형태는 아니다.[22]

<표 2-2> 주요국의 소비자·민생정책 추진 형태 비교

	일 본		미 국	영 국	프랑스	독 일	한 국
	과거	현재					
전담기관 (유무)	해당 성·청	소비자청	없음 (개별 기관)	시민고충 상담부 (CAB)	경제산업 고용성 (경쟁·소비·사기방지 총국)	없음 (각 주)	공정위 (소비자원)
안전과 거래	분리	통괄	분리	통괄	통괄	각 주	통괄
소비자정책과 경쟁정책	분리	분리	부분통괄 (분리)	분리	통괄	분리	통괄
정책의 기획·입안·집행	부분 통괄	통괄	분리	통괄	통괄	각 주	통괄 (2008)

(3) 소비자정책·행정과 현실의 문제

소비자정책은 앞서 설명한 경쟁정책과 더불어 경제발전과 국민의 후생증진을 위한 주된 정책의 하나이다. 경제수준이 향상됨에 따라 소비자 권익 증진과 소비생활 향상을 위한 소비자정책의 중요성이 더욱 부각되고 있고, 소비자정책의 강화는 소비자의 권익 실현을 통한 국민복지증진과 직결되며, 나아가 기업과 국가 경쟁력 제고에 기여하게 된다. 따라서 경쟁정책과 소비자정책은 상호 밀접한 관련성을 갖는다.

소비자정책은 서민 내지 저소득층의 소비생활에 관련된 제반 문제들과 밀접한 관계가 있기 때문에 이들을 포함한 국민의 행복을 추구하는 한 나라의 정책 방향에 매우 중요한 위치를 차지하고 있다. 다시 말해, 한 나라의 관련된 여러 행정·정책 시스템상 문제점 개선을 지향함으로

---

22) 경쟁정책과 소비자정책이 통합 운영 중인 나라는 호주와 프랑스가 유일하다. 호주는 경쟁소비자위원회(ACCC)를 주고 있으며 프랑스는 경제산업고용성 내 경쟁소비사기방지총국(DGCCRF)에서 양 정책을 함께 추진하고 있다.

써 소비자정책과 행정, 그리고 경제 정책·제도의 발전을 기대할 수 있는 것이다.

우리나라는 현재 소비자정책 추진체계상의 여러 문제점이 표출되고 있다. 소비자정책의 목표와 수단, 그리고 정책의 대상 등에 관한 다소의 혼란과 타 정책과의 중복 논란이 있어 왔으며, 형식상 소비자정책의 최고 의사결정기구인 소비자정책위원회의 기능과 역할이 매우 저조하며 부실한 실정이다. 당초 기대했던 경쟁정책과 소비자정책의 결합에 따른 시너지효과가 미진하다는 평가도 있고, 1987년 설립된 소비자정책 수행기관인 한국소비자원의 기능이 상당부분 제약받고 있으며, 식품안전과 같은 여러 분야에서 타 정부부처 기능과 중복 수행됨으로써 발생되는 비효율이 상당하다. 따라서 향후 정부에서 종합적 행정체계 개편 필요성을 전제로 할 때, 소비자정책 추진체계의 개선이 요망되는 실정이다.

(4) 소비자정책·행정의 개선

이러한 소비자정책 추진체계상의 여러 문제들은 현 체계에서는 개선될 여지가 상당히 제한적이다. 따라서 적절한 시점에 이러한 문제들이 해소되는 것이 바람직하다.

향후 우리나라 소비자정책의 주요 개선 원칙 내지 방향으로는 우선, 국민에게 편의적인 정책추진 체계 및 행정조직이어야 하며, 소비자의 실질적 후생증진 및 생활편의를 가져오는 체계가 바람직하다. 또한 다양한 소비자문제에 대한 신속한 대응이 가능하고, 중복기능의 축소·배제 및 상호협력을 통한 효율성을 확보할 수 있는 체계여야 하며, 민간부문의 진전에 부응하는 전문성이 확보될 수 있는 조직이어야 하며, 민생문제가 포함된 광의의 소비자문제에 대응할 '국민생활정책'의 추진이 요망된다.

덧붙여, 소비자정책 개선의 문제를 어떻게 현실에서의 경제정책과, 이 책에서 강조하고 있는 경쟁정책, 특히 공정거래 정책과 접목하여 조화롭게 내세울 것인지 고민해야 할 것이다.

3) 사회 후생과 소비자잉여·생산자잉여

(1) 후생과 후생경제학

오늘날 경제가 발전하고 복지사회를 지향하면서 소비자후생에 관한 관심이 높아지고 있다. 후생(welfare)이란 사전적으로는 '사람들의 생활을 넉넉하고 윤택하게 하는 일'의 의미이지만, 경제적으로는 '효용을 느끼는 정도'를 의하며 '직접 또는 간접적으로 화폐로써 측정되는 효용 수준'을 나타낸다.

이러한 경제적 후생을 대상으로 하는 경제학분야가 '후생경제학(welfare economics)'인데, 국가 경제정책의 목표가 사회 전체의 경제적 후생의 극대화에 있다는 전제 아래 경제적 후생의 개념이나 극대화의 조건을 연구하는 경제학 분야를 의미한다.

후생경제학이란 자원배분과 소득분배가 어떤 조건하에서 최적상태에 도달하는가를 분석하고, 나아가서 자원배분과 소득분배를 어떤 방향으로 개편하는 것이 경제적 후생을 극대로 하는가를 연구하는 경제학의 한 분야이다.

후생경제학에서 다루는 사항을 단순화하면 "What is best?"이다. 예컨대 반값등록금을 실현할 것인가? 최저임금 수준을 인상할 것인가? 전월세상한제를 도입할 것인가? 무상급식을 실현할 것인가? 이러한 질문들은 경제적 효율성뿐 아니라 우리 사회의 정치적이면서도 윤리적 논쟁이 되고 있기도 하다.

예컨대, 정부에서 소득재분배 차원에서 고소득자에게 물리는 최고세율을 올리는 세법개정을 추진한다고 하자.[23] 이에 찬성하는 사람들은 고소

23) 실제로 정부에서는 2013년 세법개정 후속 시행령 개정을 통해 최고세율(38%)을

득자의 자원을 저소득자에게 배분할 수 있다는 관점에서 바람직하다고 보는 반면, 반대 입장의 사람들은 그러한 세정이 우리경제의 '효율성'을 떨어뜨릴 것이라고 우려한다. 어느 쪽이 옳다고 생각하는가? 양측 다 분명한 논리적 근거를 갖고 있지만, 논점은 결국 (제1장에서 공부했던) 효율성과 형평성간의 상충관계로 귀결된다. 즉 높은 세율은 재분배효과는 분명히 있겠지만 그에 따른 효율성 저하도 무시할 수 없다.

한 가지 유의할 점은, 경제학에서 말하는 후생(welfare)은 우리가 흔히 말하는 저소득 서민들을 위한 정부의 복지프로그램을 의미하는 것은 아니다. 더더군다나 행복이나 삶의 질과 동일어로 사용되는 것도 아니다. 경제학에서의 후생은 기본적으로는 경제적효율성에 초점을 맞추고 있다.

(2) 소비자잉여와 생산자잉여

후생경제학에서의 중요한 결론은 구매자와 판매자 모두가 시장에 자발적으로 참여하여 이득을 얻게 된다는 것이다. 이때 소비자가 얻는 이득을 소비자잉여, 생산자가 얻는 이득을 생산자잉여라고 부른다.

소비자잉여는 소비자의 최대지불용의 금액에서 실제로 지불한 금액을 빼고 남은 나머지 금액이며, <그림 2-5>에서 수요곡선과 가격과의 사이 면적인 삼각형 AP_1C가 이에 해당된다. 소비자잉여는 소비자가 시장에 참여하여 얻게 되는 혜택의 척도이다. 즉 모든 사람들이다 똑같은 '내 마음의 가격'을 가지고 있는 것은 아니다. 주어진 상품에 대한 지불용의는 각 사람마다 다를 수 있다는 의미이다.

소비자잉여 = 소비자의 최대지불용의 금액 − 실제로 지불한 금액　　식 2.1

생산자잉여는 공급자가 받은 금액에서 생산비용을 뺀 나머지 금액이며,

적용받는 과세표준 구간이 3억에서 1.5억으로 낮춤으로써 1.5억 이상 고소득자들로부터 거둬들이는 세금을 크게 늘리기로 했다. 이러한 결정 역시 경제적 평가보다는 정치적 판단의 산물이었다.

<그림 2-5>에서 가격수준과 공급곡선의 사이 면적인 삼각형 P_1BC가 여기에 해당한다. 생산자잉여는 생산자가 시장에 참여하여 얻게 되는 혜택의 척도이다.

생산자잉여 = 공급자의 총수입 − 기회비용　　　　식 2.2

<그림 2-5> 소비자잉여, 생산자잉여 및 사회적 후생

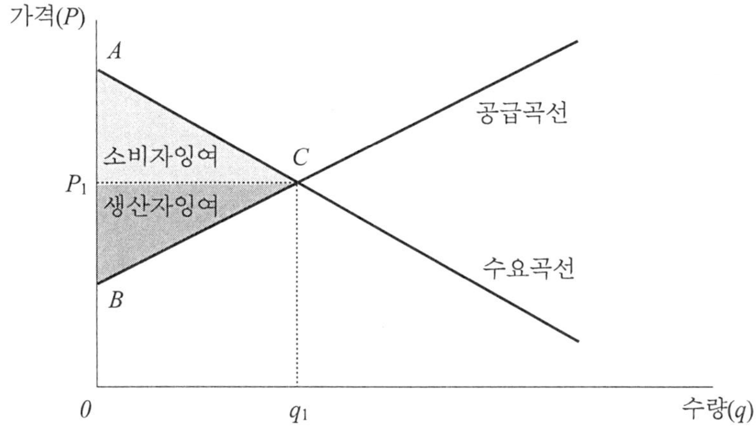

(3) 사회적 후생

앞서 살펴본 소비자잉여와 생산자잉여의 합에 더하여, 정부와 같은 제3자 잉여를 합하여 사회적잉여(social surplus) 또는 사회적후생(social welfare)이라고 한다. 다시 말해 소비자나 기업이 시장에 참여함으로써 사회에 주는 순경제적이익의 합(sum of net economic benefits)이 바로 사회적 잉여인 것이다.

사회적 잉여 = 소비자잉여 + 생산자잉여 + 제3자 잉여　　　　식 2.3

후생경제학에서는 경쟁시장에서는 사회적 잉여의 극대화가 달성된다고 간주하는데, 물론 이론서에서 말하는 경제적 효율성의 관점에서의 주장이다. 앞서 소개했던 아담스미스의 이른바 '보이지 않는 손'의 작용에 의한 바람직한 현상이다. 시장경제체제에서 사회적 잉여 또는 사회적 후생이 극대화된다는 말은 한편으로 소비자잉여로 나타낸 소비자의 후생도 극대화된다는 의미이다.

하지만 이러한 효율성의 관점에서의 후생의 극대화 논리에는 분배 내지 형평성의 문제를 불러일으킨다. 극단적인 예로 부자들에게 이익을 주고 가난한 사람들에게는 오히려 부담을 지우는 정책도 후생경제학적 논리로는 효율적으로 귀결될 수 있는 것이다.

방법론적으로는 후생경제학이 소비자주권의 원칙에 입각한 경제정책 이론이라고 할 수 있다. 즉 (제1장에서 공부한) 경제적 효율성의 원칙에서 사회구성원들인 소비자 전체의 만족을 높이는 것을 목표로 하고 있기 때문이다.

하지만 후생경제학에서는 개별 소비자의 만족, 즉 개인의 효용을 어떻게 통합해서 사회전체의 만족, 다시 말해 사회적 후생을 정의할 것인가의 문제를 해소하지 못하고 있다. 예컨대 연봉 1억원인 사람에게 지불한 1백만원의 상여금과 연봉 1천만원인 사람에게 지급된 1백만원의 가치는 분명 다를 것이다. 고소득자들의 소득의 한계효용은 저소득자들의 소득의 한계효용에 비해 낮은 것이 일반적이다. 이러한 단적인 예만 보더라도 사회적후생의 극대화는 명확히 정의하기도 어려울뿐더러, 후생극대화라는 경제적 목표를 어떻게 달성하는지에 대한 수단에 관해서도 다양한 견해가 있다.

4. 경쟁정책과 소비자정책간의 관계

1) 양정책간 관계와 상호보완성

지금까지 살펴본 것과 같이 경쟁정책과 소비자정책은 '시장'을 그 대상으로 한다는 점과 궁극적 목적이 '소비자후생의 증대'(enhancement of consumer welfare)에 있다는 점에서 상호 밀접한 관련성을 갖는다. 경쟁정책은 시장에서의 대기업의 횡포로부터 중소기업을 보호하고 각종 불공정한 거래행태를 규제하는 등의 수단을 통해, <표 2-1>에 요약해 놓았듯이 기업의 경쟁력과 경제효율성 및 소비자 후생을 증진하고자 하는 정책이다. 소비자정책 역시 각종 소비자권익 옹호를 위한 수단들을 통해 시장에서의 소비자후생의 증진이 궁극적인 목표이다.

(1) 정책 목표와 수단에서의 차이점

이와 같이 경쟁정책과 소비자정책이 추구하는 궁극적 목적은 동일하지만 접근하는 수단과 방법에는 차이가 있다. 경쟁정책은 주로 공급측면을 중시한다. 시장에서의 경쟁을 통해 소비자의 선택의 폭을 넓히며 낮은 가격의 상품 선택을 가능토록 함으로써 소비자 만족을 높이게 된다.

<표 2-3> 경쟁정책과 소비자정책의 목표와 성과

	주요 목표	주요 목적	정책성과
경쟁정책	공정한 시장경쟁	소비자후생증진 경제효율성제고 경쟁력 제고	소비자후생증대 국가발전
소비자정책	소비자 권익 옹호	소비자후생증진 공정한 사회 구현 소비자참여	

반면에 소비자정책은 수요측면이 중시된다. 예컨대 기업과 소비자 간의 정보비대칭 문제를 해소함으로써 소비자의 효율적이고 지혜로운 선택이 가능하도록 유인을 제공하는 것이다.

(2) 상호 보완성

경쟁정책과 소비자정책은 상호 보완적인 측면이 강하다. 경쟁적 시장의 경우 소비자정책의 목표에 부합하는 방향으로 기업들이 행동하도록 하는 유인이 제공된다. 동시에 시장에서 소비자들의 올바른 선택은 기업들로 하여금 경쟁적 환경을 제공토록 하는 배경이 되는 것이다.

경쟁정책과 소비자정책의 궁극적 목적과 성과가 일치하더라도 양 정책에는 앞서 소개한 접근방식 이외에도 상당한 차이점이 있다. 먼저, 소비자정책은 경쟁정책에 비해 매우 다양한 형태를 띤다는 특성이 있다. 경쟁정책은 하나의 정책당국(한국의 경우 공정거래위원회)에서 정책의 입안과 집행을 수행하는 데 비해 소비자정책은 소비자안전의 확보, 부당한 거래에 대한 제재, 소비자피해에 대한 적절한 보상, 교육과 홍보 등 여러 분야에 다양한 정책이 필요하며 이를 수행하는 정부부처와 기관도 매우 다양하다.

<그림 2-6> 경쟁정책과 소비자정책의 상호보완성

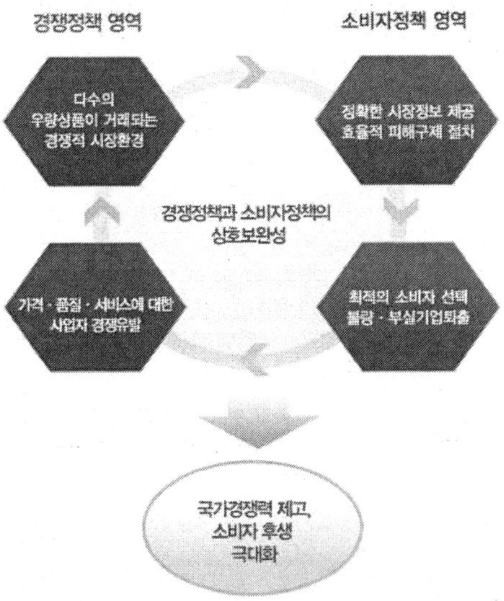

※ 출처: 공정거래위원회 홈페이지(http://ftc.go.kr/, 2015년 8월 15일)

한국의 경우는 소비자정책이 공정거래위원회로 일원화됨에 따라 경쟁정책과 소비자정책을 단일 기관에서 추진할 수 있는 근거가 되어 있지만, 현실에서 이러한 단일 정책추진체계가 바람직한지 여부에 대한 견해는 일치되지 않는다. 한국과 호주 등 일부 국가에서는 경쟁정책과 소비자정책 추진체계가 단일화되어 있는 반면에 세계의 많은 국가들에서는 양 정책이 서로 다른 기관에서 추진되어지고 있다.

또 다른 차이점은, 정책을 집행하는 수단의 차이점이다. 경쟁정책에 관련된 각종 법령과 규칙을 위반한 반경쟁 행위에 대해 정책당국은 벌금을 부과하거나 금지조치를 취하는 등 비교적 일반적 대응을 한다. 반면에 소비자정책당국은 보다 상세하고 다양한 목표에 적합한 대응수단을 찾아 취하게 된다.

2) 상승효과를 위한 공공 정책적 대응

정책간의 상승효과

이러한 양 정책간의 차이점은 사실 변화무쌍한 시장에서는 양 정책이 함께 추진됨으로써 서로 상승효과(synergy effect)를 발휘하여 경제 발전과 소비자후생 증대에 장점으로 작용할 수 있다. 예를 들어, 거래적정화를 위한 분야에서는 '경쟁정책 차원의 불공정거래'와 '소비자정책차원에서의 부당거래로 인한 소비자피해'에 관련된 정책의 대상이 동일한 경우에는 양 정책 추진에서의 상승효과가 나타날 수 있다. 다시 말해 소비자정책상 문제되는 사업자에 대해 경쟁법적 집행을 통해 제재할 수 있는 것이다. 이는 규제자 입장에서는 비용을 절감하는 효과가 있으며 동시에 소비자피해 보상 등 소비자후생 증진에도 긍정적인 것이다.

하지만, 반드시 그러지만은 않다. 예컨대 부상하는 온라인마켓에서 기업들은 치열한 시장경쟁에 직면하게 되어 이른바 규제완화라는 경쟁정책의 결과 소비자가격이 낮아지고 품질이 개선되는 효과가 있을 수 있는 반면에, 기업과 소비자 간의 비대칭정보 상황은 더 악화되어 의도하지 않은 소비자피해가 늘어날 수도 있는 것이다. 또 다른 예를 들면, 2000년대 중반 이후 소비자정책이 경쟁정책을 담당하는 공정거래위원회로 일원화됨에 따라 당초 기대와는 달리 몇몇 정책추진 상의 문제점도 발생하고 있다.

정책 개선의 필요성

따라서 양 정책 간의 상승효과를 위한 제도와 공공정책이 무엇보다 중요하다. 경쟁정책과 소비자정책의 통합 추진에 따른 상승효과가 미약할 뿐만 아니라 소비자안전과 자주적 역량 강화를 위한 소비자교육과 정보제공 등의 분야가 제약받게 되는 원인과 문제점 등을 구체적으로 진단하고 해법을 강구하는 것이 바람직하다.[24]

[검토과제]

1. 시장경쟁을 중시하는 시장경제는 본질적으로 교환경제를 바탕으로 한다. 역사적으로 교환경제에는 물물교환과 더불어 무언교역(mute trade)이라고 부르는 방식이 있었다. 침묵교역의 한 형태인 무언교역에 관해 역사적 배경과 사례 등을 조사해 보라.
2. 재벌의 소유구조 중 상호출자방식과 순환출자방식 중 어떤 경우가 상대적으로 바람직한가?
3. 순환출자 방식의 문제점과 순기능에 관해 설명하라.
4. 경쟁정책과 소비자정책의 공통점을 살펴보고, 양 정책간의 관계를 정리하라.

---

24) 구체적인 사항은 이종인(2004), “우리나라 소비자정책 추진체계의 문제점 진단 및 개선방안 모색”, 2014소비자통합학술대회 발표논문(2014.11)을 참고할 수 있다.

제3장 부당한 공동행위와 경쟁정책 및 소비자후생

제1장과 제2장에서는 경쟁 제한적 시장구조의 문제와 소비자후생의 의의 등과 같은 서론적인 내용들을 살펴보았다. 제3장부터는 본격적으로 경쟁정책들에 관해 살펴본다. 담합·카르텔과 같은 부당공동행위, 진입저지전략, 시장 집중, 기업결합(M&A), 염매전략, 기술혁신과 지적재산권, 하도급거래와 우월적지위 남용, 재판매가격 유지행위, 경쟁정책의 글로벌화 등에 관해 경쟁정책적 관점과 소비자후생에 미치는 영향 등을 배워보도록 한다.

제3장에서는 우선 서론적 관점에서, 경쟁의 중요성을 이해하기 위해 독점이나 카르텔에 따른 사회적 불이익의 문제를 살펴보고, 카르텔·담합 사례들을 통해 경쟁정책의 기본개념과 구조를 이해하도록 한다. 더불어서 담합약속의 파기 문제와 암묵적 협조 문제를 가격선도자모형 등의 경제이론을 바탕으로 이해한 후에, 담합과 암묵적협조에 대한 경쟁정책과 그것들이 소비자후생에 미치는 효과에 관해 공부한다.

우리 사회에는 담합과 같은 부당공동행위가 하나의 사회악이라는 정서가 있다. 정책당국인 공정거래위원회에서도 적극적으로 행정적 제재를 내리거나 공정거래법 위반사건으로 취급하여 형사적 처벌을 받도록 하는 사례도 적지 않다. 그런 조치들에도 불구하고 담합과 카르텔 행위는 끊이지 않는다. 왜 그럴까? 이 장에서는 이 문제에 관해 고민해보자.

1. 담합·카르텔의 의의와 유형

1) 담합·카르텔(부당공동행위)의 의의

담합(collusion)이란 사업자 집단의 부당한 공동행위의 일종이다. 공정거래법에서는 담합을 '사업자가 상호간의 경쟁을 회피하기 위해 다른 사업자와 공동으로 가격을 결정하거나 인상하기도 하고, 시장을 분할하기도 하며, 출고를 조절하는 등의 내용으로 합의하여 부당하게 경쟁을 제한하는 행위'로 명시하고 있다(공정거래법 19조 ①항). 담합 행위는 기업 간의 경쟁을 제한함으로써 실제로 경쟁이 활발한 경우보다 가격을 높은 수준으로 유지하거나 인상시켜 경쟁 기업에 불이익을 줄 뿐 아니라 결과적으로 소비자에게 그 부담을 전가하게 된다.

담합과 함께 또는 유사한 의미로 사용되는 용어가 바로 카르텔이다. 카르텔은 기업들 간의 카르텔 협정에 의하여 성립되며 각 협정기업들은 협정에 의하여 일부 활동을 제약받지만 법률적 독립성은 유지된다.

☑ **용어 정리－카르텔**(cartel)

시장에서의 경쟁을 제한하거나 완화를 목적으로 행해지는 동종 또는 유사산업 분야의 경쟁기업들간의 공식적인 '협정(agreement)'을 의미하며, '기업연합' 또는 '기업결합'이라고도 한다. 원어인 카르텔(Kartell)은 중세 교전국가간 휴전문서를 뜻하는 독일어이다. 전쟁시 일정한 비적대적 관계를 예외적으로 맺기 위해 군대의 지휘관간에 체결된 특별한 약정을 카르텔이라고 불렀으며, 휴전을 포함한 교전자간의 공식통신, 포로교환 등에 관한 조건이나 절차를 정한 것이다.

기업들 간의 카르텔은 대체적으로 담합을 통해 형성된다. 다시 말해 기업이 카르텔을 형성하고 그에 따른 이익을 실현하는 주된 수단이 바로 담합행위인 것이다.

이러한 카르텔을 규제하는 이유를 알아보자. 카르텔은 효율성의 제고 없이 경제전반에 걸쳐 많은 폐해를 유발하여 종종 '시장경제의 암(癌)'으로 비유된다. 카르텔 기업에게는 신기술과 신상품을 개발할 유인을 감소시키고, 소비자에게는 높은 가격으로 낮은 품질의 상품을 구입하도록 선택권을 제한하게 되며, 국가경제 전체적으로는 기술혁신의 침체로 생산력의 향상을 저해하는 등 경제전반에 부정적 영향을 미치게 된다. OECD 및 선진 경쟁당국들은 기업들간의 카르텔로 인해 최소한 10% 정도의 소비자가격의 인상이 유발되었다는 분석결과를 발표하기도 했다.

2) 담합의 유형

우리나라 경쟁법에서는 기업간의 공정한 경쟁을 실질적으로 제한하는 각종 협약, 협정, 의결 등의 방법으로 다른 사업자와 공동으로 부당하게 경쟁을 제한하는 행위를 '부당공동행위'라 규정하고 있다. 부당한 공동행위는 공동행위, 카르텔, 담합, 기업연합 등과 동의어로 혼용되기도 하는데, 공정거래법에서는 그 유형을 다음과 같이 9개 범주로 구분해 놓고 있다.

(1) 가격의 결정·유지·변경

가격인상, 인하, 유지하는 행위를 할 것을 직접 또는 간접적으로 합의하는 경우를 말한다(직접적 합의를 명시적 담합이라 하며 간접적 합의를 암묵적 협조라고 한다). 지난 2006~2007년 동안에 국내의 대표 세제 제조기업인 ○○생활건강과 ◇◇산업, 그리고 □□라이온 등이 합성세제의 공장도 가격을 합의하여 결정한 담합 건으로 약 50억원의 과징금을 부과 받은 사례가 그 좋은 예이다.

(2) 상품의 거래 및 대금지급 조건 결정

재화와 서비스의 거래조건이나 대금 대가의 지급조건을 공동으로 합의하는 경우를 말한다. 예로는, 패스트푸드 사업자들이 서비스 차원에서 실시하던 탄산음료 리필서비스를 합의하여 일시에 중단한 행위 등을 들 수 있다.

(3) 상품의 생산·출고·수송 또는 거래를 제한하는 행위

사업자별로 상품의 생산·출고·운송·거래를 제한하거나 용역조건을 제한하기로 공동으로 합의하는 경우를 말한다. 지난 2006년에 밀가루를 생산하는 국내 8개 제조업체가 밀가루의 총공급물량과 가격인상을 합의하고 회사별 생산, 판매비율을 설정하여 물량을 배분한 행위가 이 범주의 대표적 예이다.

여담(regression) 3.1

大法, "밀가루 담합 CJ·삼양사는 삼립에 14.6억 배상하라"
– 대법원, 담합 관련 중간 소비자 기업의 피해 구제 첫 판결

CJ와 삼양사 등 밀가루 업체들이 담합해 밀가루 가격을 올리는 바람에 수익성이 떨어진 빵집 등 중간소비자 업체에 대해 이들 밀가루 업체가 손해배상을 해야 한다는 대법원 최종 판결이 나왔다. 대법원의 이번 판결은 담합과 관련해 최종 소비자가 아닌 중간소비자에 대한 담합 기업들의 책임을 인정한 국내 최초의 판결로, 향후 유사한 사건의 판결에 큰 영향을 미칠 전망이다.

법조계에 따르면 대법원 제2부는 2012년 11월 29일 CJ제일제당과 삼양사가 밀가루 가격을 담합해 제빵업체 삼립식품에 손해를 입힌 사건의 상고심에서 "CJ제일제당과 삼양사는 각각 12억3537만원과 2억2794만원을 삼립식품에 배상하라"고 판결한 원심을 확정했다. 1심과 2심 법원의 판결을 대법원이 그대로 인용한 것이다.

앞서 삼립식품은 지난 2006년 CJ제일제당 등 국내 8개 밀가루 제조업체들이 담합해 밀가루 생산량과 가격을 제한하는 바람에 부당하게 가격이 높게 형성된 밀가루를 사들여 손해를 입었다"며 CJ제일제당과 삼양사를 상대로 손해배상 소송을 제기했다. 이에 CJ제일제당과 삼양사는 담합이 아니라고 항변했으나, 1심과 2심 재판부는 "CJ제일제당은 12억3537만원, 삼양사는 2억2794만원을 각각 삼립식품에 지급하라"고 원고 승소 판결을 내렸다.

대법원은 CJ제일제당과 삼양사가 2심 판결에 불복해 제기한 상고심에서, "밀가루 제조업체들이 공동으로 공급량을 제한하고 가격을 인상하는 바람에 삼립식품을 포함한 밀가루 대량수요 기업이 입은 손해를 배상할 의무가 있다고 판결한 원심판결은 적법하다"고 판시하고, 상고를 기각했다.

대법원은 "CJ제일제당과 삼양사가 도매상에 대한 공급가격을 담합했다 하더라도, 삼립식품을 포함한 밀가루 대량 수요 기업에 대한 밀가루 가격 변경(인상)이 초래된다고 보는 것이 타당하다"고 밝힌 2심 판결을 인용했다. 대법원은 2심 재판부가 "CJ제일제당과 삼양사가 삼립식품에 장려금을 지급했다 하더라도, (담합에 따른 밀가루 가격인상 으로 인해 삼립식품이 입은) 손해를 배상할 의무가 있다"고 판단한 점도 타당하다고 밝혔다.

법조계는 중간 소비자에 대한 책임을 인정한 이번 판결이 향후 다른 담합 피해 사건에도 영향을 줄 것으로 전망했다. 법조계 관계자는 "공정위는 밀가루제조업체 뿐 아니라 설탕제조업체와 정유업체, LPG 업체도 담합을 인정한 바 있어 과자, 석유 대량사용 업체, LPG를 연료로 하는 택시회사 등 중간 소비자 기업들의 소송이 잇따를 것으로 예상된다"고 말했다.

앞서 공정거래위원회는 지난 2006년 CJ·삼양사 등 8개 밀가루 제조업체가 공급물량과 가격인상을 담합한 사실을 밝혀내 434억원의 과징금을 부과했다. 하지만 밀가루 가격담합 사실을 공정위에 자진신고한 CJ와 삼양사는 과징금을 각각 100%와 50% 감면받았다.

자료: Copyrights © ChosunBiz.com(2012.12.3.일자)

(4) 거래지역 또는 거래상대방 제한

사업자간에 거래처 또는 거래지역을 제한하기로 합의하는 행위를 말한다. 예컨대, 빙과류 도매업자들이 경쟁사업자의 기존거래처를 침범하지 않기로 약정을 체결한 행위는 이러한 유형의 부당공동행위에 해당한다.

(5) 설비의 신·증설 또는 장비도입 제한

사업자간에 생산·판매시설 등 설비의 규모를 합의하거나 신·증설을 방해·제한하기로 합의하는 경우이다.

(6) 상품의 종류·규격 제한

사업자간에 상품 또는 용역의 생산·거래 시에 그 종류·규격을 제한하기로 합의하는 경우이다. 예컨대, 소주 생산업자가 공동으로 종이박스형 소주 생산을 중단하기로 합의한 행위는 이러한 유형의 담합행위에 해당한다.

(7) 영업의 주요부문 공동관리

영업의 주요부문을 공동으로 수행·관리하거나 수행·관리하기 위한 회사 등을 설립하는 경우를 말한다. 예컨대, 정화조를 제조하는 회사들이 공동판매회사를 설립, 판매 창구를 단일화하여 생산·판매단계에서의 경쟁을 제한한 행위가 이러한 유형에 해당된다.

(8) 입찰담합

입찰 또는 경매에 있어 사업자간에 낙찰자, 경락자, 투찰가격, 낙찰가격 또는 경락가격 등을 합의하는 경우를 말한다.

국내 대표 정유사들이 군납 유류 입찰 때 합의하여 순번을 정하여 낙찰자를 정하고 나머지 업체들은 들러리로 참여토록 하는 부당행위가 관행처럼 유지되어 왔다. 지난 2000년 감사원 감사에서 군용유류 고가 구매로 총 1천억원 규모의 예산낭비가 있었음을 밝혀냈고 이에 공정거래위원회에서 총 1천9백억원의 과징금을 부과했다. 해당 소송은 10년 넘게 진행되어 2013년 대법원이 화해권고 결정으로 1천3백억원의 손해배상금이 부과되어 국고 환수 조치된 바 있다.

2. 카르텔·담합에 따른 경제적 손실과 소비자문제

1) 카르텔 기업의 독점적 이윤

최근 몇 년간 부당한 공동행위에 대한 강한 사회적 비판이 제기되어 왔다. 담합이나 카르텔은, 판매자인 기업들이 상호간 경쟁을 제한하여 높은 가격에 판매함으로써 구입자인 국가·지자체·공익사업기업(담합의 경우)이나 소비자(카르텔의 경우)가 높은 가격에 구입하게 됨으로써, 궁극적으로 납세자이기도 한 소비자가 불이익을 받게 된다. 다시 말해서 소비자문제를 야기하는 것이다.

이때 비교적 높은 가격에 구입함으로써 발생하는 불이익뿐만 아니라, 보다 중요한 불이익은 그로 인해 소비자들이 구매행위를 단념함으로써 야기되는 '멸실된 이익'이다.

예시를 들어 설명해 보자. 어떤 상품의 구입을 희망하는 100명의 소비자가 있다고 하자. 각 소비자는 이 상품을 각각 1개씩 구입을 고려하고 있다고 하자. 이 상품에 대한 기호라든지 필요성이 각각 다르므로, 이 상품을 가장 높게 평가하는 소비자가 99원의 가치가 있다고 판단한다고 할 때, 99원보다 낮은 가격이라면 구입하게 될 것이다. 그 다음 소비자는 98

원의 가치가 있다고 평가한다고 하고, 또 그다음은 97원 등, 1원씩 낮게 가치를 부여하여 100번째의 소비자는 0원으로 평가한다고 하자.

이 경우의 수요곡선은 <그림 3-1>과 같이 그려진다. 즉 상품의 시장가격이 100원이라면 100명의 소비자 모두 구입을 포기할 것인 반면 공짜라면 100명 모두 구입을 원할 것이다.

<그림 3-1> 독점·카르텔에 의한 후생손실

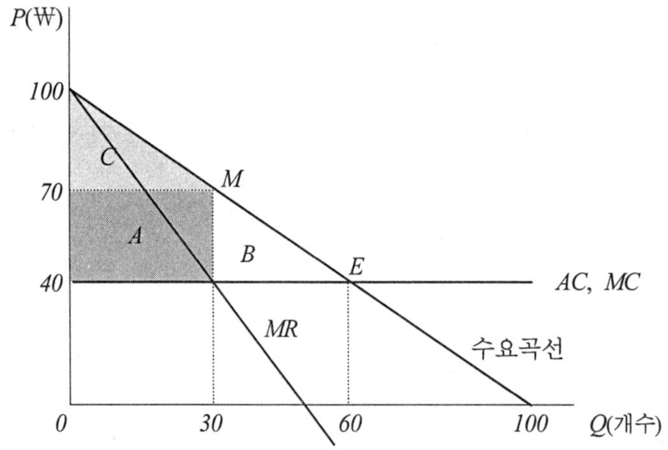

경쟁상태 아래에서 시장가격은 40원이고, <그림 3-1>에서 평균비용(*AC*)과 한계비용(*MC*)이 동일하게 나타냈다. 시장이론에 따르면, 완전경쟁시장에서 기업은 이윤을 극대화하기 위해 시장가격과 한계비용이 일치하는 수준에서 생산량을 결정하며, 이 한계비용수준에서 평균비용도 일치된다. 설명의 편의를 위해 완전경쟁시장과 경쟁시장을 동의어로 간주한다.

경쟁시장에서 상품의 단위생산비용(*AC*)을 <그림 3-1>에서 40원으로 나타냈다. 이때, 만약 기업들간 가격의 결정 및 유지를 위한 담합을 통하여 카르텔을 형성했다고 하자. 그 결과 시장에서의 카르텔가격이 70원에 형성되었다고 하자. 이 경우 시장거래량은 해당 상품의 시장수요에 따라 30개로 정해진다. 그렇다면 기업들의 카르텔에 따른 이윤의 증가는 어떻

게 될까? 계산해 보면

$$(70-40)\times 30=900 \qquad \text{식 3.1}$$

이다. 즉 카르텔기업의 독점적 이윤이 900원이 발생했으며, 이는 가격담합에 따른 부당한 공동이윤이 된다.

2) 카르텔에 따른 소비자 후생의 변화

이제 카르텔이 소비자에게는 어떤 이익이나 손실을 초래하는가를 직관적으로 설명하도록 하자. 우리는 제2장에서 사회후생을 측정하는 지표로 소비자잉여(consumer surplus) 개념에 관해 공부했다. 기업들의 카르텔행위에 따른 소비자후생효과는 이러한 소비자잉여의 변화를 통해 이해할 수 있다.

우선, 카르텔이 없는 경쟁상황에서의 소비자잉여는 <그림 3-1>에서 수요곡선과 한계비용곡선 사이의 면적인 $C+A+B$이다. 이 면적의 값을 구해보면,

$$(100-40)\times 60\div(1/2)=1,800 \qquad \text{식 3.2}$$

이 된다. 즉 경쟁시장 아래 해당상품의 시장거래에서 1,800원의 소비자후생이 발생한 것이다.

하지만 카르텔로 인해 이러한 소비자잉여의 일정 부분이 카르텔기업의 독점적 이윤으로 치환된다. 즉 소비자들은 카르텔의 결과 형성된 시장가격(70원)에 구입할 수밖에 없으며 그 경우 거래량도 30개로 감소하여 소비자잉여는 면적 C만 남는다.

$$(100-70)\times 30\div(1/2)=450 \qquad \text{식 3.3}$$

카르텔로 인해 소비자잉여는 1,800원에서 450으로 줄어들었으며, 결과적으로 1,350원의 소비자후생의 손실을 초래하게 된다.

3) 카르텔의 사회후생 손실

카르텔로 인한 소비자 불이익은 여기에 국한하지 않는다. 보다 중요한 소비자후생 손실은 앞서 언급했듯이 그로 인해 소비자들이 구입 행위를 어쩔 수 없이 단념함으로써 야기되는 '멸실된 이익'이다. 그림에서 보듯이, 해당 상품을 69원에 구입할 의사가 있는 소비자에서부터 40원의 구입의사가 있는 소비자까지는 카르텔 이전에는 구입하여 소비할 수 있었으나 카르텔 이후에는 구입의사에도 불구하고 가격이 높아서 구입을 단념할 수밖에 없다.

또한 카르텔의 효과는 소비자후생의 손실에 국한하지 않는다. 보다 근본적인 문제는 카르텔로 인한 소비자잉여의 손실이 기업들의 생산자잉여로 귀속되지 못하고 사라져버리는 이른바 사중손실(死重損失; deadweight loss)이 발생된다는 점이다.

☑ **용어 정리－사중손실**(deadweight loss)

재화나 서비스의 균형이 최적이 아닐 때 발생하는 경제적 효용의 순손실을 말하며 자중손실, 후생비용, 후생손실 등으로도 불린다. 사중손실의 원인으로는 독점가격, 외부효과, 세금이나 보조금, 가격상한제, 가격하한제 등이 있다. 발견자의 이름에 따라 하버거의 삼각형(Harberger's Triangle)이라고도 한다.

<그림 3-1>에서 카르텔로 인해 기업들이 챙긴 생산자잉여는 *A*면적이다(이는 앞서 900원으로 계산되었다). 따라서 카르텔로 인해 소비자잉여와 생산자잉여의 합으로 정의한 사회적 후생은 450원 감소되었으며, 이는 순경제적이익의 합이 카르텔로 인해 줄어듦을 의미한다. 카르텔로 인한

소비자잉여의 생산자잉여로의 이전은 사회적으로는 단순이전에 불과하지만, 미처 이전되지 못한 *B*의 면적이 바로 사회적 순손실인 것이다.

<표 3-1> 카르텔의 사회적 후생 효과

	경쟁시장	카르텔	후생 변화
소비자잉여	1,800원	450원	1,350원 감소
생산자잉여	0원	900원	900원 증가
사회적 후생	1,800원	1,350원	450원 감소

이러한 카르텔로 인한 사회후생의 감소는 경제정책의 문제이면서도 앞서 살펴보았듯이 소비자문제의 원인이 되기도 하는 것이다. 카르텔·담합 규제정책은 주된 경쟁정책이며, 카르텔·담합의 결과 소비자 후생에 큰 영향을 미치므로 일정 부분은 소비자정책을 통해 대처할 필요가 있는 것이다.

3. 부당공동행위 참가와 담합약속의 파기

지금까지는 담합과 카르텔의 의의와 유형, 그리고 경쟁의 중요성을 이해하기 위해 카르텔에 따른 경제적 손실의 문제를 살펴보았다. 이제 이러한 공동행위에 대한 보다 구체적인 부분을 분석해보고 경쟁정책과 소비자후생의 측면을 공부해보도록 한다.

1) 담합 참가의 이익

먼저, 담합행위 참가에 따른 이익(또는 손실)과 참가하지 않음에 따른 이익(또는 손실)의 문제에 관해 생각해보자. 앞서 언급했듯이 담합·카르텔은 공정거래법에서의 '부당공동행위'(법 제19조 1항)에 해당하지만, 경제학에서는 소수의 기업이 서로 협력하여 생산량이나 가격을 조절하는 행위를 나타내는 공모(collusion)라는 용어를 종종 사용한다.

☑ **용어 정리 – 공모**(collusion)

과점상태 아래에 있는 소수의 상호 독립적인 기업들이 서로 협력하여 생산량을 조절하거나 높은 가격을 유지하는 집단적인 기업 행동을 말한다.

시장에서의 카르텔 행위는 일종의 명시적 공모(explicit collusion)이다. 명시적 공모는 미국 등 대부분의 선진국에서 반독점 관련법에 의해 금지되고 있으며, 우리나라도 마찬가지이다.

한편, 명시적 공모와 대비되는 개념으로 암묵적 담합 내지 암묵적 협조가 있다. 암묵적 협조(implicit cooperation)란, 명시적 합의는 없더라도 암묵적으로 각 기업이 담합과 동등한 협조적 행동을 취하는 것을 말한다.

그럼, 왜 협조 행위가 이루어질까? 이에 대한 답은 현실에서 담합이 지속되는 이유와 다르지 않을 것이다. 하지만, 현실적으로 경쟁정책상 (명시적)담합과 (암묵적)협조행위를 동일하기 취급해서는 곤란하다.

앞 절에서 소개한 담합의 여러 유형은 암묵적 협조의 대상이기도 하다. 일단 가장 단순한 유형인 가격협정카르텔의 경우를 예로 들어 살펴보도록 하자.

☑ **용어 정리 – 가격카르텔**(price cartel)

같은 종류의 상품을 생산하는 기업들이 서로 협정을 맺어 시장 유통 가격을 정하는 것을 가격카르텔이라 하며, 가격협정이라고도 한다.

이해의 편의를 위해 앞서 제시한 <그림 3-1>을 바탕으로 설명을 이어가고자 한다. 우선, 카르텔가격을 이전과 마찬가지로 70원이고, 과점상태하의 가격은 55원이라 하자. 과점기업들은 경쟁이 심해질 때 경쟁을 피하여 손쉽게 이익을 확보하고자 가격카르텔을 형성하려는 유인을 갖는다. <그림 3-2>에서와 같이, 과점 기업들이 카르텔에 참여하면 상품 1개 판매당 15원의 이익이 추가로 발생된다. 카르텔 참가시 시장수요가 30개이고, 한 기업의 시장점유율(market share)이 20%라면 총 90원의 카르텔 이윤이 증가된다(그림에서 사각형 *A*의 면적이다).

이때, 해당기업의 생산단가(*AC*)가 40원(고정비용은 0이고, *AC*=*MC*라고 가정하자)이라고 한다면, 해당기업의 총이윤은 <그림 3-2>의 *A*+*B*의 면적에 해당하는 180원이 된다. 따라서 카르텔에 참가함으로써 180원의 추가적 이윤이 생기므로 해당 기업은 당연히 참가하려고 할 것이다. 그런데 과연 그럴까?

만일 당신이 그 회사의 CEO라면 어떤 결정을 할까? 더 많은 이윤을 얻을 다른 방법은 없을까? (독자는 아래 그림을 보면서 좀 더 생각해보기 바란다).

<그림 3-2> 카르텔 참가자의 (독점적) 이윤

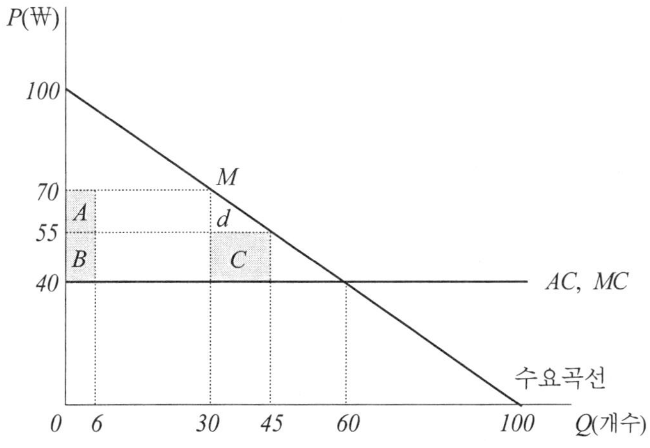

카르텔의 불안정성

20% 수준에 머물고 있는 시장점유율을 늘린다면 이윤을 증가시킬 수

있을 것이라고 생각할 수 있다. 지금까지 상정한 카르텔이 와해되지 않고 잘 준수된다면 카르텔기업들이 얻는 총이윤은 총수입에서 총비용을 뺀 액수이다. 총수입은 2,100원이고 총비용은 1,200원이므로 총이윤은 900원이다. 앞서 1개 기업의 총이윤이 180원이었으므로, 이의 5배가 된다. 독자가 이 기업의 CEO라면 이런 궁리를 해 볼 수 있을 것이다.

> "내가 카르텔 협정을 잘 지킴으로써 과정상태 아래에 있는 4개 기업들이 모두 이윤을 늘릴 수 있게 되었고 그 금액이 자그마치 720원이나 된다. 나의 이윤 180원보다 훨씬 크니 배가 아프다. 그 이익의 일정부분을 내 몫으로 돌리는 방법은 없을까? 그렇지! 나의 시장점유율을 늘리도록 해보자."

과점이나 카르텔 아래에서도 여전히 암묵적 경쟁은 계속된다. 만일 이 기업의 CEO가 선제적으로 가격을 1원만이라도 인하한다면 해당 기업의 시장점유율은 급상승할 것이다(궁금한 독자는 경제학 개론서에서 경쟁시장이론 부분을 참고하기 바란다). 단기적으로는(타 기업들이 대응하지 않는 전제 아래서는) 시장 수요의 전체를 점유할 수도 있으며(900원의 이윤을 독차지할 수 있다), 적어도 기존의 시장점유율보다는 높아질 것이다. 다시 말해 카르텔 참가자들은 늘 이러한 일탈의 원초적 유혹을 받고 있는 것이다.

궁금한 독자는, 입찰담합의 경우를 생각해 보면 될 것이다. 앞서 소개했던 군납유류 입찰 담합에 참가했던 한 기업이 자신들 간의 약속을 깨고 예정된 낙찰가에서 1원 밑돌도록 입찰한다면 그로 인한 이익을 독차지 할 수 있게 된다. 다시 말해 카르텔은 죄수의 딜레마에서 보는 것처럼 담합을 한 기업들이 모두 협정을 준수하는 것 보다는 지키지 않는 것이 유리한 상황에 놓을 가능성이 높다. 이를 카르텔의 불안정성이라고 한다.

☑ **용어 정리－죄수의 딜레마**(prisoner's dilemma)

범죄협의가 있는 두 명의 용의자가 경찰에 잡혔다고 가정했을 때, 이들이 범행을 자백하지 않기로 한 서로간의 약속을 끝까지 지키면 둘 다 가장 적은 처벌을 받게 되지만, 한쪽이 먼저 자백을 하게 되면 자백한 당사자는 가벼운 처벌을 받지만 다른 용의자는 무거운 벌을 받게 되는 상황을 '죄수의 딜레마'라고 한다. 이는 약속준수의 선택이 두 용의자 모두에게 이익이 됨에도 불구하고 자백함으로써 그 이익을 얻지 못하는 '딜레마' 상태가 되는 것이다.

2) 담합 파기에 따른 보복

이상의 설명과 같이 경제적으로 담합을 어렵게 하는 여러 경제적 유인들이 있음에도 왜 현실적으로 담합행위나 카르텔이 유지되는 경우가 많을까? 그래서 종종 경쟁당국의 적발과 형사적 처벌의 대상이 되는 것일까?

카르텔의 불안정성에는 카르텔에 참여하는 기업의 수가 많아 개별행동을 적발하기 어렵거나, 일탈 행위에 대해 신속하고 치명적인 보복을 가하기 어려워야 한다는 조건이 전제되어야 한다. 참여기업의 수가 적을 경우에는 현실적으로 개별행동이 쉽지 않으며 장기적 거래관계에서도 담합준수의 이득이 크다는 것을 알게 된다. 한마디로 상대 기업들로부터의 치명적인 타격을 받지 않기 위해 담합의 약속을 지켜가는 것이다. 자신뿐 아니라 만일 상대 기업(들)도 카르텔 협정을 파기하게 되면 결국 원래의 경쟁 상태로 되돌아가는 결과를 낳는다. <그림 3-1>에서 AC=MC=40원이 유지되거나, <그림 3-2>에서 생산단위당 15원의 과점이익만을 누리게 되는 것이다.

(1) 카르텔 파기자에 대한 대응전략

상대방이 카르텔을 파기하는 경우에 자신이 대응할 수 있는 전략으로 2가지를 생각해 볼 수 있다.

첫째, 카르텔을 결성할 시점에서 미리 대응전략을 마련해 두고, 상대방이 약속을 파기하는 즉시 대응하거나 대응하기로 약속하는 전략이다. 이를 게임이론(game theory)에서 방아쇠전략 또는 트리거전략(trigger strategy)이라고 한다.

> ☑ **용어 정리－방아쇠전략**(trigger strategy)
>
> 게임이론에서 유래된 용어로, 반복 비협력게임에서의 전략 중의 하나이다. 반복게임 균형에서 일탈한 경기자에 대해 지속적인 비협력적 행동의 보복을 하는 것을 말한다. 이 전략을 사용하는 경기자는 처음에는 협력적인 전략을 취하나, 상대방이 일정 수준 이상으로 배반할 경우에는 보복을 한다. 보복의 강도나 방아쇠의 민감도는 어떤 방아쇠 전략을 택하는가에 따라 달라질 수도 있다.

카르텔 약속을 파기한 기업에 대해 다른 기업들이 취할 수 있는 방아쇠전략으로는, 예를 들어 <그림 3-2>에서 모두 55원 가격으로 판매가격을 낮추는 것이다. 그렇게 되면 시장점유율을 늘리기 위한 약속 파기 기업의 선택은 별 효과가 없어지게 되고 경우에 따라 손실이 발생한다. 더욱이 상대 기업들이 모두 가격을 40원 수준으로 낮추거나, 심지어 그 이하인 예컨대, 39원으로 판매가를 낮추는 경우 파기자의 손실이 발생되어 그 시장에서 더 이상 버티기 어렵게 될 수 있다.

하지만, 이러한 사전대응 전략은 '가격을 어느 수준까지 인하할 것인가'하는 전략의 결정이 쉽지 않다는 제약이 있다. 따라서 사전에 카르텔 조항의 하나로 협정하기는 어려운 실정이다. 또한 공정거래법을 위반한 불공정한 행위로 간주될 여지도 없지 않다.

두 번째 전략으로는, 담합약속의 파기 기업과 보조를 맞춰 상대방이 파기하면 나도 파기하고 상대방이 준수하면 나도 준수하는 전략이 가능하다. 이른바 게임이론의 보복전략(tit-for-tat strategy)에 따른 대응을 취하는 것이다.

> ☑ **용어 정리－보복전략**(tit-for-tat strategy)
>
> 자신은 상대방과의 약속을 준수하는 경우에 상대방이 약속을 파기하면 즉시 보복하며, 상대방의 약속 준수를 항상 허용하는 전

> 략, 다시 말해 '눈에는 눈, 이에는 이로' 맞받아치는 전략을 의미한다. 보복전략은 반복게임에서 계속적인 협력관계를 유지하는데 중요한 상호주의적 전략이라는 것이 여러 학자들에 의해 증명되기도 했다.

예컨대 담합파기 기업이 가격을 69원으로 인하하면 나머지 기업들도 따라서 69원으로 즉시 인하하며, 파기 기업이 55원으로 인하하면 나머지 기업들도 55원으로 인하하되 담합파기 기업에 대한 별도의 보복은 취하지 않는 전략이다. 이와 같은 상대방과 동일하게 행동하는 전략은, 카르텔에 참여하는 기업들이 큰 부담 없이 사전에 결정하기 쉬운 전략에 해당된다. 또한, 각 기업들이 사전모의 없이 마치 자발적으로 가격을 변화하는 것같이 보이므로 공정거래법 위반으로 판단하기도 어려운 (카르텔기업들 입장에서의) 이점도 있다.

(2) 담합약속 파기 기업의 최적 행동

만일 상대기업들로부터 보복을 당하게 되면 자신의 이윤은 카르텔준수시의 이윤보다도 훨씬 줄어들 것이다. 이러한 카르텔 기업들의 전략에 대응하여, 담합약속 파기 기업은 어떤 행동을 취하는 것이 최선인가?

해당 기업은 카르텔을 유지하는 것과 파기하는 것 중 선택을 해야 하며, 장래에 걸친 이윤을 고려하여 결정해야 할 입장이 된다.

4. 가격선도모형을 통한 암묵적 협조의 이해

1) 암묵적 협조

어쨌든, 기업들은 담합약속 파기시의 기대이윤이 준수시의 기대이윤보다 적은 한 약속을 파기할 유인이 약하거나 없어지게 된다. 다양한 이유로 인해 현재 시장에서 기업들이 서로 협조적이며 경쟁적 이윤을 누리고 있다고 하자. 이때 한 기업이 이러한 협조상황에서 이탈하여 독자적인 행동을 취하게 되면 단기적으로는 자신의 시장점유율이 늘어나 보다 많은 이윤을 얻을 수 있다.

하지만, 바로 보복조치가 진행된다면 다시 원래의 '경쟁 아래서의 이윤' 상태로 되돌아가게 된다. 다시 말해 담합약속 파기 기업이 얻을 것으로 예상되는 이윤에 비해 안정적 카르텔 기업이 얻을 것으로 예상되는 이윤의 크기가 더 커다면 기업들은 현 상태에서의 전략을 변경할 아무런 인센티브가 없는 것이다.

(1) 암묵적 담합의 유지 가능성

이러한 결과는, 명시적인 담합상태뿐만 아니라 '암묵적 협조'(암묵적 담합)의 경우도 마찬가지이다. 즉 암묵적 협조가 지속되기 위한 조건은 안정적 담합의 조건과 동일하다. 따라서 중요한 사실은, 명시적 담합이 아니더라도 암묵적 협조가 유지될 수 있다는 점이다.

암묵적 협조의 경우는 공정거래법상 '부당한 거래제한'에 해당한다고 판단하기 어려우며, 따라서 사실상 제재도 쉽지 않다. 즉, 담합은 공정거래법상 명백한 부당공동행위에 해당될 경우가 적지 않아 처벌될 수 있지만, 암묵적 협조의 경우는 시장에서는 담합과 거의 차이가 없는 공동행위 현상임에도 불구하고 제재가 어렵다는 문제에 봉착하게 된다. 이러한 측면이 현재의 경쟁정책상 하나의 한계이자 딜레마이다.

이러한 정책상의 한계 부분은 민간부문과 같은 제3의 섹터에서 공정하고 경쟁적 거래를 통한 소비자후생 증대를 위한 시장감시의 역할을 수행하는 것이 바람직하다. 아래 여담(regression)에서 소개한 소비자단체의 보도자료('최근 기업들의 가격인상 행태, 암묵적 담합 의심돼')가 그 좋은 예로 보인다.

여담(regression) 3.2

최근 기업들의 가격인상 행태, 암묵적 담합 의심돼

한동안 잠잠했던 식품가격 인상이 다시 무더기로 이루어졌다. 'CJ제일제당'은 쇠고기 다시다 등 일부 조미료 제품과 액젓, 당면 등의 제품 가격을 평균 8% 인상한다고 밝혔고, 이어 '동아오츠카'와 '한국야쿠르트', '남양유업', '크리스피 크림 도넛'이 일부 제품에 대해 10% 내외로 가격을 올리며 바통을 이었다.

작년 말부터 시작된 제과·음료업계의 가격인상은 패스트푸드, 화장품, 서비스 업계까지 번지고 있으며, 동종업계 내에서 가격인상의 시기·인상률·금액을 동일하게 발표함으로써 기업들은 가격인상으로 인한 리스크를 배제함과 동시에 소비자의 합리적인 선택과 이익을 침해하고 있다.

1. 동종업계의 비슷한 시기, 인상률, 가격으로 소비자 선택권 박탈하고 있어! (점유율 1위 업체부터 가격 인상, 2~3위 업체는 평균 39일내 잇따라 올려. CGV와 롯데시네마는 인상시기, 인상방식, 인상금액, 최종가격 모두 동일해)

<표 3-2> 최근 가격인상 현황

구 분	업체명	시장 점유율	인상시기	인상률 (금액)	최종가격	비 고
음 료	LG생활건강	29.8%	14.01.01	6.5%	-	콜라 기준
	롯데칠성음료	39.9%	14.02.10	6.6%	-	콜라 기준
영화관	CGV	43.2%	14.02.24	1,000원	10,000원	일반2D 기준
	롯데시네마	28.2%	14.03.21	1,000원	10,000원	일반2D 기준
화장품	아모레퍼시픽	32.0%	14.03.01	3.3~8.3%	-	
	LG생활건강	16.8%	14.03.01	3.0~7.0%	-	
햄버거	롯데리아	67.4%	14.02.14	100~300원	-	
	맥도날드	19.0%	14.02.22	100~300원	-	
	버거킹	13.6%	14.03.24	100~200원	-	

※ 주: 1) 인상시기·인상률: 관련 언론보도 참조.
2) 시장점유율: 각사 사업보고서, 각사 홈페이지, 관련 언론보도 등 참조.

2. 정부는 다소비 생필품 품목의 담합행위를 더욱 철저히 조사해야 (담합에 대한 공정위의 솜방망이 처벌도 더욱 강화되어야).

<표 3-3> 부당공동행위(담합)에 대한 사건접수 및 처리 현황

구 분	접 수			처 리						
	신고	직권	합계	고발	과징금	시정명령	경고	자진시정	기타	합계
2010년	55	48	103	1	26	34	23	4	42	104
2011년	87	35	122	8	34	37	18	8	63	134
2012년	52	32	84	2	24	28	10	1	40	81

※ 주: 1) 공정거래위원회 통계연보 각 년도 참조.
2) 과징금 부과건수는 다른 조치와 병과 되므로 합계에서 제외.

3. 기업은 집단적 가격 상승을 통해 시장경쟁을 저해하고 소비자 권리를 침해하는 반시장적이고 비윤리적인 행위 근절해야.

소비자단체는 소비자의 권익 보호를 위해 기업들의 무분별한 가격 인상과 암묵적 가격담합 행위를 더 이상 좌시하지 않을 것이며, 더욱 철저한 시장 감시를 통해 소비자의 물가 안정에 노력할 것임을 밝힌다.

자료: 한국소비자단체협의회 보도자료(2014.4.15.일자)

2) 가격선도 모형

경쟁당국의 제재를 회피하기 위한 대표적임 암묵적 협조(암묵적 담합)의 형태는 경제이론에서 말하는 이른바 가격 선도(price leadership)이다.

현실에서, 가격 선도자로 보이는 한 기업이 다른 기업들이 따르기를 기대하는 가격을 먼저 정하며, 이 가격이 다른 기업들과 소비자에게 잘 알려지도록 광고와 홍보에 열을 올린다. 이러한 가격선도 기업의 암묵적 제시가격을 다른 기업들이 받아들여 동일하거나 비슷한 가격을 정하면 암묵적 담합이 형성되는 것이다.

과점형태의 기업들은 암묵적인 상호협조관계를 통해 공동의 이익을 추구하려 한다. 자기들 간에 선도자(leader)를 공모해서 정하지는 않았지만, 암묵적으로 선도자로 보이는, 대개 시장점유율이 우월적으로 높은(이를 지배적 기업(dominant firm)이라 한다), 회사나 좋은 기술을 가진 회사 등이 자사의 판매가격을 정하면 다른 회사들이 암묵적으로 이 가격을 반영하여 행동하는 것이 일반적이다. 이를 시장조직의 이론에서는 (주로 과점에서) 가격선도모형(price leadership model)이라고 한다.

☑ **용어 정리－가격선도모형**(price leadership model)

어떤 기업이 시장가격을 인상 또는 인하할 경우 다른 기업들이 이에 수동적으로 반응하는 행동양식을 말한다.

가격선도의 조건

이러한 가격선도가 이루어지기 위한 몇 가지 조건이 있다. 첫째, 시장을 구성하는 기업의 수가 소수인 과점 형태이어서 각 기업의 정책이 다른 기업에 미치는 영향을 쉽게 파악할 수 있어야 하며 둘째, 기업들의 상품 동질성이 높으며 셋째, 타 기업의 시장 참여가 수월치 않으며 넷째, 수요의 가격탄력성이 낮은 수준이어야 한다.

선도 기업은 타사들의 행동을 예상하고 자신의 가격 등을 정하는 경향이 있다. 이때, 선도자가 고려할 수밖에 없는 조건 2가지가 있다. 첫째, 타사들은 선도자의 가격(p)을 기준으로 안정적 담합의 조건을 충족하고자 하며, 둘째, 타사들은 이 선도자의 가격을 기준으로 자신들의 생산량을 결정할 수밖에 없다.

선도기업을 암묵적으로 추종하는 타사들은 주어진 p를 기준으로, 시장수요와 자신들의 비용조건(공급곡선)을 반영한 이윤극대화 생산량을 결정하게 된다.

선도 기업은 뒤따르는 시장수요뿐 아니라 타사들의 비용조건을 잘 모르면 자신의 상품에 대한 정확한 수요예측이 불가능해진다. 따라서 선도기업이 정확한 예측을 위해서는 추종하는 모든 기업들의 비용조건과 시장조건을 잘 알아야만 한다. 마찬가지로 추종 기업들도, 선도기업의 결정에 신속히 대응하려면 선도기업의 (예상)행동에 관련된 정보를 신속히 수집해야만 한다.

5. 공모와 암묵적 협조에 대응한 정책과 소비자후생

1) 경쟁정책적 대응

우리나라 공정거래법에서는 부당한 공동행위를 금지하고 있다. 즉, '사업자는 계약·협정·결의 기타 어떠한 방법으로도 다른 사업자와 공동으로 부당하게 경쟁을 제한하는 행위를 할 것을 합의(이를 '부당한 공동행위'라 한다)하거나 다른 사업자로 하여금 이를 행하도록 하여서는 안된다'(법 제19조)라고 규정하고 있으며, 앞서 살펴보았듯이 가격담합 등 9개 범주의 부당행위의 유형을 제시하고 있다. 그런데 여기서 중요한 점은 '다른 사업자와 공동으로', '상호간의......행동하는' 즉 공모 형태의 담합이라는 점이다.

또한, 사업자단체도 이와 같은 경쟁제한적 행동을 하지 못하도록 규정하고 있다(법 제26조 1항 1호). 실제로 적발된 담합행위를 보면 업계단체들이 그 중심에 있는 경우가 종종 있다.

☑ 용어 정리－사업자단체

그 형태 여하를 불문하고 2인 이상의 사업자가 공동의 이익을 증진할 목적으로 조직한 결합체 또는 그 연합체를 사업자단체라고 한다(공정거래법 제2조1항4호).

이러한 사업자 내지 사업자단체의 공모를 통한 담합뿐 아니라 암묵적 협조를 통한 암묵적담합의 경우도 공정거래법에 따른 규제 대상이 되어야 바람직한 정책의 효과가 기대될 것이다. 하지만 앞서 배웠듯이, 암묵적 협조를 법률적으로 금지하는 것은 매우 어렵다. 각 기업이 경쟁기업들의 행동을 주의 깊게 관찰해가면서 스스로 가격 등을 결정하고 경쟁기업들에게 공공연히 제시하는 이른바 암묵적 협조는, 규정 위법이라고 판단하기 쉽지 않은 것이다. 왜냐하면, 기업들의 그러한 협조행위가 자유로운 활동을 촉진하는 공정거래법의 취지에 부합한다는 견해도 있기 때문이다. 또한 암묵적담합의 경우 내부고발자에 의한 명백한 불법행위가 적발되지 않는 이상 실정법위반으로 처벌하기 어렵기 때문이다.

2) 소비자후생에 미치는 효과

기업의 여러 형태의 담합 행위 또는 카르텔은 이 책의 다음 장들에서 공부하는 시장 지배적 지위의 남용 수단 등을 통하여 소비자의 합리적인 선택과 이익을 제한하거나 침해하게 된다. 우리는 <그림 3-2>에서 카르텔 기업들의 독점이윤의 증가를 살펴보았다. 이러한 독점이윤의 증가는 결국 소비자잉여로 나타낸 소비자후생의 감소를 의미한다. 예컨대 <그림 3-2>에서 담합 준수에 따른 70원의 카르텔 가격의 설정은 카르텔이 없을 경우의 과점상태에서보다 562.5원의 소비자잉여가 줄어든다. 이를 수식으로 나타내면,

$$[(100-55)\text{원}\times 45\text{개}]-[(100-70)\text{원}\times 30\text{개}]=562.5\text{원} \qquad \text{식 } 3.4$$

즉, 소비자잉여로 나타낸 소비자후생의 손실이 발생한 것이다. 카르텔은 이와 같은 소비자후생 감소뿐 아니라, 경제 전체에도 부정적 효과를 미친다. <그림 3-2>에서 d 면적의 사중손실(deadweight loss)이 발생되어 사회적후생의 감소가 초래되는 것이다.

또한 소비자의 경제생활에 큰 영향을 미치는 생활물가 품목의 가격담합은 기업 이윤의 창출을 위해 서민경제를 위협하는 비윤리적 행위일 뿐 아니라, 이른바 '장바구니 물가(생활물가)'를 끌어올리는 주된 요인이 되기도 한다.

☑ **용어 정리－장바구니물가, 생활물가지수**

소비자들의 체감물가를 설명하기 위해 구입 빈도와 지출 비중이 비교적 높아 가격변동을 민감하게 느끼는 142개 품목만으로 작성한 소비자물가 지표를 생활물가지수라고 하며, 소비자물가지수의 보조지표로서 통계청에 의해 작성되어 제공되고 있다. 생활물가지수는 소비자들이 장바구니를 들고 시장에 갔을 때 느끼는 물가, 즉 장바구니물가를 반영한다고 해서 '장바구니 물가지수'라고도 부른다.

특히 명시적 담합의 경우 현행 공정거래법을 위반한 일종의 사회적 범죄행위로 판단될 가능성이 있는데, 사회적 범죄는 그 유형을 불문하고 국민의 생활을 위태롭게 할 뿐만 아니라 실질소득을 감소시키는 효과를 초래하게 된다.

[검토과제]

1. 경쟁적 시장 환경의 유지·촉진을 통해 바람직한 경제성과를 얻기 위한 정책을 흔히 경쟁정책이라고 한다. 이러한 경쟁정책과 소비자정책과는 어떤 관계가 있는가?
2. 기업들이 카르텔을 통해 독점 이윤을 얻고 있는 경우의 예를 들어 보라.
3. 담합하지 않고 암묵적 협조관계를 유지하고 있는 경우의 예를 들어보라.
4. 기업 간 정보가 잘 공유되는 경우, 암묵적 협조가 유지되기 쉬운 이유가 무엇이라고 생각하는가?
5. 명시적 담합와 암묵적 협조가 각각 소비자후생에 미치는 효과에는 차이가 있는가?
6. 〈그림 3-2〉에서 사중손실에 해당하는 d면적의 크기를 계산하라.

제 4 장 시장진입 저지 전략과 경쟁정책

우리는 앞장에서 시장경쟁을 저해하는 하나의 유형으로써 담합과 카르텔에 관해 경제이론을 가미하여 살펴보았다. 제4장에서는 경쟁을 위한 '시장진입'의 중요성과, 이에 관련된 경쟁정책에 관해 공부해보자. 이 문제에 관해 참고할 경쟁제도는 공정거래법 제3조(독과점적 시장구조의 개선 등)와 제3조의2(시장지배적지위의 남용금지) 등 시장지배적 지위의 남용을 금지하는 규정들이다.

기업들이 시장에 진입하는 형태로는 신규진입 내지 개업과, 사업의 다각화로 구분하여 살펴볼 수 있다. 그 형태는 다르지만 시장진입의 관점에서는 동일한 관점에서 분석할 수 있다.

1. 경쟁 제한적 시장 구조

1) 잠재적 진입의 위협

어떤 기업가가 새로운 아이디어가 반영된 신제품을 출시하려한다고 하자. 혹은 국내에 유통된 적이 없는 새로운 제품의 수입을 독점적으로 공급하려한다고 하자. 이는 기존의 시장에는 존재하지 않는 차별적 상품이므로 출시하게 되면 자신이 독점기업의 위치에 놓이게 된다. 이때 해당 독점자는 자사 제품의 가격을 얼마로 설정하는 것이 좋을까?

이 물음을 좀 더 경제적으로 표현하자면, 이윤 극대화를 위해서는 독점 가격은 얼마로 설정해야 할까? 제3장의 <그림 3-1>에서 보인 카르텔 가격 수준인 70원이 될까?

<그림 4-1> 진입위협 아래에서의 최적 가격

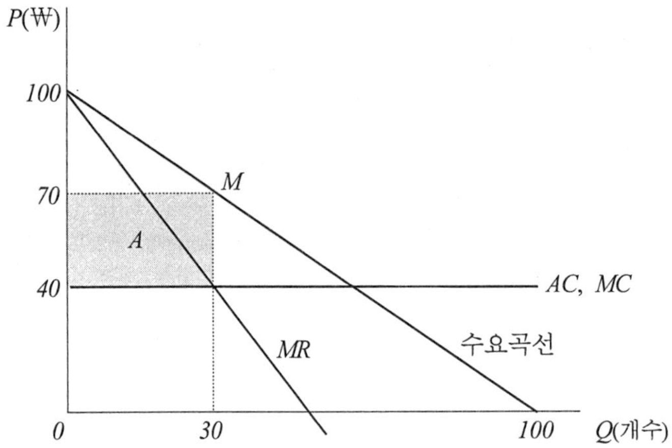

물론, 판매시점에 한정하는 경우 가격을 70원에 맞추는 것이 바람직하다. 즉 <식 3.1>에서 계산했듯이 <그림 4-1>의 A 면적에 해당하는 900원의 독점 이윤이 발생한다(이 경우는 <식 3.1>에서와는 달리 카르텔기업의 독점적 이윤이 아니라 신제품 출시 기업의 독점 이윤이다).

그렇지만, 만일 시장이 경쟁적이어서, 시간이 흐름에 따라 경쟁 사업자가 시장에 진입하기 시작한다면 어떨까? 경제학 개론서에서 소개되고 있듯이 이론적으로는, 결국은 경쟁가격인 40원 수준으로 하락하게 된다.

그런데, 시장가격이 높으면 높을수록 신규 시장진입이 급속히 늘어난다고 가정할 경우, 만일 독점기업이 보다 낮은 가격을 설정하면 신규진입의 유인은 적어질 것이고, 따라서 단기적으로는 기대이윤이 적다. 하지만, 신제품 출시에 따른 독점적 이윤을 장기적으로 유지하는 데는 유리하게 된다. 극단적으로 시장진입의 위협이 매우 높은 경우에는 가격을 40원으로 설정함으로써 신규진입을 억제할 수 있을 것이다. 이러한 잠재적 진입의 위협이 늘 존재하는 상황은 이른바 경합시장이론을 통해 이해해볼 수 있다.

경합시장 이론

우리는 앞서 제1장에서 시장실패와 정부의 역할을 공부하면서 경합성의 의미를 살펴본 적이 있다. 경합성이란(rivalry) 한 사람의 소비 증가는 다른 사람의 소비를 줄이게 되는 특성을 말한다. 공공재를 제외한 거의 모든 소비재는 이와 같은 경합성을 갖고 있는데, 이러한 소비에 있어서의 경합성을 시장이론에 응용하여 경합시장의 의미를 생각해 볼 수 있다.

☑ **용어 정리 – 경합시장**(contestable market)

신규 진입이 아주 용이하여 진입에 의한 이윤이 기대되는 한 즉시 진입이 이루어질 수 있는 시장을 경합시장이라고 한다.[25] 경합시장이론은 보몰(W. Baumol), 판자르(J. C. Panzar), 윌리그(R. Willig) 등이 주창한 시장이론의 하나로 과점기업이나 독점기업이 완전히 경쟁적인 기업처럼 행동하는 시장을 말하며, 시장에의 진입과 퇴출에 비용을 수반하지 않는(costless) 경우에 가능한 시장을 의미한다.

경합시장은 기업들이 시장에 진입하거나 퇴출하는데 자유로운 시장이다. 따라서 비록 소수의 기업만 존재하더라도 (극단적으로 1개의 독점기업만 있더라도) 늘 진입위협이 존재하기 때문에 독점력을 행사할 수 없어 경쟁시장의 특징을 띄게 된다(※ 이는 현 시점에서 다수기업이 시장에서 경쟁하는 (완전)경쟁시장과는 구분해야 한다).

---

25) 개인적인 의견이지만 사실 말 그대로 '경합이 가능한(contestable)' 시장을 의미하므로 '경합가능시장'으로 표현하는 것이 바람직할 것이나, 어쨌든 경합시장이 주된 표현이 되고 있다.

이론상 완전경합시장(perfectly contestable market)에서는 진입과 퇴출에 아무런 비용이 들지 않아야 된다. 이는 매몰비용의 성격을 갖는 고정비용이 들지 않는다는 의미이기도 하다. 극단적으로 시장진입의 위협이 상존하는 경우에는 시장 내의 단 하나의 기업만이 존재해도 독점력의 행사가 무력해진다. 현실에서 이러한 완전한 경합시장은 존재하지 않는다. 하지만 시장지배적 독점자가 눈에 띄지 않는 한 대부분의 시장은 이러한 경합시장의 성격을 가질 수 있다.

2) 경합시장이론의 경쟁정책적 의의

경합시장 이론은 실제적 경쟁(actual competition)뿐만 아니라 잠재적 경쟁(potential competition)이 자원의 배분에 미치는 영향을 강조한 것이며, 시장경쟁을 위한 정책 추진시 기업의 수에 대한 규제보다는 진입장벽의 제거가 더 중요하다는 시사점을 제시해주고 있다.

경합시장이론은 특히 공익사업과 같은 공공분야의 경쟁정책이나 규제정책과 관련하여 큰 의의를 갖고 있다. 교통, 통신, 전기전력, 가스, 수도 등 공익사업의 경우 가격의 규제를 정부가 담당하고 있는 실정이다. 그런데 그 주된 논거가 무엇일까? (이 책의 제10장에서 공익사업의 경쟁과 소비자후생 문제를 구체적으로 다루고 있다). 공익사업의 경우 대부분 규모의 경제, 자연독점 현상이 나타나기 때문에 정부의 규제를 받고 있는데, 그 결과 소비자들은 어쩔 수 없이 높은 가격을 지불해야하는 억울한 위치에 놓이는 경우도 많다.

역사적으로 볼 때, 1980년대에 미국에서는 이런 공익사업들에 대한 대대적 규제완화가 진행되었는데, 그 주된 배경이 당시의 이른바 경합시장이론이었다. 경제학자 보몰(W. Baumol)과 동료학자들은 대표적인 경합시장으로 항공산업을 예로 들었다. 당시 항공 산업에 신규로 진입하기 위해서는 비행기를 구입할 필요가 없었다. 비행기 몇 대를 임대하고 비교적 저렴한 공항이용료를 내기만 하면 가능한 상황이었다. 예컨대, 샌프란시스코-LA 노선을 만들어 기존의 항공사들보다 저렴한 요금을 제시하면 사업이 가능했다. 만일 타 항공사들이 요금인하 경쟁에 합류함으로써 수익이 줄어들면 비행기들을 다른 노선, 예컨대 뉴욕-마이애미 노선으로 큰 비용 없이 변경할 수 있는 상황이었다. 이러한 경합가능 상황에서는 기존의 소수의 과점 하에 있는 항공사들도 독점적 이윤을 누릴 수 없을 뿐 아니라 부실 항공사는 도태되는 등 결과적으로 경쟁이 고취될 수 있다는 것이다.

경쟁정책에 미치는 경합시장이론의 함의

지금까지 살펴 본 잠재적 진입의 위협을 설명한 경합시장이론으로부터 몇 가지 경쟁정책적 함의를 생각해 볼 수 있다.

첫째, 시장이나 산업에 대한 관찰 가능한 시장집중의 정도만으로는 실제 경쟁수준을 정확히 판단할 수 없다는 것이다. 특정 산업에 복수의 기업이 있더라도 신규진입위협이 없는 경우보다, 1개의 독점 기업만 있더라도 진입의 위협이 아주 강한 산업이 보다 경쟁적이다. 따라서 단지 외형상의 시장집중도가 높다는 이유만으로 공정거래법 제3장(기업결합의 제한 및 경제력집중의 억제) 등에 따라 규제를 강화하게 되면, 또는 공정거래법 제4조에 따라 시장집중도가 높다는 이유로 시장지배적사업자로 추정하여 합병의 신청을 거부하거나 높은 독점도를 이유로 회사분할을 명령하게 되면 경쟁법제도에서 의도하는 경쟁촉진 효과가 기대와 달리 별로 없을 수도 있는 것이다.

☑ **용어 정리－시장지배적사업자**

공정거래법상 독과점업체를 말한다. 공정거래법에서는 매출액 요건과 점유율 요건의 두 가지 기준에 동시에 해당하는 경우 시장지배적 사업자로 지정하고 있다. 매출액요건은 단일품목의 매출액이 5백억원을 넘는 업체이며, 점유율요건은 한 사업자의 시장점유율이 50%를 넘거나, 상위 3개사의 시장점유율이 75% 이상인 경우이다. 이 경우에 시장점유율이 10% 미만인 업체는 제외된다(공정거래법 제4조 및 동법시행령 제4조).

둘째, 잠재적 진입의 위협을 키우기 위해 신규진입이 용이하도록 시장환경을 조성하고 유지하는 것이 바람직한 경쟁정책의 방향이다. 이는 공정거래법 등을 통해 진입을 인위적으로 어렵게 하는 행동을 규제해야함을 의미한다. 그렇게 하지 않으면 독점이나 과점 기업의 독점력으로 인해 소비자가 높은 가격에 상품을 구매해야하거나 구매선택권이 약해지는 등 이익의 침해를 받게 된다.

그렇다면, 시장에의 진입이 용이하거나 어려운 상황은 어떤 경우인가? 이 문제는 다음 절에서 구체적으로 살펴본다.

2. 시장진입 저지 전략

1) 진입장벽의 결정 요인

독과점적 혜택을 누리고 있는 시장에 새로운 경쟁 기업이 들어오는 것을 어렵게 하는 여러 요소를 일반적으로 진입장벽(barriers to entry)이라고 한다. 사실 시장에서 독점이 가능한 이유는 다른 기업들이 시장에 진입하는데 추가적인 비용이 소요되어 그 비용을 감당하기 어렵게 하는 진입장벽이 존재하거나 예상되기 때문이다. 이러한 진입장벽의 효과를 발휘하는 요인으로는 크게 기술의 독점적 확보, 수요독점, 유통채널의 독점, 독자적 상표, 그리고 기존 생산설비 등으로 구분하여 이해할 수 있다. 각각의 진입장벽 결정의 요인에 관해 상세히 살펴보자.

(1) 기술의 독점적 확보

시장에 없던 새로운 기술을 개발하여 특허를 획득하거나, 그러한 신기술의 소유권을 확보한 기업은 그 시장을 독점할 가능성이 높다. 오늘날 방수기능의 대명사가 된 뒤퐁사의 고어텍스(Gore-Tex), 마이크로소프트사의 윈도우 시리즈, 즉석사진의 대명사였던 폴라로이드 카메라와 필름, 영국 출신의 한 디자이너가 선보인 날개 없는 선풍기[26] 등이 대표적인 예이다. 또한 기술 특허와 같은 지식재산권은 인텔과 제록스, IBM과 듀폰 등과 같은 글로벌 기업들이 해당 산업분야에서 독점적 지위를 누리게 된 배경이다.

대부분의 국가에서 하나의 발명특허를 얻기 위해서는 발명가가 특허등록을 해야 한다. 특허가 등록되고 인정된 경우, 그 특허권자의 동의 없이는 누구도 해당 발명을 사용할 수 없다. 따라서 특허는 발명에 대한 배타적 재산권을 인정해 줌을 의미한다. 이 배타적 재산권에는 특허기간(duration) 측면과 특허범위(breadth) 측면이 있다. 해당 기술을 타 기업에 사용권을 허용하지 않는 이상, 특허유효기간 내에는 다른 기업이 해당 기술을 사용한 상품을 제조하거나 판매할 수 없다.

---

26) 영국 출신의 디자이너인 제임스 다이슨(James Dyson)은 기존의 고정관념을 깨고 바람을 일으키는 날개가 없는 선풍기를 개발하여 시장에 큰 충격을 주었다. 그림에서 보듯이 모터에서 흡입한 공기를 상단부로 배출시키면서 경사진 머리부분 표면이 주변의 공기까지 합쳐 바람을 증폭시키는 원리를 이용했다. 날개가 없어 아이들이 다칠 염려도 없고 기존의 날개 바람소리도 없는 매우 혁신적 제품이다.

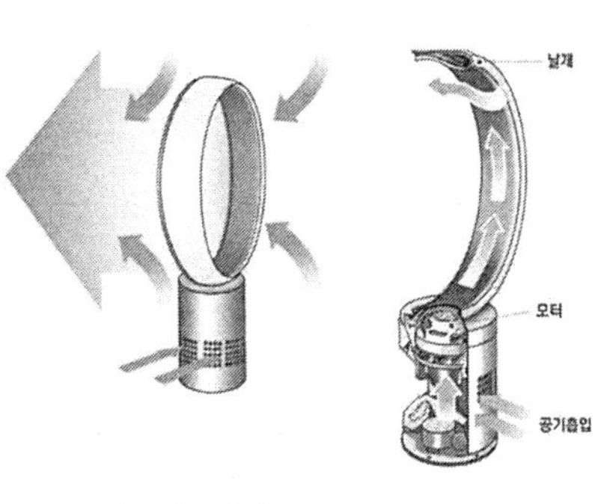

※ 출처: 원리사전(navercast.naver.com)

☑ **용어 정리－특허**(patent)

특정인의 이익을 위하여 일정한 법률적 권리나 능력 또는 법률 관계를 설정하는 행정행위를 말하며, 학문상으로는 특정인을 위하여 법률상의 힘을 부여하는 행정처분의 의미로 사용된다.

그러면 이제 사회후생을 최적화하는 바람직한 특허기간에 관해 생각해보자. 특허는 해당 기술 등의 사용에 있어 일시적인 독점을 허용하게 된다. 즉 해당 기업은 독점이윤을 누릴 수 있게 되므로 신기술 발명의 유인을 갖는 반면 소비자는 높은 독점 가격을 지불하며, 신기술의 보급과 확산을 저해한다. 이러한 '창조성의 촉진'과 '활용성의 제한'간의 상충관계를 <그림 4-2>에 나타냈으며, 여기서 특허에 관련된 최적독점기간을 얻을 수 있다. 그림에서 수평축은 특허기간(년도)을, 수직축은 발명의 비용과 가격을 나타낸다. 이때 비용은 독점가격으로 인한 손실을 의미한다. <그림 4-2>에서 특허의 한계사회적비용(MSC_p)은 우상향하며, 특허로 인한 창조성 제고를 특허의 사회적 편익으로 간주하면, 특허의 한계사회적편익(MSB_p)은 우하향한다. 이는 특허기간이 길어질수록 투자활동이 더 많아짐을 의미한다.

<그림 4-2> 특허기간과 사회적 후생

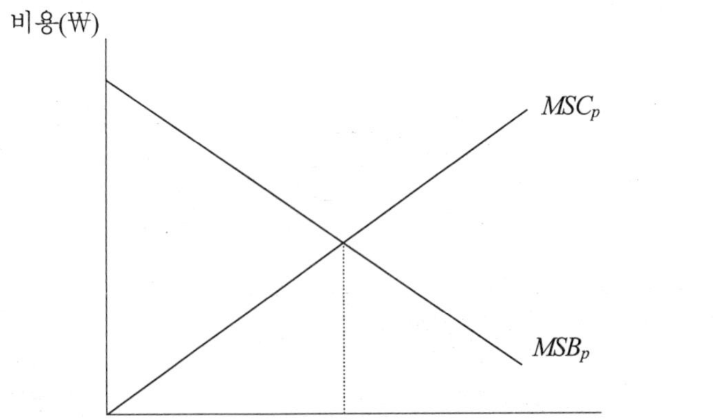

<그림 4-2>에서 두 곡선의 교차점(t^*)이 바로 최적특허기간이다. t^*에서는 특허기간 확대의 한계사회적편익이 해당 특허기간의 한계사회적비용과 같아진다. 이를 달리 설명하면 t^*연도의 특허기간을 보장해 줌으로써 특허의 순사회적이익이 최대화된다는 것이다. 그런데, 각국에서 정하고 있는 특허기간(미국과 독일은 17년, 우리나라와 일본, 캐나다 등은 20년)이 과연 t^*년에 해당하는지는 알 수 없는 일이다.

한편, 특허 관련법을 어기지 않으면서 유사한 제품을 제조하여 판매하는 것은 대부분의 국가에서 허용하고 있다. 하지만 이 경우도 해당 기술을 모르는 상태에서 한다면 적지 않은 비용이 들 것이며, 따라서 시장진입에 있어서 제약을 받게 된다.

(2) 수요 독점

만일 어떤 기업이 원재료나 원자재를 배타적으로 소유한다면, 타사의 생산 활동을 효과적으로 저지할 수 있을 것이다. 세계 원광석 시장을 장악한 드비어스(De Beers)사가 다이아몬드의 독점적 지위를 누리는 것이 수요독점의 전형적인 예이다. 남아프리카공화국의 드비어스 사는 19세기 말부터 세계 최대 다이아몬드 생산국인 아프리카 보츠와나와 남아프리카공화국 등의 원광석 광산을 독점하고 전 세계 유통망까지 장악하게 되었다. 드비어스 사는 기업활동에 필요한 기초 원자재를 독점적으로 확보할 수 있었기 때문에 타사의 시징진입을 효과적으로 막을 수 있었던 것이다.[27]

☑ **용어 정리－수요독점**(monopsony)

공급자는 많은데 비하여 오직 하나의 수요자 또는 하나의 통일 의사를 가진 수요 주체로 나타나는 경우를 말한다. 조직된 구매

27) 드비어스 사는 한때 세계 다이아몬드 원석 시장의 90%를 차지한 적도 있었다. 하지만 2006년 초 유럽연합(EU)이 드비어스 사의 원석 독점구매 행위를 불공정거래로 판정함으로써 100년 동안 지속되어 온 다이아몬드 시장의 독점체제가 흔들리게 되었다.

조합에 의한 독점구매, 드비어스사의 원석의 독점 구매 등이 좋은 예이다.

수요독점이 가능한 상황에서 기업은 해당 상품(생산요소)의 유일한 소비자의 입장이 된다. 한계요소비용과 한계수입생산이 일치하는 수준에서 거래량이 정해지는데 이때는 경쟁시장의 경우보다 가격은 낮고 거래량은 적다. 따라서 기업은 낮은 가격에 구매가 가능하게 된다. 그 결과 경쟁기업의 잠재적 진입이 저지당하게 되는 것이다.[28)]

(3) 유통채널의 독점

유통채널 역시 막강한 진입장벽의 역할을 한다. 온라인콘텐츠산업의 경우 중소 영세기업들은 유통채널을 독점한 대기업 유통사와의 거래관계에서 불공정한 계약을 맺는 사례가 적지 않다. 또한 외국상표의 국내독점사용권(유통채널)이 보호되는 경우 수입가와 판매가 사이의 간격이 벌어져 국내소비자들의 부담이 늘어난다.

새로운 시장에의 진입을 시도하는 기업은 자신의 상품과 서비스의 유통이 보장되어야 한다. 예를 들어, 새로운 유기농 식품 생산업자는 원가에 못미치는 가격파괴와 판촉활동 그리고 비정상적인 수단을 동원해서라도 백화점 식품코너의 진열대에 자신의 상품을 진열할 수 있어야 한다. 유통 채널이 제한적일수록 기존의 경쟁자가 유통채널을 독점하는 경향이 있어 신규사업자의 진입이 더욱 어려워진다.

(4) 독자적 상표

독자적 상표나 브랜드는 배타적 사용권이 법적으로 보장받을 수 있기 때문에 앞서 살펴본 특허와 마찬가지로 중요한 시장진입의 장벽 역할을

---

28) 수요독점에서는 노동력이나 자본을 제공하는 요소 공급자들의 잉여가 줄어들거나 손실을 입게 된다.

한다. 새로운 브랜드는 등록하여 등록상표로 사용할 수 있으며, 이는 재산권의 하나로서 <여담 4.1>에서 소개하는 사례와 같이 법에 의해 보호받는다.[29] 따라서 한 기업의 독자적 상표는 경쟁기업의 시장진입을 저지하는 장벽 역할을 하게 된다.

독자적인 상표나 브랜드는 또한 시장에서 소비자의 인지도를 형성시키는 주된 수단이 된다. 소비자에게 양질의 상품이라는 이미지가 각인된 브랜드 상품에 대한 소비자의 충성도는 상당히 높은 편이어서 반복구매율도 높아진다. 따라서 해당 브랜드는 경쟁기업의 진입을 저지하는 장벽 역할을 하게 되는 것이다.

여담(regression) 4.1

명품 돌침대 상표를 도용한 중국산 짝퉁

TV 광고를 통해 전국민적인 인지도를 얻은 한 유명 가구업체의 상표를 도용해 사기 영업을 해온 가구판매업주가 집행유예를 선고받았다.

서울서부지법 형사3단독 엄철 판사는 정품 상표를 도용해 판매한 혐의(상표법위반 등)로 기소된 가구판매업자 김 모(54)씨에게 징역 1년에 집행유예 2년을 선고했다고 7일 밝혔다. 판결문에 따르면 김씨는 2010년부터 3년간 120여 차례에 걸쳐 건강침대 대표기업인 ㈜장수산업이 특허청에 등록한 '장수돌침대 별 다섯 개'라는 상표를 도용한 혐의로 기소됐다.

마포구 아현동에서 가구판매점을 운영한 김씨는 아예 간판에 '장수돌침대'라는 상호를 내걸고 정품 매장인양 버젓이 영업을 했다. 손님에게는 "언제든지 본사를 통해 사후 서비스(A/S)가 가능하다"고 속여 돌침대를 한 점에 125만원에 판매하는 등 사기를 쳤다. 하지만 해당 돌침대는 중국산 저가 프레임에 중고 보료를 구매해 만든 유사제품이었다. 정품 매장인줄 알고 구매한 피해자들만 낭패를 본 것이다.

엄 판사는 "실제로는 정상적인 A/S를 받을 수 있는 정품이 아니었고 ㈜

29) 이 책의 제8장(기술혁신과 지적재산권)에서 상표권에 관해 구체적으로 공부한다.

장수산업의 상표권을 침해했다"며 "피고인이 한 차례의 벌금형 외에 무겁게 처벌받은 범죄전력이 없는 점 등을 참작했다"고 양형 이유를 밝혔다.

자료: 연합뉴스(2015.2.7.일자), 정빛나 기자

(5) 기존 생산 설비

새로 진입하고자 하는 기업과는 달리 기존 기업(들)은 생산에 필요한 설비를 이미 갖추고 있어 경쟁에 있어 상대적으로 유리하다. 진입기업은 해당산업 분야에 진입할 경우 생산설비를 새로이 해야 하기 때문에 상당한 비용이 들게 된다. 따라서 기존 기업은 경쟁기업의 시장진입을 저지하기 위해 대규모의 생산시설을 갖추고 있는 경우가 많다.

이와 같이, 경합시장이 가능할 주된 조건은 진입장벽이 없거나 낮아야 한다는 것이다. 달리말해, 장벽이 높으면 높을수록, 기존기업에 비해 잠재진입기업은 더 큰 비용을 지불해야만 한다. 그런데 중요한 점은, 즉 기술이든 원재료이든, 상표든 설비든 기존의 투자한 것은 이미 매몰되어 버려서 회수할 수 없다는 점이다. 이른바 매몰비용이 된다.

☑ **용어 정리－매몰비용**(sunk costs)

이미 지출되어 회복할 수 없는 비용, 즉 의사 결정을 하고 실행한 이후에 발생하는 비용 중 회수할 수 없는 비용을 말한다.

매몰비용은 투자를 위한 생산 활동에 필요불가결한 비용이며, 일단 투자가 된 후에는 생산이 멈춰지더라도 회수할 수 없는 비용을 의미한다. 독자는 혹시 매몰비용과 고정비용의 차이점을 아는가? 고정비용(fixed costs)이란 기업이 생산을 결정할 때 생산량에 관계없이 투입된 비용을 말한다.

사실 매몰비용은 비용의 발생과 회수 등의 시점에 관계가 있는 개념인 반면 고정비용은 단지 생산량과의 물리적인 관계를 의미하는 개념으로 구분하면 된다. 이미 지불되었으며 또 회수가 불가능하다면 비용의 성격이 변동비용이든지 고정비용이든지 관계없이 매몰비용이 되는 것이다. 예를 들어, 어떤 영업점에 간판을 거는 비용은 만일 해당 영업점이 폐업하게 될 경우 매몰비용이지만 고정비용은 아닐 수 있다. 그 이유는 매몰비용과 고정비용의 개념을 기초로 독자가 판단해보기 바란다. 결국 이러한 매몰비용은 시장경쟁을 저해하는 하나의 진입장벽의 역할을 하게 된다.

2) 경쟁전략으로서의 진입장벽과 소비자후생

지금까지 공부한 진입장벽의 문제를 기업 입장에서 본다면 어떻게 될까? 기존의 (독점)기업 입장에서는 가능한 한 진입장벽을 높이는 것이 이윤을 극대화할 수 있는 전략 중의 하나가 된다. 다시 말해, 가능한 수단을 통해 진입장벽을 유지시킬 수만 있다면, 높은 가격으로도 심지어, 장기적으로도 이익이 발생하는 판매를 지속할 수 있을 것이다. 이를 '진입저지전략'이라고 한다.

☑ **용어 정리－진입저지전략**(strategic entry deterrence)

기존의 과점기업이나 독점기업이 새로운 기업의 시장진입을 막기 위해 취하는 전략 내지 전략적 행동을 말한다. 특히 진입저지를 위해 가격을 이윤극대화 수준보다 낮게 책정하는 전략을 진입저지가격전략(limit pricing strategy)라고 한다.

이러한 진입저지전략이 모두 반경쟁적이어서 사회적 손실을 야기하는 것만은 아니다. 진입저지전략을 통해 연구개발투자가 촉진되고, 따라서 기술혁신이 가능하게 될 수도 있는 것이다. 앞서 살펴본 진입장벽의 하나로 특허권의 경우 특허권자의 배타적재산권을 부여함으로써, 기업이나 발명가로 하여금 신기술 발명의 유인을 제공해준다. 그 결과 기업들의 연구개발(R&D)에 대한 투자가 늘어나 기술혁신이 촉진될 수 있는 것이다. 또한, 기업들은 독자적상표(브랜드)에 대한 고객 내지 소비자의 충성도를 높이기 위해 광고를 많이 활용한다. 광고를 통한 브랜드 이미지제고 전략은 경쟁기업의 진입을 제한하는 진입장벽의 역할을 하면서도 한편으로는 소비자에 대한 정보제공의 '공헌'도 하게 된다.

그런데, 만일 어떤 기업이 그러한 진입저지전략을 취하고 있다고 한다면 단기적 또는 장기적으로 시장의 '경쟁'에 미치는 영향은 어느 정도일 것인가? 경쟁정책의 측면에서는 어느 수준까지 그러한 진입저지 행동을 허용할 것인가?

3. 진입저지전략의 위법성 문제

1) 사적독점

공정거래법에서는 시장지배적 지위의 남용을 금지하고 있다. 법 제3조(독과점적 시장구조의 개선 등)에서는 정책당국은 '독과점적 시장구조가 장기간 유지되고 있는 상품이나 용역의 공급 또는 수요시장에 대하여 경쟁을 촉진하기 위한 시책을 수립·시행'할 것을 의무화하고 있다. 또한 법 제4조(시장지배적지위의 남용금지)에서는 가격남용, 출고고절, 사업활동 방해, 진입제한, 경쟁사업자 배제 또는 소비자 이익 저해 등 5가 유형의 시장지배적 지위 남용 행위를 구분하고 있다.

이러한 시장지배적 사업자의 진입저지전략은 흔히 사적독점(private monopoly)이라고도 한다. 사적독점이란, 개인이나 기업체가 단독 또는 타기업과 결합하거나 공모를 하여 여러 방법으로 경쟁기업의 사업활동을 배제하거나 지배함으로써, 공익에 반하여 경쟁을 실질적으로 제한하는 행위를 말한다.

사적독점은 정부에 의한 독점을 의미하는 공적독점에 대비되는 의미로 사용되기도 한다. 대표적인 경우가 일본이다. 우리나라의 공정거래법에 해당하는 일본의 경쟁법의 명칭은 '사적독점의 금지 및 공정거래의 확보에 관한 법률(줄여서 '독금법'이라고 한다)'이다.

2) 위법성 판단 사례

그런데 문제는, 이러한 사적독점행위가 공정거래법에서 규정한 '부당한 행위'인지 아니면 정당한 기업 활동의 하나인지 판단하기 쉽지 않다는데 있다(사실 대기업들의 모든 상표는 사적독점행위로 볼 수도 있다). 공정거래위원회에서 심결했던 두 가지 심결 사례를 통해 기업들의 진입저지 전략의 위법성 판단의 문제를 살펴보자.

우선 인텔의 시장지배적지위남용행위에 대한 건이다. 공정거래위원회는 2008년 6월 4일(수) 전원회의를 개최하여 「인텔 코퍼레이션, 인텔 세미콘덕터 리미티드 및 (주)인텔 코리아(이하 "인텔사"라 함)」 등의 시장지배적 지위남용 행위에 대해 과징금을 부과하기로 심의·결정하였다. 인텔이 2002년부터 2005년까지 경쟁사 AMD의 점유율 확대를 막기 위해 국내 PC 제조사에 리베이트를 제공했다며 시정명령과 과징금 266억원을 부과하였다. 이에 불복해 인텔은 2008년 12월 소송을 제기했으나 받아들여지지 않았다. 이어 2013년 6월에 있었던 항소 소송에서도 공정거래위원회의 과징금 처분이 정당하다는 판결이 있었다.

이 사례는 공정거래위원회의 결정에 불복한 기업이 소송을 통해 자신의 진입저지전략이 정당한 기업활동임을 주장한 사례이다. 하지만 법원에서는 해당 행위를 시장지배적 사업자의 지위남용 행위에 해당한다며 위법으로 판단했다.

다음으로, (주)이베이지마켓의 시장지배적 지위 남용행위 건은, 해당 기업이 판매자들에게 경쟁기업과 거래하지 못하도록 한 행위에 대하여 공정거래위원회가 시장지배적 지위 남용행위로 판단하여 시정명령과 과징금을 부과한 사례이다(여담 4.2에 해당 내용을 소개해 놓았다). 이에 대해 이베이지마켓에서는 공정거래위원회를 상대로 법원에 시정명령 등 처분 취소 소송을 제기했는데, 2011년 11월에 승소했다. 당시 법원에서는, '지마켓의 행위로 11번가의 매출액이 감소하거나 영업활동비가 증가했음을 인정해 줄 자료가 없으며, 시장에서 가격과 산출량 변화와 같은 경쟁제한의 효과가 있었다고 볼 증거도 없다'는 의견을 제시했다.30)

두 분쟁 사례 모두 당사자간 해결이 안 되어 법원의 판단을 구하였으나, 인텔 건은 공정거래위원회의 부당행위 주장이 받아들여진 반면(물론 대법원 항고 가능성도 있다), 이베이지마켓 건은 시장지배적 사업자의 진입저지행위가 적법하다고 판단했다.

이와 같이 진입저지전략의 위법성 여부는 사안에 따라 일정하지 않은 근거와 기준을 적용할 수 있는 등 사전적인 판단이 쉽지 않은 사안이다.

여담(regression) 4.2

공정위, 지마켓에 과징금 부과… 검찰 고발

공정거래위원회는 2010년 7월 18일 온라인 오픈마켓 사업자인 ㈜이베이지마켓(이하 지마켓)이 소속 판매자에게 경쟁사와 거래하지 못하도록 한 행위를 적발, 시정명령과 함께 과징금 1000만원을 부과하고 검찰에 고발했다. 또 컴퓨터 파일을 없애는 등 공정위 조사를 방해한 혐의로 지마켓과 소속 직원 1명에게 각각 2억원과 5000만원의 과태료를 부과했다.

공정위에 따르면 지마켓은 경쟁사인 '11번가'가 특별행사 등을 통해 시장점유율이 올라가자 2009년 10월12일부터 같은 해 12월3일까지 판매자들에게 '11번가와 거래하면 쇼핑몰 초기화면 중앙에 상품을 노출시키지 않겠다'고 통보, 11번가와 거래하지 못하도록 압박했다.

공정위는 "지마켓은 시장점유율 90.8%라는 우월적 지위를 남용, 판매자들이 경쟁사와 거래하지 못하도록 했다"면서 "과징금은 11번가와 거래를 중단한 10여개 판매자들의 수수료를 기준으로 산정했다"고 말했다. 지마켓은 3년 전에도 유사한 행위로 시정명령을 받은 적이 있어 이번에는 검찰에 고발했다고 공정위는 덧붙였다.

자료: 파이낸셜뉴스(박신영기자, 2010.7.18.일자) 저자 일부 수정

30) 2011년 10월 14일자 언론기사들을 참고할 수 있다.

[검토과제]

1. 경합시장의 의의를 사례를 들어 설명하라.
2. 독점구조의 시장이더라도 경합시장 상태라면 완전경쟁과 같거나 비슷해진다. 즉 균형가격이 평균비용과 같아진다. 그 이유를 설명하라.
3. 매몰비용이 시장경쟁을 저해하는 하나의 진입장벽의 역할을 하게 되는 이유를 사례를 들어 설명해 보라.
4. 매몰비용이 존재하면 시장이 경합적이지 않지만, 매몰비용이 아닌 고정비용이 있다면 경합적 시장이 될 수 있다. 그 이유는?
5. 진입저지를 위한 기업 활동이 공정거래법 위반으로 간주되는 것은 어떤 경우인가?

제 5 장 경제력집중과 경쟁정책 및 소비자후생

이 장에서는 우리나라 경쟁법인 「공정거래법」상의 규제 내용 중의 하나인 '경제력집중의 억제'와 관련된 사항을 중심으로 공부한다. 이 문제는, 다른 여러 경쟁정책과 마찬가지로 (소비자잉여로 표현되는) 소비자후생의 문제와 연관 지어 경제 이론적으로 살펴볼 수 있는 중요한 분야이다.

독점자본이라는 말이 요즘은 그렇게 자주 쓰이지는 않는다. 마르크시즘, 마르크스경제학에 관심 있는 사람들은 이 표현을 선호하고 있는데, 20세기 초 자본주의 국가들에서의 카르텔(기업연합), 트러스트(기업합병), 콘체른(기업결합) 등의 공동행위와 연관 지어서 독점자본을 논한다. 현재 자본주의 사회에서는 그다지 좋지 못한 뉘앙스를 갖는 말로 사용되기도 한다.

독점자본이란 말 그대로 '생산과 자본의 집적·집중에 의해 생기는 독점적인 자본'을 말한다. 소수의 기업이 자본력을 집중하여, 해당 자본이 생산과 시장을 지배하고 있는 상태를 독점이라고 하며, 그와 같은 자본을 독점자본이라 보는 것이다. 즉, 독점자본은 자본주의 사회에 해악을 미친다는 부정적인 견해가 팽배하다(비판적 시민단체나 좌파경제학의 주요 내용이기도 하다). 또 한편으로는 규모의 경제(economy of scale) 논리에 의해 기업의 규모가 클수록 평균비용이 낮아진다는 긍정적 견해도 있다.

이러한 독점 자본에 관련된 여러 측면들을 경쟁정책적인 용어로는 경제력의 집중 내지 집중도라는 용어로 함축하여 나타내고 있다. 이 장에서는 경제력집중의 의의와 제반 척도, 경제력집중이 소비자후생에 미치는 효과 등을 살펴본 후에 우리나라 경제력집중의 현황과 재벌규제 문제에 관해 공부한다.

1. 경제력집중의 척도

1) 경제력집중의 의의

경제력을 여러 의미로 해석할 수 있지만 어떤 주어진 경제영역에서 다른 경제주체들에게 영향을 미치는 경제주체의 힘(power)으로 이해하는 것이 일반적이다. 대기업과 같은 소수의 경제주체에게 경제적 의사결정이 집중되는 현상을 대개 경제력집중이라고 하며, 경제력이 영향을 미치는 범위에 따라 일반집중과 시장집중으로 구분한다.

☑ **용어 정리－경제력집중**(concentration of financial power)

소수의 대기업이 상품의 생산과 공급의 대부분을 차지하거나 소수의 자본가가 회사의 지분을 다량 보유하는 등 경제력이 한곳에 집중되어 있는 상태를 말하며, 전자를 ‘시장구조적 독과점’이라 하고 후자는 ‘소유자 지배’라고 한다.

시장집중과 일반집중을 같은 의미로 사용하는 경우도 없지 않으나 양자 간의 차이를 분명히 해야 한다. 즉 일반집중은 다수의 시장이나 혹은 국가경제 전체 수준에서의 소수 대기업의 자산이나 경제활동에 집중되어 있는 정도를 나타내는 말인 반면에, 시장집중은 특정한 시장에서의 소수의 경제주체에게 경제력이 집중되어 있는 정도를 나타낼 때 사용하는 말이다.

미국을 비롯한 서구의 경쟁법에서는 특정한 시장에서의 경쟁촉진을 목표로 하고 있기 때문에, 시장집중을 정책의 주요 표적으로 삼는 반면 일반집중에 대해서는 정책의 대상으로 하지 않는 것이 보통이다. 하지만 우리나라와 일본의 경쟁정책에서는 일반집중에 대한 규제에 초점이 맞춰져 왔다.[31] (그 배경에 관해서는 이 책의 제2장 2절 부분을 다시 읽어보기 바란다).

일반집중을 계량화한 수치가 일반집중도이며, 시장집중 수준을 수치로 나타낸 것이 시장집중도이다. 아래에서 일반집중도와 시장집중도에 관해 자세히 알아본다.

2) 일반집중도

일반집중도는 상위 기업의 경제력 집중을 알아보는 지표로서, 특정산업이나 시장을 초월하여 경제 전체에서 차지하는 소수기업의 비중을 나타내는 것으로서 정책수립의 기초자료로 활용될 뿐 아니라 정책상황을 점검하는 자료로도 활용되고 있다. 예컨대, 우리나라 전체 기업의 자산합계에서 점하고 있는 상위 100개사 자산의 합계의 비율 또는, 전체기업의 판매량에서 점하고 있는 상위 100개사 판매량의 비율 등은 일반집중도의 지표가 된다.

우리나라의 경우 일반집중도는 통계청에서 매년 실시하는 '광업·제조업 통계조사'를 기초로 작성되고 있으며, 광공업 부문 상위 10대, 100대 및 200대 기업이 광공업부문 전체에서 차지하는 출하액 비중을 나타낸다.[32]

통계청 자료 등에 따르면, 2011년 기준 상위 10대 기업의 일반집중도는 26.8%이고, 상위 50대 기업은 45.2%, 상위 100대 기업의 일반집중도는 51.7%를 보이고 있다.[33]

31) 윤창호·장지상·김종민(편), 한국의 경쟁정책, 형설출판사, 2011, 210쪽.

32) 건설, 도소매, 통신, 금융 등 서비스 산업분야는 일반집중도 통계에 포함되지 않는다.

<표 5-1> 우리나라 연도별 일반집중도 현황

	2004	2005	2006	2007	2008	2009	2010	2011
10대기업	24.6	24.7	24.3	25	26.9	26.7	26.3	26.8
100대기업	44.5	44.8	47	48.7	51.2	51.1	50.6	51.7
200대기업	52.5	52.8	53.1	54.5	56.9	56.8	56.2	57.1

※ 출처: 통계청「광업·제조업 통계조사」2015.

3) 시장집중의 척도

시장집중도는 특정 시장에서 상위기업이 생산이나 판매활동에서 집중되어 있는 정도를 계량화한 수치를 말하며, 우리나라의 경우 시장집중도 통계는 통계청에서 매년 시행하는 '광업·제조업 통계조사'를 기초로 작성된다. 시장집중도에는 일반집중도와 마찬가지로 건설, 도소매, 금융, 통신 등 서비스 업종은 포함되지 않으며, 품목시장집중도와 산업집중도가 함께 작성된다.

품목시장집중도는 한국표준산업분류상 품목(8단위)을 기준으로 계산한 CR3 (상위3개사 시장점유율 합계)의 평균을 말하며, 산업집중도는 통계청의 표준산업분류(KSIC)의 세세분류(5단위 분류)상 특정산업에서 계산한 CR3의 단순 및 가중평균을 말한다.

이러한 시장집중도를 측정하는 대표적인 지표는 CR지표와 허핀달지표이다.

---

33) 공정거래위원회 보도자료(2014.3.16.일자). 통계청의 '광업 제조업 통계조사'를 바탕으로 한 가공통계이므로 2015년 8월말 현재까지의 가장 최근 지표이다.

(1) 상위K개사 시장집중(CR_K)지수

하나의 시장에서 기업들의 시장집중도를 측정하는 지표이며, 특정 산업에서 기업간 시장구조가 경쟁적인지 혹은 독점적인지를 판단하는 대표적 지표로 활용된다. 시장점유율 1위 기업의 시장점유율은 CR1이라 하고 상위 1위와 2위의 시장점유율을 합한 것은 CR2, 1~3위의 시장점유율을 합한 것은 CR3라고 한다. 이를 일반화한 식은 다음과 같다.

상위 K기업 집중지수 : CRk=ΣSi, 단 Si : 시장점유율 식 5.1

상위 K기업집중지수는 집중률로 나타내기도 한다. 통상적으로 CR1이 50% 이상이면 독점, CR2가 75% 이상이면 복점, CR3가 75% 이상이면 과점상태로 간주한다. 미국의 경우는 아래에서 살펴보는 허핀달 지수가 시장집중의 주된 지표로 사용하고 있으나, 집중지수의 경우는 CR4만 공식적으로 사용된다(CR8을 사용하는 경우도 있다).

CR4 = (상위4개기업 시장점유율의 합/총시장규모) × 100 식 5.2

으로 계산된 값이 0이(거나 0에 가까우)면 무집중 또는 완전경쟁을 의미하며, 1~50이면 저집중 또는 독점적경쟁, 51~80는 중간집중 또는 과점, 81 이상이면 고집중 또는 독과점상태로 해석하고 있다.

예제를 통해 CRk를 설명한다. 우리나라 자전거시장은 경쟁적이라고 하자. 연간 매출액 기준 상위 3사의 연매출은, 자전갑 1,500억원, 자전을 1,000억원, 자전병 800억원, 자전정 700억원, 그리고 매출액 5위를 포함한 기타 자전거메이커들의 매출액의 합계가 4,500억원이라고 하자. 이때 상위3사의 시장집중지수를 계산해 보면,

CR3=[(1,500+1,000+800)/8,500]×100%=38.82 식 5.3

이다. 산출된 38.82는 앞에서 제시한 일반적 기준에 따르면 저집중수준이

며, 시장구조는 독점적경쟁에 해당한다.

한국의 시장집중도 지표

우리나라의 최근 7년간 시장집중도는 <표 5-2>와 같다. 표에서 보듯이 한국표준산업분류상 품목(8단위)기준 CR3를 의미하는 품목시장 집중도는 매년 증가추세를 보이고 있다. 한국표준산업분류 세세분류(5단위) 기준 CR3 평균을 나타내는 산업집중의 경우 역시 <표 5-2>에서 보듯이 매년 증가추세를 보이고 있다. 이와 같이 품목시장집중도와 산업집중도의 (가중)평균이 상승하는 것은 시장규모가 큰 산업의 독과점화가 미미하게나마 심화되고 있음을 의미한다.[34)]

<표 5-2> 연도별 시장집중도 현황[35)]

연 도		2005	2006	2007	2008	2009	2010	2011
품목시장 집중도	단순평균	59.0	64.3	67.0	67.8	68.3	68.2	68.2
	가중평균	60.6	62.8	65.4	66.5	67.7	66.9	67.6
산업집중도	단순평균	43.7	43.5	45.2	45.4	45.0	45.0	45.2
	가중평균	50.9	50.8	54.2	55.3	55.8	54.9	56.1

※ 출처: 통계청 「광업·제조업 통계조사」 2015.

CRk 집중지수의 장점과 단점

CRk 집중지수는 이와 같이 비교적 계측이 간편하고 이해가 매우 쉬워 현실적으로 많이 사용되어져 왔다. 또한 분석 목적에 따라 여러 변수로

34) <표 5-2>에는 나타나있지 않지만 품목 집중도 평균은 1999년 이후 전반적으로 하락추세에 있었다. 하지만 2005년 이후부터 대규모기업들의 수출호조로 상승추세 유지하다가 최근에는 68% 초반에서 정체되는 모습을 보이고 있다. 산업집중도의 경우도 그와 비슷한 추세를 보여왔다.

35) 이 지표는 통계청의 '광업 제조업 통계조사'를 바탕으로 한 가공통계이며, 2011년 지표가 가장 최근 지표이다.

전환하여 사용할 수 있는 것도 장점 중의 하나이다.

하지만 CRk 집중지수는 상위 소수의 기업의 시장점유율만을 고려함으로써 시장여건을 충분히 반영하지 못한다는 결정적인 단점이 있다.

이러한 문제점을 개선하고자 우리나라에서도 2010년부터는 경쟁제한성 여부를 판단하기 위한 시장집중도 측정지표를 CRk 기준을 아래에 설명하는 허핀달 기준으로 전환하였다. 그럼에도 불구하고 CRk지수는 시장구조를 보여주는 주된 지표로 종종 사용되고 있는 실정이다.

(2) 허핀달지수

시장집중의 수준을 측정하는 또 하나의 지표는 허핀달-허쉬만지수(Herfindahl-Hirschman Index)로, 흔히 허핀달지수 또는 HHI라고 부른다. 이 지표는 특정 시장 내 모든 기업의 시장점유율을 제곱한 값을 합산하여 정해지는데 지수가 높을수록 기업 간 독점도가 높음을 의미한다.

허핀달 지수: $HHI=\Sigma Si^2$ 식 5.4

허핀달지수는 비중으로 나타내거나(0≦HHI≦1), 백분율료 표시하기도 하지만(0%≦HHI≦100%), 해당수치로 표시하는 것이 보다 일반적인 경우이다(0≦HHI≦10,000). 통상적으로 HHI가 100 이하이면 고도의 경쟁시장, 100~1,000은 집중도가 거의 없는 시장, 1,000~1,800은 경쟁적 시장(moderated market concentration), 1,800~ 4,000은 과점적 시장, 4,000 이상은 독점적 시장으로 해석하고 있다.

허핀달지수는, 비중으로 비교할 경우 기업수가 적으면 적을수록, 그리고 기업간 규모의 분산이 클수록 그 값이 커진다. 극단적으로 기업수가 1개면 HHI=1이며, 완전경쟁에서는 HHI=0이 된다.

예제를 통해 허핀달지수의 계산방법을 이해해 보자. 앞에서와 마찬가지로 자전거산업에 있어서 자전갑의 생산량으로 계산된 시장점유율이 38%이며, 자전을 25%, 자전병 20%, 자전병 17%라고 하자. 단 자전거산업에 참여하는 기업은 이상의 4개 기업뿐이라고 가정하자. 이때 HHI값은 다음과 같이 구할 수 있다.

$$HHI=(38)^2+(25)^2+(20)^2+(17)^2=2,758 \quad \text{식 5.5}$$

계산된 자전거시장의 HHI(2,758)는 위에서 제시한 1,800보다 큰 값이므로 시장집중도가 높은 과점적 시장구조를 하고 있는 것으로 해석된다.

앞서 정의했듯이 허핀달지수는 해당 시장에 참여하는 모든 기업의 시장점유율을 측정에 포함시킴으로서 시장의 경쟁구도를 보다 더 정확히 반영해주는 장점이 있다.

4) 일반집중과 시장집중간의 사회적 후생 효과

지금까지 경제력집중을 판단하는 지표로써 일반집중도와 시장집중도를 살펴보았다. 앞서 살펴본 일반집중과 시장집중간의 개념의 차이와 함께 양자간의 해석과 사회적 후생 효과 측면에서의 구별도 필요하다.

위에서 계산해본 허핀달지수 예제에서 얻은 HHI값(2,758)은 고집중도의 과점시장구조로 해석할 수 있었다. 같은 상황에서 CRk값을 보면, CR1은 38, CR2는 63, CR3는 83임을 알 수 있다. 위에서 CR3가 81보다 큰 독점도가 매우 높은 구조이다. 하지만 HHI로 계산한 값은 2,758로써 과점시장형태로 해석된다. 이와 같이 동일한 시장 상황임에도 CRk지수와 HHI지수의 해석 간에는 다소 차이가 있을 수 있다.

앞 장에서 독점에 따른 사회적 후생손실 문제를 공부했었다. 그 경우는 개별시장에서의 독점 문제였다. 하지만 독점뿐만 아니라 과점의 경우도 시장집중도가 높으면 높을수록 사회적 후생손실이 발생할 가능성이 커지는데, 두 가지 측면에서 그 이유를 알 수 있다. 첫째, 집중도가 높아지면 기업수가 상대적으로 적거나 줄어들고, 시장점유율이 큰 선도기업이 출현할 가능성이 높아지며, 제4장에서 설명했던 가격선도모형에 따라 담합행위가 발생할 가능성이 높아진다. 둘째, 담합을 하지 않는 경우라도 집중도가 높은 산업은 자체적으로 가격이나 출하량을 조절할 능력이 커진다. 그 경우 역시 진입저지전략의 성공가능성이 크다. 따라서 독점뿐 아니라 과점구조 아래서도 제3장에서 공부했던 독점화에 따른 사회적 후생손실 및 소비자 후생의 감소가 초래된다.

이에 반하여, 일반집중의 경우는 시장집중이 동반되지 않는다면 독점에 의한 사회적 후생손실이 발생될 가능성이 별로 없다. 극단적인 예를 들어보자.

나라경제 전체에 100개 기업밖에 없다고 가정한다면, 일반집중도는 매우 높게 나타날 것이다. 하지만 이들 100개 기업의 규모가 동일할 뿐만 아니라 100개 기업 모두 전체 산업에서 비즈니스 활동을 하고 있다면, 각 시장에서의 기업들의 시장점유율은 각각 1%이다. 따라서 CR3는 3이고, HHI는 100[36]으로 매우 낮아, 사회적 후생손실은 거의 없게 된다.

다시 말해 일반집중도가 높더라도 각각의 시장에서의 집중도가 높지 않거나 낮다면, 사회적 후생손실을 초래하지는 않는 것이다. 마찬가지로 소비자후생의 손실도 거의 없을 것이다.

2. 경제력집중 규제

1) 경제력집중의 현황

앞서 제2장에서 공부했듯이, 우리나라는 소수의 기업집단과 소위 '재벌'로 불리는 대규모기업집단에 자본이 집중되어 왔다. 그 결과 삼성, 현대차, SK, LG, 롯데 등 소수 기업집단에 대한 자본집중도는 매우 높았다.[37]

---

36) HHI=$(1\%)^2 \times 100$개=100이다.

37) 2015년 4월 현재 우리나라 10대 기업집단 순위는 삼성, 현대차, SK, LG, 롯데,

하지만, 특정 산업(예컨대 제조업, 건설업 등)만을 본다면 해당 산업에서는 비교적 활발한 경쟁이 이루어져 사실상 기술발전과 산업발전이 어느 정도의 경쟁 아래서 이루어져왔다는 평가이다.

☑ **용어 정리–재벌**

재계에서 큰 세력을 가진 독점적 자본가나 기업가의 무리, 또는 일가나 친척으로 구성된 대자본가의 집단을 말하며, 일종의 콘체른(konzern)이다. 공정거래법에서는 '대규모 기업집단'이라고 정의하여 재벌을 간접적으로 일컫고 있다.

지난 1980년대 공정거래법이 본격 시행되고, 90년대 이후 민주화 등 사회적, 정치적 변화에 따라 이른바 재벌에 의한 경제력집중 문제의 해소를 위한 움직임으로 인해 재벌과 같은 거대기업집단의 문제는 다소 약화되어갔다 통계청이 1980년 이후 지난 25년간의 자료를 분석해봤더니, 1980년엔 CR3가 81.7%였던 것이 2005년엔 59%로 하락하였다. 즉, 산업의 독과점 현상이 줄어드는 대신 경쟁형 시장으로 전환되는 추세를 보이고 있다. 하지만 2000년대 중반 이후에는 대기업의 수출이 크게 늘어나 시장집중도가 다시 증가추세를 보였고, 2010년에는 전년대비 미미한 감소세를 보였다.

또한 한 시장에 같은 크기의 기업이 몇 개 있는지를 나타내는 동등규모지수는 2.1개에서 4.2개로 늘었는데, 이는 동일한 시장 내 경쟁기업의 수가 배 이상 늘었음을 보여준다.

하지만 여전히 독과점 시장의 비중은 높은 수준이다. 2012년 상장 기업들 중 매출액 기준 10대기업의 이익이 전체기업(1510개) 이익의 절반수준인 50.8%에 달했다. 이는 2010년도의 36.5%, 2011년의 41.6%보다 크게 늘어난 수치이다.

현대중공업, GS, 한진, 한화, 두산이다.

여담(regression) 5.1

10대그룹 2014년도 사내유보금 504조에 달해

지난해 재벌그룹 상장사들의 내부유보금이 40조원 가까이 불어나 500조원을 돌파했다. 10대 그룹 상장 계열사만 따져본 것이다. 유보금은 영업이나 투자활동으로 벌어들인 소득이 기업 밖으로 빠져나가지 않고 남아 있는 자금이다. 같은 기간 가계는 67조6000억원의 빚이 늘어났다.

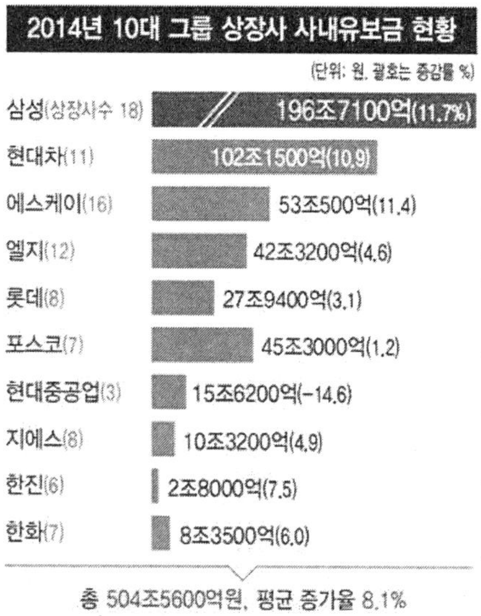

23일 재벌닷컴이 국내 10대 그룹 96개 상장사의 2014회계연도 재무제표(개별)를 기준으로 살펴본 결과, 이들 96개사 유보금은 지난해 말 현재 503조9000억원으로 1년 전보다 37조630억원(8.1%) 불어난 것으로 나타났다. 유보금이 납입자본금 대비 어느 수준인지를 가늠할 수 있는 유보율도 1년 전 1257.6%에서 1327.1%로 69.5%포인트나 뛰었다.

그룹별로 보면, 대규모 적자를 낸 현대중공업그룹을 뺀 9개 그룹에서 모두 유보금이 늘었다. 18개 상장사를 보유한 삼성그룹의 증가폭이 가장 컸다. 이 그룹의 유보금은 1년 전보다 20조6500억원(11.7%) 늘어나 지난해 말 현재 196조7100억원에 이르렀다. 현대차그룹(11개 상장사)도 유보금이 10조원 남짓 늘어나 102조1500억원으로 집계됐다. 두 그룹 유보금 총액은 2013년 기준 명목 국내총생산(GDP)과 단순 비교하면 20.9% 수준이다. 이밖에 에스케이(SK)그룹은 5조4300억원 늘어난 53조500억원, 포스코그룹은 5500억원 불어난 45조3000억원으로 집계됐다. 엘지(LG)·롯데그룹은 1조8700억원과 8500억원씩 늘어나 유보금은 42조3200억원, 27조9400억원으로 나타났다.

기업별로는 삼성전자가 전년보다 9.8% 증가한 138조8700억원으로 10대 그룹 상장사 가운데 유보금이 가장 많은 회사로 나타났다. 2~3위에 이름을 올린 현대차(44조9400억원)나 포스코(42조4400억원)에 견주어도 세배 이상 많다. 정선섭 재벌닷컴 대표는 "일부 투자금도 섞여 있는 등 유보금 모두가 기업 곳간에 현금 형태로 쌓여 있다는 뜻은 아니다. 그러나 유보금이 불어난다는 것은 그만큼 많은 자금이 기업 안에 고여 있는 것이라고 해석할 수 있다"고 말했다.

기업의 내부유보금 증가는 기업 수익은 크게 늘어난 반면 배당성향은 높아지지 않은 데 뿌리를 두고 있다. 한국은행의 국민계정 통계를 보면, 우리나라 기업의 2013년 수익은 2000년에 견주어 3.33배로 늘었다. 같은 기간 가계소득은 2.06배로 증가하는 데 머물렀다. 가계는 소득 증가가 완만한 가운데 주택 매입 등을 위해 빚을 늘려, 가계부채는 2014년 말까지 최근 5년 사이에만 313조원이나 늘어났다. 기업에는 돈이 쌓이고 가계는 빚을 내는 구조가 고착화하면서 우리 경제는 내수 침체가 길어지고 금융 불안이 커가고 있다.

자료: 한겨레뉴스(김경락·이정훈기자, 2015.3.23.일자) 저자 일부 수정

2) 경제력집중 규제

앞서 살펴봤듯이 소수의 대기업이 제품 생산 및 공급의 대부분을 차지하는 독과점적 시장구조와 소수의 자본가가 회사의 지분을 다량 보유하는 소유자 지배의 문제가 경제력집중의 문제이다. 그 중 독과점적 시장구조에 따른 경제력집중의 문제에 대해서는 경쟁법상 규제를 통해 정책적으로 대응하고 있다.

우리나라 공정거래법상 경제력집중 억제제도는 대규모 기업집단, 이른바 재벌에 관련된 시책의 형태로 추진된다. 경제력인 소수의 경제주체에 집중되는 경우 시장경제의 근간인 자유롭고 공정한 경쟁이 저해될 뿐 아

니라 자원의 효율적 배분이 곤란해진다는 배경에서 공정거래법에서 재벌의 시장지배와 경제력 남용을 엄격히 규제하고 있는 것이다.

(1) 시장지배력 남용 규제

공정거래법에서는 일정한 거래분야에서 한 기업의 시장점유율이 50% 이상이거나 상위 3개 기업의 시장점유율의 합이 75%이상인 경우(단, 10% 미만인 기업은 제외)를 이른바 '시장지배적 사업자'로 추정하고 있으며, 이들의 시장지배적 지위의 남용을 금지하고 있다. 즉, 시장지배적사업자가 상품의 가격이나 용역의 대가를 부당하게 결정·유지 또는 변경하는 행위, 상품의 판매 또는 용역의 제공을 부당하게 조절하는 행위, 다른 사업자의 사업활동을 부당하게 방해하는 행위, 새로운 경쟁사업자의 참가를 부당하게 방해하는 행위, 부당하게 경쟁사업자를 배제하기 위하여 거래하거나 소비자의 이익을 현저히 저해할 우려가 있는 행위 등과 같은 남용행위를 금지하고 있는 것이다.[38)]

공정거래법 제4조에서 정의하는 '시장지배적'을 학술용어로는 '독점적 상태'로 나타내기도 한다.

(2) 경제력집중억제 제도

경제력집중을 억제하기 위한 대표적인 제도로는 상호출자금지제도, 채무보증제한제도, 금융보험사 의결권제한제도, 지주회사제도, 비상장회사 등의 중요사항 수시공시제도, 기업집단현황 공시제도, 신규순환출자 금지제도 등이 있다.

---

38) 공정거래법 제5조(시정조치)를 보면, 공정거래위원회는 제3조의2(시장지배적지위의 남용금지)의 규정에 위반하는 행위가 있을 때에는 당해 시장지배적사업자에 대하여 가격의 인하, 당해 행위의 중지, 시정명령을 받은 사실의 공표 기타 시정을 위한 필요한 조치를 명할 수 있다. 또한 법 제6조(과징금)에 따라 정해진 과징금을 부과할 수 있도록 하고 있다.

상호출자금지제도란, 회사 간에 주식을 서로 투자하고 상대회사의 주식을 상호 보유하는 상호출자를 법으로 금지하는 것을 말한다.[39] 자산총액의 합계가 5조원 이상인 기업집단을 대상으로 하고 있다.

채무보증제한제도는, 채무보증제한기업집단의 소속회사(금융·보험사 제외)가 국내금융기관으로부터 여신과 관련하여 국내계열회사에 대하여 채무를 보증하는 행위를 금지하는 제도이다. 산업합리화나 국제경쟁력강화 등에 관련된 채무의 보증은 부분적으로 예외를 인정받는 경우도 있다.

금융보험사 의결권제한제도는 상호출자제한기업집단이 소속 금융회사나 보험회사의 국내계열회사주식에 대하여 의결권 행사를 제한하는 제도이다. 이 제도는 재벌이 자금동원 능력이 있는 금융사를 보유해서 자기자본이 아닌 고객자금을 통해 기업집단내 산업자본의 규모를 늘리는 등의 시장경쟁 왜곡과 경제력집중을 억제하기 위해 도입되었다.

지주회사제도는 단순하고 투명한 출자구조를 유지시킴으로써 경제력집중 문제를 효과적으로 규제하기 위한 제도이다. 지주회사(holding company)란 주식소유를 통해 타 회사의 사업내용을 지배하는 것을 주된 사업으로 하는 회사로서, 자산총액이 1천억원 이상이며 소유하는 자회사 주식가액의 총합이 자산총액의 50% 이상인 경우를 말한다.

비상장회사 등의 중요사항 수시공시제도는 법상 별도의 공시의무가 없는 대규모기업집단에 소속된 비상장회사는 수시로 자사의 소유지배구조, 재무구조, 경영활동에 관련된 중요사항을 공시토록 강제하고 있다. 이 제도는 이들 재벌 자회사의 불투명한 경영행태를 효과적으로 감시하기 위하 도입된 제도이다.

기업집단현황 공시제도는 상호출자제한기업집단에 소속된 회사는 기업집단의 일반현황, 임원·이사회현황, 주식소유현황, 특수관계인과의 거래현황 등을 분기별로 공시토록 하는 제도이다. 이 제도는 사전적 규제로서의 출자총액제한제도를 폐지하는 대신에 기업집단에 관한 정보를 투

---

39) 이 책의 제2장 2절에서 상호출자를 통한 소유구조를 정리해놓았다.

명하게 공시토록 한 것이다.

마지막으로 신규순환출자 금지 제도는 상호출자제한 기업집단에 속한 계열사간에 새로이 순환출자고리를 형성하거나 기존의 순환출자고리를 강화하는 추가적인 출자를 금지하는 제도이다. 이 제도는 재벌 총수가 순환출자를 통해 적은 지분으로 전체 계열사를 지배함으로써 경제력집중이 심화되는 폐단을 억제하고자 도입되었다. 기존의 순환출자는 국가경쟁력과 경영권 보호 등의 명목으로 유지될 수 있게 되었다.

3) 검토 사례: 인터넷 포털의 독점화

네이버(NAVER)는 검색점유율 78%의 국내 포털·검색엔진 독점자이다. '수퍼갑'의 위치에서 객관적 기준 없이 검색정보 대상 포함 여부 및 가격을 결정하는 '검색권력'이며, 공공성을 가진 기간 포털사업자임에도 불구하고 자사이익을 우선하여 경제권력화 되었다는 비판을 받기도 한다. 이러한 포털의 독점화에 관련된 부정적 영향의 대응방안의 하나로, 포털도 일반서비스업과 동일한 등록제로 관리하고, 검색서비스사업자법을 제정하여 포털의 검색권력을 규제해야 한다는 주장도 있다. 반면에 네이버가 독점자로 존재하는 포털·검색엔진 서비스 산업은 공정거래법상 정당한 경쟁이므로 시장경쟁에서 피해가 발생하더라도 제재 대상이 될 수 없다는 주장도 있다.40)

이러한 일부 포털의 경제력집중을 시장지배력의 남용으로 볼 것인가? 그리고 그에 따른 경쟁사업자와 소비자 피해에 대해 법적인 제재를 가해야 할 것인가? 이 문제에 대한 판단은 <여담 5.2>에서 소개하는 포털과 같은 인터넷산업에 관련된 여타 쟁점과 더불어서 독자의 몫으로 돌린다.

40) 여의도연구원 주최 '공정과 상생의 인터넷산업'을 위한 정책간담회(2013년 7월 11일)에서 제기된 주장 중의 하나이다.

여담(regression) 5.2

포털의 경제력집중에 관련된 쟁점

쟁점 1 : 포털광고의 소비자 오인 문제

네이버는 (Google과 달리) 수익성 광고를 지나치게 부각하는 측면이 있다. 광고를 자연검색 결과로 착각하게 만들어 소비자를 혼란하게 하고 그에 따른 피해가 종종 발생한다. 광고와 검색정보를 사이트상의 배경색 및 위치 차별 등을 통해 명확히 구분할 필요가 있는가?

쟁점 2 : 자사 콘텐츠를 우대하는 폐쇄적 서비스 운영 문제

네이버는 자사 생성 콘텐츠(블로그, 카페, 지식iN 등)를 우대하고, 타사 콘텐츠를 무단으로 사용하는 등 검색 시장을 왜곡하고 있다는 주장이 있다. (ex: 음원사이트 멜론 배제 등, 공정위에서 네이버(사)와 계열사 간 불공정거래 행위를 조사 중이다). 이에 대한 해당 블로그 폐쇄 등 강력한 사후적 제재 및 사전적 방지 조치가 필요한가?

쟁점 3. 과연 창업 생태계를 파괴하는가?

포털사업자와 이용사업자 간 불평등 문제 심화로 기업생태계 발전에 차질이 많다는 주장이 있다. 특히 신생 기업 인수·사업제휴 방식이 아닌 미투(me too)서비스를 통해 창업 생태계를 파괴한다는 주장이 적지 않다. 웹툰, 오픈마켓, 부동산정보 등에서의 특정 사업자가 독점적 지위를 갖게 된 것은 시장에서 소비자 선택의 결과라는 인식도 있다. 그렇다면, 인위적 규제보다는, 불공정 행태에 대한 법적규제에 의존하는 것이 시장적이며 바람직한 것은 아닌가?

신생 벤처생태계 위협의 문제는 사법적 '증거개시절차(discovery)'제도 도입을 통해서 대처할 수 있을 것이다. 기술 베끼기와 같은 부당행위에 대한 법적인 제재 그리고 벤처캐피탈 시장의 활성화로 대처하면 좋을 것이다.

쟁점 4. 포털의 뉴스 유통과 편집의 편향성 문제

검색독점력을 이용한 포털의 유통시장 장악력이 가속화되고 있다고 한다. 네이버의 뉴스 유통과 편집의 편향성이 심화되고 있다는 주장이 있다. 현재 인터넷언론사가 전국적으로 7~8천개나 된다고 하는데, 그 중 네이버가 뉴스를 제공하는 언론사는 3~4백 개에 불과하다고 한다. 어떤 기준으로 서비스를 시행하는지 불만들을 제기하는 경우가 많다. 이에 대해 네이버는 기사편집권을 포기했으며, 향후 뉴스 유통자로서의 책임을 다할 것이라고 언론을 통해 해명한 적이 있었다.

쟁점 5. 포털의 공공성 및 사회적 책임 문제

최근에 불법·불량광고와 허위·사기성 정보를 온라인에 방치하고, 청소년의 음란물 접근이 가능토록 하는 등 사회적 기대에 부응하지 못하는 포털의 서비스 운영이 문제가 되고 있다. 포털들은 해당 피해들에 대해 중개자 입장임을 주장하며 회피하고 있는 실정이다. 포털들은 자사 서비스가 공공재라는 인식을 가져야 하며, 업계의 자율적 규제를 스스로 강화하는 것이 바람직하다. 그렇지 못하다면 결국은 정부의 행정력과 입법권을 통해 규제될 수밖에 없을 것이다. 독자의 생각은 어떤가?

자료: 여의도연구원 홈페이지(http://www.ydi.or.kr/cafebbs/)를 참조하여 저자 작성

3. 경제민주화 논쟁과 소비자후생

1) 경제민주화 논쟁의 배경[41]

우리나라 대기업(집단)들의 글로벌 활약에도 불구하고 최근 재벌들의 경영권을 둘러싼 분쟁과 탐욕에 가까운 문제들로 세상이 소란스럽다. 깊어지는 경제력 집중과 성장 과실의 독식, 이에 더하여 연이은 총수들의 비리와 사회적 책임 회피, 공생발전 의지 미약 등의 문제들이 언론의 초점을 받아 왔다.

이러한 분위기에 편승하여 재벌개혁 등 경제민주화를 요구하는 목소리

41) 저자의 기고문(재벌문제를 둘러싼 최근의 쟁점 진단과 대응방안 검토, 경쟁저널(제159호, 2011, 공정경쟁연합회)과 관련 자료를 바탕으로 집필하였다.

가 높아지고 있다. 마치 정치권에서 북을 두드리고 여러 분야에서 장단을 맞추거나 따라가는 형국이다. 정치권 중 여권에서는 '대기업들이 출자총액제한제도 폐지를 악용했다', '재벌 개혁 없이 선진화는 불가능하다'는 반재벌 정서를 보이고 있고, 야당에서도 재벌문제를 재벌개혁이란 이름으로 정치공세의 단골 메뉴로 활용하고 있는 듯하다. 보수적 관점을 주도해온 언론에서조차 '자본주의 4.0' 기획시리즈 기사를 통해 재벌과 대기업의 불공정한 시장관행을 질타할 정도였다.

이러한 여건 속에서 정치권을 중심으로 다양한 대응카드가 봇물을 이루고 있다. 한쪽에서는 상속증여세 부과 등의 과세와 연기금의 주주권을 강화하자는 방안을 내고 다른 정당에서는 '재벌개혁과 경제민주화' 문구를 당의강령에 포함해야한다는 주장까지 나왔다. 실제로 국회에는 10여건의 대기업 규제 법안이 제출되기도 했다. 본 절에서는 재벌 내지 대기업에 관련된 최근 쟁점과 문제점을 살펴보고, 경쟁정책과 소비자후생의 관점에서 해법을 생각해 본다.

2) 재벌·대기업에 관련된 쟁점

재벌문제와 관련된 최근의 쟁점은, 재벌이 경제력집중을 통해 양극화의 주된 원인을 제공해왔으며, 중소기업이나 영세사업의 영역을 무분별하게 침투하고 있다는 점, 그리고 동반성장 내지 공생발전의 의지가 미약하며, 도덕성과 사회적 책임 회피 등 크게 네 가지로 구분하여 살펴볼 수 있다.

(1) 재벌이 경제력집중 심화의 주연?

근래 수년 동안 경제력집중이 극심해져 왔는데 재벌이 그러한 양극화의 주된 원인이 되고 있다는 것이다. 실제로 자료를 보니, 30대 재벌의 계열 회사수가 2007년에 843여개였었으나 2012년말 1,246개로 무려

47.8%나 늘어났다. 우리나라 국민소득(GDP)에서 차지하는 10대 재벌개열사의 자산비중도 2008년에는 약 55% 내외였으나 지난해 말에는 75.6%로 늘어났으며, 10대 재벌의 시가총액이 주식시장의 절반을 차지하고 있다.

다른 자료를 보면, 30대 재벌 소속 금융계열사 수가 2009년 이후에는 다시 증가추세를 보이고 있다. 주로 투자회사(PEF, SPC)와 보조기관의 형태로 증가했으며, 17개 그룹이 63개 금융보험사를 소유하고 있는 실정이다. 이러한 측면은 정부의 금산분리규제 완화의 영향이 컸다고 볼 수 있다.

또한, 계열사 수를 보면 지난 4년간 눈에 띠게 증가한 것을 볼 수 있다. 증가수가 큰 순서대로 보면, 포스코가 38개, 롯데 34개, SK 29개, LG 28개, GS 28개, LS 27개, 현대자동차 27개, 삼성 19개, 한진 15개, 현대중공업 14개였다. 외형적으로는 과히 재벌공화국이라고 할만도 하다.

(2) 골목상권 진출 문제

재벌들이 무분별한 사업 확장으로 중소기업이나 영세사업의 많은 영역을 빠르게 침투해 왔다. 이른바 이마트피자나 통큰치킨의 골목상권 침범 논란뿐 아니라, 파리바케트와 뚜레쥬르 등의 중소규모 제빵점 접수[42]와 대기업수퍼마켓(SSM)의 이른바 지네발식 영세상권 침투는 이미 과거지사이다. 얼마 전에는 재벌기업의 경영권을 3세에 넘겨주기 위한 방편으로 MRO[43]와 같은 계열사에 일감 몰아주기가 문제가 됐다. 그 와중에서 계열사 간 부당한 내부거래로 승계자금을 확보했다는 의혹과, 불법 증여와 탈세문제가 부각되기도 했다.

---

42) SPC그룹의 파리바케뜨는 전국에 2,700여개의 매장을 보유한 국내 1위의 베이커리업체이며, CJ푸드빌의 베이커리사인 뚜레쥬르는 전국에 1,400여개의 매장을 갖고 있는 상위 2번째 베이커리업체이다.

43) MRO는 Maintenance, Repair and Operation의 약자로 공구나 문구류 등 기업에서 사용하는 소모성 자재를 구입해 납품하는 사업 분야를 말한다. 최근 재벌 대기업들이 비용 절감을 이유로 이 사업에 뛰어들어 중소 상공인들의 영역이 위축되고 있다.

☑ **용어 정리－기업형 슈퍼마켓**(SSM)

지에스(GS)마트나 롯데마트와 같이 대기업에서 운영하는 '기업형 슈퍼마켓'을 SSM(super supermarket)이라 한다. 대개 연면적이 9백9십에서 3천3백 평방미터(3백~1천 평) 규모이고, 대형마트에 비해서는 점포를 내는 것이 쉬운 편이다. 가공품을 주로 판매하는 편의점과는 달리 채소나 생선류와 같은 농축산물도 판매한다.

이 문제와 관련하여, 최근 조사 자료에 따르면, 일반 국민들은 재벌·대기업의 중소기업 내지 영세사업 영역 확장에 매우 부정적인 시각을 나타내고 있었다. 즉 응답자의 84.0%가 "바람직하지 않다"는 반응을 보였으며, 긍정적으로 평가한 경우는 13.4%에 불과하였다. 또한 재벌총수의 경영승계 방식에 대해서도 부정적 평가(65.0%)가 긍정적 평가(32.3%)보다 두 배 높게 나타났다.

(3) 재벌의 공생발전 의지

정부와 정치권의 직간접적인 요청과 압력에도 불구하고 재벌들의 이른바 동반성장이나 공생발전의 의지가 여전히 미약하다는 점이다. 현재, 제조업 분야 중소기업의 63.1%가 대기업들의 하도급기업의 위치에 놓여 있으며, 이들의 매출액의 약 85.1%가 하도급 위탁주문 방식으로 생산을 담당하고 있는 실정이다.

☑ **용어 정리－공생발전**(ecosystemic development)

공생발전은 경쟁이 최우선시되는 시장만능주의를 극복하는 한편 정부의 재정에 크게 의존하는 복지 지상주의와도 거리를 두자는 개념의 신조어이다(2011년 8월 대통령의 제66주년 광복절 경축사에서 새로운 시장경제 모델로 제시되기도 했다). 대기업과 중소기업, 사회적 강자와 약자가 공존 공생하는 생태계적(econsystemic) 균형과 발전(development)을 지향하는 의미로 볼 수 있다.

이런 현실 아래 적지 않은 대기업들이 중소기업의 기술과 인력을 탈취해가고, 불합리한 납품단가 인하를 요구할 뿐 아니라 유통채널 과정에서 손쉽게 폭리를 취하고 있다는 비판을 받고 있다. 최근에 대기업들의 1차 하도급업체와의 업무협력 관계는 상당부분 개선되고 있지만, 들여다보면 1차 협력사와 2,3차 협력업체간의 관계는 여전히 수직적 거래관계의 구조를 벗어나지 못하고 있는 실정이다. 관련된 조사에 따르면 국민들 역시 중소기업과의 공생발전에 대한 재벌·대기업의 의지가 매우 낮은 것으로 인식하고 있었다. 즉 응답자의 77.8%가 '부정적'으로 인식하고 있으며, 긍정평가는 17.6%에 불과하였다.

(4) 재벌의 사회적 책임

부산 영도 주민들이 몸살을 앓았던 한진중공업 사태에서 불거진 재벌총수의 흑자 정리해고 문제와 모 대기업총수 자녀의 초호화 황제결혼식, 대기업임원의 지나치게 높은 임금수준[44] 등이 재벌에 관련된 논란을 비껴가지 못했다.

이 문제와 관련하여 일반 국민들의 인식도 필자의 견해와 비슷했다. 저자가 수행한 조사에서 응답자의 70.4%가 재벌·대기업이 도덕적이지 않다고 인식하고 있는 반면, '도덕적'이라는 응답은 21.8%에 불과했다. 또한 '기부활동과 같은 사회적 책임을 실천하고 있는가'라는 물음에 대해서도 응답자의 66.9%가 부정적으로 인식하고 있었다.

44) 서울신문 2011.8.2일자 9면 참조. "대기업 임원 연봉 너무 높다"며, 이들의 연봉을 줄여 청년층에 대한 투자를 늘리자는 최중경 전 지식경제부 장관의 발언으로 대기업 임원 연봉이 사회적 쟁점화가 되었다.

3) 재벌문제의 해법

재벌·대기업 행태 규제

재벌 문제에 관련해서는 그동안 다양한 정책적 해법들이 제시되어 왔다. 예컨대 계열사에 일감 몰아주기에 관련된 문제에 대해서는 제도 시행중인 중소기업적합업종에 유통 등 서비스 업종을 추가적으로 지정하는 방안이 동반성장위원회에서 추진 중이다.

제조업분야는 수입자유화로 인해 사실상 중소기업적합업종 규제가 사실상 불가능해진 상태이다. 다행히 근래 논란이 되어 온 일감 몰아주기 문제는 대부분 서비스업 분야여서, 동반성장위원회의 이러한 방향이 실효성 측면에서 바람직하다. 서비스업종 일부를 중소기업적합업종에 포함시키는 일에는 일각에서 제기하고 있듯이 FTA와의 상충, 규제수위나 해당 품목 설정에 따른 이해당사자간의 갈등 등의 문제들이 결부되어 있어, 정책 추진이 순조롭지는 않다.

재벌·대기업의 지배구조 개선

제2장의 <여담 2.1>에서 살펴보았던 순환출자를 통한 재벌의 몸집불리기에 대해서는 지난 정부에서 해제한 출자총액제한제를 부활하여 순환출자의 악습 고리를 단절해야 한다는 주장도 사회 저변의 호응을 얻고 있다. 다시 말해 자총액제한제의 폐지가 경제력집중 심화의 직접적 원인이라는 시각이 우세하다.

☑ **용어 정리－출자총액제한제도**

재벌(대규모기업집단) 또는 계열사가 자산의 일정범위 이상을 다른 회사에 출자할 수 없도록 제한하는 제도이다. 이 제도는 재벌 계열사 간 과도한 출자에 따른 대규모 기업집단의 소유지배구조의 왜곡을 억제하고 계열사 간 동반부실화 위험 등을 줄이기 위해 1987년 4월에 도입되었다.

출자총액제한제도는 그 후 제도 강화(1994)→폐지(1998)→부활(2001)→대폭완화(2002, 2004)→사실상 폐기(2007)의 수순을 거쳐 지난 2009년 완전히 폐기되었다.

이 제도가 폐지된 이후 사실상 경제력집중이 더 심해졌는데, 실질자산 증가율과 계열사 수의 급증 사실이 여러 자료에서도 확인되고 있다. 반면에 출자총액제한제 폐지를 통한 투자확대와 고용증대 등의 성과가 관련 폐해보다 크다는 시각도 무시할 수는 없다. 다시 말해 동 제도의 부활이 글로벌 경쟁체제 아래 기업 활동을 일정부분 제약할 것은 분명하기 때문이다.

최근 특정 재벌의 경영권 분쟁이 사회적 쟁점이 됨에 따라 또다시 출자총액제한제도의 부활을 요구하는 주장이 나오고 있다. 이 문제는 보다 전문적이고 심층적인 검토가 필수적이다.

공생발전의 문화와 준법의식

이상의 여러 견해는 현실적인 문제해결 방안이 될 수 있겠지만 근본적인 해결책은 아니다. 무엇보다도, 상생의 사회적 관행과 문화가 정착되어야 하며, 대기업과 중소기업 간의 신뢰구축이 우선이다. 모 재벌의 '협력업체 글로벌 강소기업 육성 프로그램'과 같은 시장 중심의 동반성장 문화 확산도 바람직하다. 또한 언론에서 소개되고 있듯이 대기업과 중소기업 간의 기술의 공동 개발, 납품단가 현실화 추진 등의 공동노력이 뒤따라야 한다.

무엇보다도 관련된 법제도가 잘 지켜져야 한다. 재벌·대기업이 공정거래법이나 금융과 조세에 관련된 법들을 준수토록 하고, 위반 시에는 법에 따른 엄중한 처벌이 뒤따라야 한다. 예컨대 불법적인 납품단가 인하 요구나 부당한 기술·인력 탈취의 경우 현행 공정거래법 등의 엄정한 집행을 통해 불공정 하도급 거래의 공정화를 이끌어내야 한다. 당사자인 해당 기업의 책임이 우선이지만 법 집행의 1차적 책임은 공정거래위원회와 금융위원회, 금융감독원, 그리고 국세청과 같은 정부기관 및 사법부에 있다.

[검토과제]

1. 일반집중과 시장집중의 차이점이 무엇인가?
2. 일반집중과 시장집중이 모두 높은 사례, 모두 낮은 사례, 일반집중은 높지만 시장집중은 낮은 사례를 들어 보라.
3. n개 기업으로 이루어진 과점시장에서 각 기업의 규모가 동일하다면 HHI는 n이 된다. 그 이유를 설명하라.
4. 산업(시장)집중도를 측정하는 수단을 설명하라.
5. 경제민주화 논쟁과 관련하여 본문에서 제시되지 않는 다른 재벌문제의 해법을 제시해 보라.

제 6 장 기업결합(M&A)과 경쟁정책 및 소비자후생

최근 모 재벌그룹의 계열회사 간 합병문제를 놓고 세간의 이목이 뜨거웠다. 주주의 이익보다는 재벌 오너의 경영승계가 주목적이라는 주장을 하며 마치 정의의 사도처럼 등장한 모 미국계 헤지펀드의 공격에 합병이 무산될 뻔 했던 일이 있었다. 해당 합병이 과연 기업의 미래가치 증대를 통한 주주가치를 높이기 위한 것인지 아니면 경영승계가 우선적인 목적이었는지, 또 그러한 합병으로 인해 해당 기업들에게는 어떤 이익(또는 손실)이 생기는지 그리고 소비자에게는 어떤 영향을 미치는지 등에 관해 독자는 궁금한 점이 많을 것이다. 이에 대한 해답은 이 장을 공부해봄으로써 얻을 수 있을 것이다.

이 장에서는, 흔히 M&A로 알려진 '기업결합'에 관해 공부한다. 기업결합의 문제 역시 경쟁정책에 관련된 경제 분석의 주된 대상이 되며, 다른 경쟁정책들과 마찬가지로 소비자후생에 상당한 영향을 미친다.

1. 기업결합의 의의

1) 기업결합의 개념과 유형

개별 기업들이 일정한 목적을 가지고 결합해 단일한 경영체제에 의해

지배받는 것을 기업결합이라고 한다. 흔히 콘체른(konzern)으로 부르기도 한다. 예컨대 독립된 2개 기업이 합병하여 하나의 기업이 되거나, 한 기업이 다른 기업의 주식을 취득해 실질적으로 경영을 지배하는 형태이다. 이와 같이 기업결합은 개별기업의 독립성이 소멸되고 사업 활동에 관한 의사결정이 통합되는 기업 간 자본적·인적·조직적 결합을 의미한다.

기업결합을 M&A라고도 하는데 이는 두 개 이상의 기업이 결합하여 법률적으로 하나의 기업이 되는 합병(Merger)과, 대상기업의 자산이나 주식을 취득하여 경영권을 획득하는 인수·매수(Acquisition)가 합성된 용어로서 기업결합의 대표적인 유형을 나타내는 말이 일반용어화 된 것이다.

공정거래법에서는 기업결합의 유형(공정거래법 7조 ①항)을 5가지로 분류하고 있다(이는 결합의 수단에 의한 분류이다). 첫째, 타 회사 주식을 취득하거나 소유하게 되는 경우, 둘째, 자산 또는 매출액이 2조원 이상인 대규모회사의 임원·종업원이 다른 회사의 임원을 겸임하는 경우, 셋째, 회사가 다른 회사와 합병하는 경우 넷째, 타 회사의 영업을 양수하는 경우, 다섯째, 새로운 회사를 설립하는 경우 등이다.

이러한 기업결합의 유형들을 거래관계의 형태에 따라서는 수평결합과 수직결합, 그리고 혼합결합으로 구분하기도 한다.

첫째, 동일시장에서 동종제품이나 서비스를 제공하는 회사 간 결합 또는 합병을 수평결합 또는 수평적 합병이라 한다. 예를 들어보면, 자동차 제조기업 간 결합하거나 동일지역의 백화점끼리 결합하는 형태이다. 이러한 수평결합은 생산규모의 확대로 규모의 경제를 실현할 수 있으나 경쟁자의 수가 줄어들고 시장구조가 집중화됨으로써 경쟁을 위축시키는 효과가 있다.

둘째, 수요자와 공급자 관계에 있거나, 생산자와 도·소매업자와 같이 동종산업에 속하나 거래단계를 달리하는 사업자간의 결합 내지 합병을 수직결합 또는 수직적 합병이라고 한다. 예를 들면, TV제조기업과 LCD 평면유리 제조회사가 서로 결합하는 것인데, 이 경우 거래비용을 줄이고 원료구입처나 판매시장의 다변화와 안정적 확보가 가능함으로써 효율성을 높일 수 있는 장점이 있는 반면에, 경쟁사업자의 판매선 또는 구매선에 영향을 주어 진입 제한이나 시장의 봉쇄와 같은 경쟁을 제한하는 효과를 초래할 수 있다.

셋째, 지역확대, 상품 확대[45], 기타 사업관계가 없는 타 업종 회사간의 합병 등 수평결합과 수직결합 이외의 모든 합병형태를 혼합결합 내지 혼합합병으로 분류한다. 이러한 혼합결합은 여러 업종에 동시에 진출함으로써 경기변동에 따른 경영위험을 분산하고, 경영기법과 판매망과 같은 기업의 공통 요소의 활용을 통한 경영상의 효율을 높일 수 있는 장점이 있으나, 시장의 잠재적 경쟁을 배제하고 경제력집중을 초래하는 문제가 있다.

2) 기업결합의 경쟁제한성 심사

일반적으로 기업결합은 투자를 분산하는 효과를 통해 투자위험을 감소시키고, 기술혁신, 시장의 변화 등에 대해 전략적으로 대응하며, 결합을 통한 규모의 경제달성으로 비용을 절감시키는 등의 장점이 있다. 하지만 경우에 따라서는 경쟁사업자와의 결합을 통해 인위적으로 시장지배력을 획득할 목적으로 기업결합이 이루어지기도 한다. 경쟁정책의 관점에서는 후자의 경우에 특히 주목하게 된다.

합병 등을 통해 시장에서의 경쟁을 제한함으로써 소비자후생을 저해할 뿐 아니라 궁극적으로 사회적 후생손실을 초래하는 기업결합에 대해서는 면밀히 심사·분석하여 경쟁제한적 폐해를 효과적으로 시정할 수 있는 시정방안을 마련하는 것이 필요하다. 기업결합 심사는 주요 선진국 경쟁당국의 주요 업무 중 하나이고, 우리나라도 1981년 공정거래법 시행

---

45) 생산측면과 공급측면의 관계가 있지만, 직접 경쟁관계가 없는 재화와 서비스를 공급하는 회사 간의 합병을 말한다.

과 함께 기업결합 심사제도가 도입되어 시행중에 있다. 공정거래법 제7조(기업결합의 제한)에는 첫째, 해당 합병에 의해 일정 거래분야의 경쟁이 실질적으로 제한되는 경우와, 둘째, 해당 합병이 불공정한 거래방법에 의한 경우는 기업결합이 제한되는 것으로 규정하고 있다.

우리나라에서는 일정규모 이상의 기업결합에 대해서 공정거래위원회가 해당기업(들)의 신고를 받아서 심사를 한다. 원칙적으로는 경쟁 제한적인 기업결합 전수를 심사대상으로 해야 하지만, 기업부담을 줄이고 행정의 효율을 높이기 위해 경쟁제한 가능성이 있는 일정 규모 이상의 기업결합에 대해서만 신고의무를 부과하고 있는 실정이다.46) 신고된 기업결합 건은 공정거래위원회에서 시장집중도의 변화, 진입용이성 등 관련 시장에서의 경쟁제한성의 유무를 심사한다. <표 6-1>에 제시된 추정 요건에 해당되면 일단 경쟁제한성이 있다고 추정하게 되는데, 해당 기업(들)은 추정결정에 불복하는 경우에는 경쟁제한성이 없음을 입증해 보여야 한다.

<표 6-1> 기업결합의 경쟁제한성 추정기준

경쟁제한성 추정 기준	주요 내용(공정거래법 제7조4항 등)
시장점유율 합계기준 (계열회사 시장점유율 합산)	- 시장지배적사업자의 추정요건에 해당 - 당해 거래분야에서 시장점유율 50%를 초과하는 1위의 경우 - 시장점유율이 2위인 회사와 25%이상 차이가 있는 경우
대규모회사 기준 (자산총액 또는 매출액의 규모가 2조원이상인 회사)	- 중소기업의 시장점유율이 2/3이상인 거래 분야에서의 기업결합 - 당해 기업결합으로 5%이상의 시장점유율을 가지게 되는 경우

46) 신고대상 기업결합은 신고기업의 경우는 자산 또는 매출액이 2,000억 이상이고, 상대 기업은 자산 또는 매출액이 200억 이상인 경우이다.

우리나라의 경쟁제한성을 판단하는 공정거래법 제7조4항에서의 시장집중 지표는 여전히 CR3지표를 이용하고 있다. 하지만, 안전영역과 경쟁제한 추정영역의 경우는 2007년말 개정된 관련 고시에 의해 허핀달(HHI) 지표를 활용하고 있다. 하지만 그 법적 구속력은 약한 실정이다.

2. 기업결합의 이유 및 효과

1) 기업결합의 주된 이유

앞서 설명했지만 기업들이 결합하는 유형에는 여러 가지가 있다. 그 중에서 서로 대등한 입장에서 동종제품이나 서비스를 제공하는 합병의 경우도 흔히 볼 수 있다. 금융기관의 예를 들어보면, 수년전에 경기은행과 한미은행이 합병을 했으며, 하나은행과 서울은행, 조응은행과 신한은행, 주택은행과 국민은행이 서로 대등한 입장에서 합병을 한 경우이다.

이와 같이 기업들이 결합하는 주된 이유는 몸집을 키워 각종 비용을 절감하기 위해서라고 알려져 있다. 기업의 규모가 커지면 상품을 만들거나 서비스를 제공하는 데 소요되는 평균비용이 지속적으로 줄어드는 이른바 규모의 경제 현상을 기대하는 것이다.

☑ **용어 정리－규모의 경제**(economy of scale)

생산요소 투입량의 증대 또는 생산 규모의 확대에 따른 생산비용이 절약되고 이에 따라 가격경쟁력이 강화된다는 말이다. 경제이론적으로는 '생산량이 늘어남에 따라 평균비용이 지속적으로 감소하는 현상'을 말한다.

다른 측면에서의 기업결합, 특히 인수합병과 수직적 통합의 주된 이유를 경제학에서의 이른바 범위의 경제 이론을 통해 설명할 수 있다. 예컨대 현대기아자동차사는 현대제철과의 결합을 통해 자동차용 강판을 적은 비용으로 조달하고, 현대모비스를 통해 각종 부품을 조달함으로써 비용의 효율화를 도모하고 있다.

☑ **용어 정리 - 범위의 경제**(economy of scope)

한 기업이 2종 이상의 여러 제품을 함께 생산할 경우, 각 제품을 각기 다른 기업이 생산할 때보다 평균비용이 적게 드는 현상을 말한다.

이러한 범위의 경제를 통해 기업들은 다양한 분야에서 경제력의 강화를 추구하게 된다. 하지만 합병과 같은 기업결합을 통해 범위의 경제 효과를 높이려면 합병하는 기업들 간 중첩되는 부분이 없거나 적어야 하는 제약이 있다.

2) 기업결합의 효과

(1) 모형을 통한 이해

기업결합에 관하여 독자들이 궁금해 할 점 중의 하나는, 과연 기업결합이 해당 기업들에게 유리할 것인지 여부일 것이다. 과연 앞서 설명한 규모의 경제 또는 범위의 경제 효과가 항상 나타날 것인가?

이 물음에 대해서는, 기업 간 기술이나 비용조건이 같아서(즉, 비용함수가 동일해서), 합병을 하더라도 비용함수가 동일한 경우를 가정하여 살펴보도록 하자. 설명의 편의를 위해 경쟁기업의 진입의 가능성은 없다고 가정한다.

특정 시장의 기업들이 서로 대칭적이어서, 균형에서는 기업간 생산량이 서로 동일하다. 이때 해당 시장에 n개의 기업이 있다고 하면 각사의 시장점유율은 1/n이다. 예컨대 <그림 6-1>에서와 같이 4개 기업이라면 각 기업은 25%의 시장을 점유하게 된다.

그 중 2개 기업이 서로 합병하게 된다면, 전체 기업 수는 n-1이 된다. 그러면 다른 조건에 변함이 없다면, 다시 기업들이 대칭적이 되어, 각사의 시장점유율은 1/(n-1)이 된다. 따라서 만일 n>3이라면 (다시 말해 합병 후 독점이 되는 경우를 제외하면) 합병 이전의 2개사의 시장점유율인 2/n보다는 작은 값이다. 즉 합병의 결과 시장점유율은 낮아지게 된다. 합병의 결과 기업 수는 줄어들므로 시장구조는 보다 독점적이 된다. 따라서 가격은 상승하고 거래량은 감소될 것이다. 결과적으로 해당 시장 또는 산업의 총생산량이 감소할 뿐만 아니라 시장점유율이 줄어들므로 합병기업의 생산량은 더욱 줄어들 것이다.

합병은 다른 조건들이 불변인 한, 해당 기업(들)의 시장점유율이 낮아지고 그에 따라 이윤도 감소될 개연성이 크다. 독점화에 따른 시장가격의 상승으로 소비자잉여 부분도 줄어든다. 결과적으로 해당기업뿐만 아니라 소비자들도 손실을 보는 것이다. 그렇다면 그러한 합병을 통한 혜택은 누구에게 돌아갈 것인가? 경쟁기업이 될 것인가?

(2) 합병의 효과

상술한 것과 같이 서로 합병하는 두 기업의 기술과 비용 여건이 같아서 합병한 후에도 변하지 않는다는 전제 아래, 합병 후의 균형을 합병 전과 비교하면 다음과 같은 결과를 얻는다.

우선 해당 기업이 생산하는 상품의 시장 가격은 기업수의 축소에 따른 독점화 현상으로 상승하게 된다. 상품의 생산량 및 소비량은 감소될 것이며, 합병기업의 생산량, 시장점유율, 이윤 모두 줄어들 것이다. 하지만, 합병과는 직접적인 관계가 없는 경쟁 기업의 이윤은 상대적으로 증가될 것이다. 그렇다면 합병에 따른 소비자잉여와 소비자후생은 어떻게 될까? 당연히 감소한다.

이러한 결과가 나타나는 원인은 무엇일까? 합병기업의 통합 이윤은 적어도 합병대상 기업들의 합병전 이윤의 합보다는 커야 하지 않을까? 여기서는 그 이유를 구체적으로 알아보도록 하자.

고객쟁탈효과와 고객 신규 창출

어떤 한 기업이 새로운 고객을 유치하는 방법에는 두 가지가 있을 수 있다. 첫째, 같은 산업이나 시장에 있는 경쟁사의 고객을 뺏어올 수 있다(이를 '고객쟁탈효과'로 부르자). 둘째, 새로운 고객을 창출하는 것이다.

최근의 이동통신사들의 고객 뺏기는 가히 전쟁터를 방불케 한다. 스마트폰 시장이 포화됨에 따라 새로운 고객을 창출할 기회가 낮아져 경쟁사들 간에 서로 고객을 뺏기 위해 보조금을 풀거나 고액의 각종 사은품을 제공하는 출혈경쟁을 반복적으로 해 왔다(여담 6.1 참조). 그런데 이동통신사들 중 2개사가 합병을 결정했다고 가정해보자. 이해를 돕기 위해 L사, K사, S사, X사 등 4개의 이동통신사가 과점형태로 시장을 점하고 있다고 하자.

<그림 6-1>에서 L사는 화살표 방향과 같이 K사, S사 및 X사의 고객을 빼앗아 올 수 있게 되면 자신의 판매량이 늘어나는 효과를 기대할 수 있다.

어떤 기업이 경쟁사의 고객을 뺏어서 자신의 사업을 확대해 나가는 고객쟁탈 효과는, 해당 기업에게는 경제적 유인이 있지만, 해당 산업 전체적으로는 고객이 늘어나거나 줄어드는 효과는 거의 없다. 하지만, 만일 L사와 K사 두 개 기업이 합병하여 이른바 LK사가 된다면 어떻게 될까?

<그림 6-1>에서 L와 K 간에는 고객쟁탈 효과가 서로 상쇄되어 내부화된다. 즉 합병전과 합병 후의 이익의 변화는 나타나지 않는다. 따라서 합병기업(LK사)의 판매촉진을 위한 캠페인 등과 같은 새로운 인센티브 요인은 발생하지 않는다.

하지만, 합병의 당사자가 아닌 경쟁기업인 S사와 X사의 경우는 활발한 판촉활동과 홍보활동을 통해 점차 각사의 시장점유율을 높일 수 있게 된다. 그 결과 합병된 LK사의 시장점유율은 상대적으로 낮아진다. 장기

적으로는 (만일 앞서 전제한 기업들의 비용조건 등이 모두 동일하다면) 합병된 LK사의 시장점유율이 S사나 X사의 점유율과 별로 차이가 없게 될 수 있다. 결국 합병 후 시장에 존재하는 타 기업들과 점유율 등이 극단적으로는 같아지게 될 수도 있다. 이런 경우는 해당 합병이 실패한 것으로 볼 수 있겠다.

<그림 6-1> M&A와 고객뺏어오기 효과

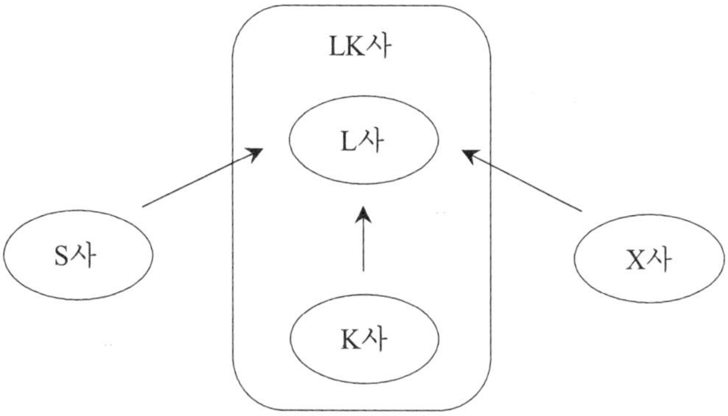

참고할 만한 예를 들어보자. 지난 1999년에 현대전자와 LG반도체가 정부 주도의 빅딜(big deal)을 통해 합병하여 하이닉스로 재탄생하였다. 하지만 세계시장에서의 반도체 가격 급락 등의 영향으로 2001년 8월부터 유동성 위기가 시작되어 수년간 대규모 적자를 기록한 대표적인 합병 실패사례의 하나가 되었다.[47)]

그 외에도 합병의 시너지 효과를 보지 못한 사례들이 적지 않다. 대표적인 경우가 은행 합병이다. 예를 들어 우리나라 은행 간 합병의 시초인 1976년의 서울은행과 한국신탁은행의 합병뿐 아니라 장기신용은행과 국

47) 하이닉스는 2012년 SK그룹이 인수하여 SK하이닉스로 재출범하면서 2014년 현재 매출규모 기준으로 세계 2위의 메모리 반도체를 생산하는 세계적인 생산기업으로 발돋움하게 되었다. 관심 있는 독자는 인터넷 검색 등을 통해 관련 정보를 확인해 보기 바란다.

민은행의 합병의 경우도 합병 후 기대했던 시너지 효과를 얻지 못한 경우이다. 최근까지 절차가 진행 중인 하나은행과 외환은행의 합병의 경우도 두 은행이 갖고 있던 기존의 시장점유율의 합이 되레 줄어든 사례로 볼 수 있다.

여담(regression) 6.1

이통사 고객쟁탈전 소비자 피해 우려

이동통신 3사가 모두 데이터 중심 요금제를 출시한 후 처음 맞는 주말을 앞두고 번호이동 시장이 과열 조짐을 보이고 있어 소비자 피해가 우려된다.

2015년 5월 22일 업계에 따르면 전날 번호이동 시장에서 SK텔레콤은 466명의 가입자 순증을 기록했다. KT 가입자는 59명, LG유플러스 가입자는 407명이 각각 순감해 대조를 나타냈다. SK텔레콤은 '밴드 데이터 요금제' 출시 첫날인 20일에도 가입자가 313명 순증했다. SK텔레콤이 가입자 순감에서 순증으로 전환한 것은 올해 3월 26일 이후 57일 만의 일이었다. SK텔레콤 관계자는 "새 요금제 가입자가 하루 만에 15만명을 돌파해 역대 최다 기록을 세웠다"고 전했다.

이번처럼 SK텔레콤의 가입자가 이틀 연속 순증한 것은 1월 21일 이후 122일 만으로 매우 이례적이다. SK텔레콤의 데이터 중심 요금제에 대한 가입자 선호도가 반영된 결과로 보인다.

실제 모바일 설문조사 업체 두잇서베이의 조사 결과 가입자 4567명 중 63.8%가 SK텔레콤의 요금제를 선호하는 것으로 집계됐다. KT와 LG유플러스 선호도는 각각 25.4%, 10.8%에 그쳤다.

경쟁사들은 올해 초 이동전화 시장 점유율 50%를 내주고 가입자를 계속 빼앗기던 SK텔레콤이 새 요금제 출시로 가입자 쟁탈전에서 반격의 계기를 마련하자 긴장한 모습이다. 일부 판매점은 20만원 상당의 불법 지원금을 살포하기도 했다. 갤럭시S6 등 최신형 스마트폰을 정상 가격보다 수십만원 이상 저렴한 30만원대에 판매하는 것이다.

한 판매점은 인터넷 사이트에 KT 번호이동을 조건으로 '원두 21봉지'를 지급하겠다고 공지했다. 공시 지원금이 아닌 추가 지원금 21만원을 페이백 형태로 돌려주겠다는 것이다. 또 다른 판매점은 LG유플러스 가입자에 한해 갤럭시 노트S4 모델 구입시 최고 20만원의 불법 지원금을 주겠다고 광고했다.

업계 관계자는 "최근 페이백 40만원을 라면 40개에 비유한 뒤 실제 라면을 배달해 소비자가 피해를 본 사례가 있었다"며 "시장 과열로 소비자 피해가 우려된다"고 말했다.

자료: 에너지경제(최천욱 기자, 2015.5.22일자)

3) 현실적인 합병 이유

앞서 살펴본 규모의 경제와 범위의 경제 효과에도 불구하고 현실적으로 합병 등을 통한 기업 결합은 시장점유율이 낮아져 전체적인 이윤이 줄어들어 효과가 부정적일 가능성이 높다. 다시 말해 1+1=2가 되기 어렵다. 그럼에도 불구하고 합병을 하고자 하는 진짜 이유는 무엇일까?

최근에 일단락되었던 모 재벌그룹 계열사 간 합병을 두고서도 합병의 주된 이유에 관해 설왕설래 말이 많았다. 언론보도에 따르면 "양사가 각각 운영해 온 건설 부문을 통합해 건설사업 경쟁력 제고와 운영 시너지 창출이 가능해졌다"며 주식회사인 만큼 주주의 이익 창출이 합병의 주된 이유라고 밝혔지만, 사실상 재벌 오너의 경영권 승계를 위한 지배구조개편이 합병의 주된 배경임을 부인하기 어려울 것이다.

한편 독립된 대형 기업들간의 합병의 경우는 합병의 이유를 달리 설명할 수 있다. 세간의 이목을 집중시켰던 국내 2위 포털사이트인 다음커뮤니케이션과 국내 1위 메신저 업체인 카카오의 합병의 예를 들면, IT와 모바일 서비스를 통합한 '다음카카오'의 출범을 통해 새로운 기업성장 동력을 확보하는 등 시너지효과를 위한 것으로 보인다. 하지만 개별 기업(집단)간 합병을 통해 기업의 규모가 커진다고 해서 반드시 긍정적인 효과가 나타나는 것은 아니다.

그럼에도 불구하고 왜 기업들은 끊임없이 합병을 추진하는 것일까? 그 이유를 몇 가지 범주로 나눠 생각해 볼 수 있다.

첫째, 끊임없이 규모를 키우는 이른바 제국건설의 꿈이다. 국내외의 많은 기업집단의 역사를 살펴보면, 기업주들은 끊임없이 제국 건설의 꿈을 실현하고자 해 왔다. 비록 이윤이 줄어들더라도 기업의 규모를 키움으로써 존재감과 영향력을 늘리고자 한다. 실제로 제국건설의 꿈이 주된 합병의 이유라는 학자의 주장도 있다.

둘째, 합병을 통해 규모의 경제 및 범위의 경제 효과를 통한 시너지효과를 얻기 위한 것으로 생각해 볼 수 있다. 이 경우는 평균가격의 지속적인 저하로 기업결합의 긍정적 효과를 소비자도 함께 누릴 수 있게 된다. 하지만, 평균가격이 더 이상 낮아지지 않는 수준에 이르면 합병기업의 생산자잉여(producers' surplus)가 높아져 소비자의 이익은 상대적으로 줄어들 수 있다.

셋째, 합병을 통해 해당 산업분야의 경쟁 기업수가 줄어들어 시장집중도가 높아지거나, 또는 시장에서 선도기업의 위치에 서게 된다면 타 경쟁기업(들)과의 협조(담합)가 수월해질 가능성이 높아진다. 그렇게 되면 기업주의 '제국건설의 꿈'을 실현할 수 있는 가능성이 높아지고 또 합병의 시너지효과도 함께 불러올 수 있을 것이다.

그 외에도 합병을 통해 재무구조를 안정화하고 시장에서의 중복투자의 부담감을 줄이는 수단으로써 합병을 하는 경우도 많다.

3. 기업결합과 경쟁정책

1) 경쟁제한적 기업결합의 판단

공정거래법에서는 '실질적으로 경쟁을 제한하는' 기업결합행위를 규제하고 있다. 경제학적 관점에서 볼 때 어떤 기업결합을 인정할 것인가는 다음과 같은 판단의 단계를 거치는 것이 바람직할 것이다.

첫째, 문제가 되는 것은, 개별적 시장 내 집중도가 높아져 경쟁이 훼손될 우려가 있는 경우다. 즉 수평결합의 경우이다. 복합적 결합 즉 다각화를 위한 결합이나 수직적 결합(예, 제조사와 조립회사간, 제조사와 판매사간 등등)의 경우도 사회적으로 바람직하지 않은 경우도 있을 수 있지만, 가장 문제가 되는 것은 수평결합인 경우이다.

둘째, 다수의 기업이 경쟁하는 상태여서 결합기업의 시장점유율이 높지 않거나 낮다면, 또는 합병당사자기업 중 일방이 소규모여서 결합한 후에도 시장점유율변화가 별로 없다면, 또는 시장의 경쟁조건에 미치는 영향이 미미한 경우라면 M&A가 별로 문제될 것이 없다.

셋째, 시장에서 결합 기업이 공급하는 상품과 대체할 수 있는 상품이 존재하는지 여부를 살펴봐야 한다. 만일 대체가능 상품이 존재하여 결합기업이 가격을 인상하게 되더라도 소비자가 쉽게 대체할 수 있는 경우에는, 결합 기업이 가격을 올리기 어려울 뿐 아니라 소비자도 해당 가격의 인상으로 인해 손실을 입을 가능성이 낮다.

넷째, 앞에서는 신규시장진입이 없는 상황을 전제했었다. 하지만 현실에서는 다소의 진입장벽이 존재한다. 따라서 진입장벽의 유무와 정도가 기업결합의 인정과 그에 따르는 규제의 필요성 판단에 영향을 미친다. 만일 진입장벽이 낮아 진입이 자유롭다면 경합시장이론에서도 공부했듯이, 비록 결합을 통해 집중도가 높아지더라도 시장에서의 가격이 높아질 가능성은 낮다.

다섯째, 결합을 통해 기업이 담합과 같은 상호 협조적 행동을 할 가능성이 높은 경우라면 기업결합이 바람직하지 않으며 따라서 경쟁정책의 대상이 되며 신중한 심사가 필요할 것이다.

2) 기업결합 동향

경쟁을 제한하는 기업결합은 원칙적으로 금지되며, 기업결합의 경쟁제한성 여부는 공정거래위원회에서 심사하게 된다. 심사 결과 경쟁제한성이 없다고 판단되면 그 사실을 신고한 회사에 통지하게 되며, 경쟁제한성이 있다고 판단되면 경쟁제한성을 치유할 수 있는 적절한 시정조치를 부과하게 된다.

기업결합의 경쟁제한성 심사는 기업결합으로 인한 시장집중도의 변화, 진입의 용이성 등 관련 시장에서의 경쟁제한성을 면밀히 분석하는 과정이다. 수평결합의 경우는 기업결합 전후의 시장집중상황, 결합당사회사 단독의 경쟁제한 가능성, 경쟁사업자간의 공동행위 가능성, 해외경쟁의 도입수준 및 국제적 경쟁상황, 신규진입의 가능성, 유사품 및 인접시장의 존재여부 등을 종합적으로 고려하게 된다. 수직결합의 경우는 시장의 봉쇄효과, 경쟁사업자간 공동행위 가능성 등을 종합적으로 고려한다. 한편, 혼합결합은 잠재적 경쟁의 저해효과, 경쟁사업자 배제효과, 진입장벽의 증대효과 등을 종합적으로 고려하게 된다.[48)]

2014년 한 해 동안 기업결합 건수는 571건으로 전년도에 비해 소폭 감소했으나 전체 결합 금액은 210.3조 원으로 2013년도(165.2조 원)보다 45.1조 원(27.3%)이나 증가했다. 국내 기업에 의한 기업결합에서는 대규모 기업집단의 구조조정 차원의 규모가 큰 기업결합이 증가했으며, 국외기업에 의한 기업결합에서는 규모가 큰 일부 국제적 기업결합 건이 발생한데 기인한 것으로 분석된다.[49)]

---

48) 공정거래위원회 홈페이지(http://www.ftc.go.kr/policy/compet/mnaExam.jsp).

49) 공정거래위원회 보도자료(2015년 2월 26일자), 1쪽.

여담(regression) 6.2

바이오엘코리아 기업결합, 시장에서의 경쟁제한 우려

공정거래위원회는 바이엘코리아가 지난해 10월 21일 신고한 한국MSD의 일반의약품 영업양수와 관련한 기업결합 신청 건이 국내 경구용 피임제 시장에서 경쟁을 실질적으로 제한할 우려가 있다고 판단하고, 시정조치를 부과하기로 결정했다고 23일 밝혔다. 이에 따라 바이엘코리아는 MSD의 일반의약품 영업 부문 가운데 경구용 피임제의 영업 관련 자산과 권리를 제3자에 매각해야 한다.

이번 기업결합은 다국적 제약사인 바이엘이 지난해 5월 5일 다국적 제약사인 머크(Merck&Co. Inc)의 전 세계 일반의약품 사업을 양수하는 내용의 글로벌 계약을 체결한데 따른 것이다. 바이엘코리아는 바이엘의 국내 자회사이고, 한국MSD는 머크의 국내 자회사다.

공정위는 두 회사가 결합할 경우, 경구용 피임제 시장에서 시장점유율 합계가 82%로 1위가 되고, 2위 사업자인 화이자와는 점유율이 68%p나 차이가 나기 때문에 공정거래법상 경쟁제한성 추정요건에 해당한다고 판단했다.

특히 국내 경구용 피임제 시장의 1,2위 사업자간 결합으로 결합 이후 바이엘코리아의 가격인상 시도를 효과적으로 억제할 수 있는 경쟁사업자가 없어, 가격, 수량 등에 대한 협조 가능성이 증가해 경쟁이 제한될 우려가 크다며 시정조치를 부과한 이유를 밝혔다.

이번 시정조치에 따라, 바이엘코리아는 한국MSD로부터 인수하는 4개 일반의약품 가운데 경구용 피임제(머시론)의 영업과 관련한 권리와 자산을 제 3자에게 매각해야 하며, 매수인을 선정할 때 미리 공정위와 협의하도록 했다. 이는 실질적으로 바이엘코리아와 경쟁을 할 수 있는 매수인에게 매각되도록 하기 위한 조치이다. 아울러, 기존에 바이엘코리아 제품을 유통하던 사업자가 매수인이 되는 것을 금지하는 등 추가 시정조치도 내렸다.

공정위 관계자는 "이번 시정조치는 제약회사 간 기업결합에 대한 최초의 사례"라며 "거대 다국적 제약회사 간 기업결합이 국내시장에 미치는 영향을 면밀히 분석해 독과점 남용우려를 근본적으로 해소하기 위한 구조적 조치를 취했다"고 시정조치의 의미를 부여했다.

자료: 노컷뉴스(장규석기자, 2015.3.23일자)

4. 기업결합의 소비자후생 효과

합병 등 기업결합은 규모의 경제에 의해 한계비용을 인하하는 효과가 있다. 이때 한계비용 인하효과가 매우 큰 경우에는 시장가격이 낮아져 합병기업의 이윤이 증가함과 동시에, 소비자에게도 실질소득을 높이는 효과를 가져 온다. 하지만 한계비용 인하효과가 크지는 않더라도 가시적이라면 시장가격은 오히려 상승하여 합병기업의 이윤은 높아져 좋지만, 소비자후생은 감소하게 될 것이다. 한편 합병을 통한 한계비용 인하효과가 전혀 없거나 미미한 경우에는 시장가격은 오르지만 합병기업의 이윤은 줄어들게 될 것이다.

이러한 합병에 따른 한계비용 인하 효과를 소비자정책적 관점에서 볼 때, 합병은 소비자잉여와 기업잉여(이윤)를 합한 사회전체의 후생을 감소시키게 된다. 그러한 관점에서 공정거래법상 '경쟁을 실질적 제한'하는 기업결합으로 판단하여 규제대상으로 봐야 할 것이다. 다시 말해 정책의 측면에서는, M&A가 실제로 효율성을 어느정도 높이거나 줄이는지, 그 결과 시장가격과 소비자후생에 미치는 효과는 어느 정도인지 등을 기업결합의 인정여부를 결정하는 주된 판단의 기준으로 삼아야 할 것이다. 하지만 현실은 정부에서 CR3 또는 HHI 지표들에 의존하여 판정하는 경향이 있다.

물론, 효율적 기업결합의 경우는 결합하는 2개 기업의 능력, 자율결합으로 인해 생산성이 증대되는 이른바 상승효과(시너지효과)가 나타날 수 있다.

[검토과제]

1. 기업결합이 가격, 생산량·소비량, 해당기업의 생산량·시장점유율·이윤, 타사, 소비자잉여에 미치는 영향에 대해 논하라.
2. 2개 또는 그 이상의 합병에 따라 소비자잉여와 소비자후생은 합병 전에 비해 감소한다. 그 이유를 설명하라.
3. 기업들이 합병·결합하려하는 현실적인 이유는 무엇인가?
4. 기업결합이 효율적이라면, 사회적으로도 바람직한 경우가 있을까?
5. 거대금융그룹의 탄생(KB금융그룹, 신한금융 등)이 바람직한가?

제 7 장 염가판매와 소비자후생

내로라하는 대형마트들이 이른바 골목시장에 비해 매우 낮은 가격으로 치킨이나 피자, 김밥을 판매해 세간의 이목을 끈 적이 있었다. 당시 개점 한 시간 만에 매진되는 등 소비자들의 폭발적 호응을 얻었지만, 영세업체들의 반발로 정치 쟁점화 되기도 했다. 대형업체의 골목상권 진출에 대한 언론과 정치권의 가열된 질타에 막 펼쳐놓은 매장을 철수한 경우도 있지만, 저렴한 가격이나 더 많은 량을 무기로 여전히 소비자의 사랑을 받는 품목도 있다. 문제는, 이러한 저가공세가 경쟁법규에서 정한 불공정거래행위에 해당할 수 있다는 점이다.

이 장에서는, 주된 경쟁정책의 대상이자 소비자후생 문제의 하나인 이른바 '덤핑'으로 불리는 염가판매의 문제에 관해 공부한다. 염가판매의 의미와 이의 부당성 판단의 문제에 관해 살펴본 후에, 염가 판매가 합리성을 갖는 경우와 그렇지 않는 경우를 여러 경제이론을 접목하여 분석해 본다. 이어 이른바 약탈가격 전략을 통한 기업들의 염가판매 전략을 이모저모를 살펴보고, 이러한 염매가 부당한 경우에 대응한 경쟁정책과 소비자후생의 문제를 공부한다.

1. 염가판매(염매)의 의의와 부당성의 판단

1) 염가판매의 의의

(1) 부당 염매

기업이 상품을 싸게 팔려고 하는 것은 경쟁의 기본이다. 경쟁사보다 가격을 낮춰 시장점유율을 높여 전체적인 이윤을 높이고자 노력하는 것이다. 소비자의 입장에서 보면 싸게 구입할 수 있어, 예산제약의 범위내 더 많은 소비가 가능하므로 효율이 높아진다. 아담스미스의 '보이지 않는 손'의 정리가 시사하듯이 기업들이 스스로 사익을 추구함으로써 시장에서 가격경쟁이 되고 따라서 자유시장경제가 효율적이 된다.

싼값으로 판다는 의미인 염매가 바람직하지 않다는 의미에서 '부당염매'라는 표현을 종종 사용되며 덤핑(dumping)과 비슷한 의미로 사용되기도 한다. 공정거래법에서는 '사업자가 경쟁사업자를 배제하기 위해 정상적인 경쟁 수단을 사용하지 않고 상품 또는 용역을 공급원가보다 현저히 낮은 가격으로 판매하거나 통상 거래되는 가격에 비하여 부당하게 높은 가격으로 구입하는 행위(공정거래법 23조 ①항 2호)'를 부당한 염매행위로 간주하여 규제하고 있다.

(2) 염매의 현주소

"밑지고 팝니다!"라는 말은 사실 소비자를 끌기 위한 상술일 수도 있지만 시장에서 흔히 나타나는 경쟁수단의 하나이다. 물론 '소비자를 위해'서 가격을 염매(덤핑)한다는 주장은 상술에 불과하지만, 치열한 경쟁에서 살아남기 위한 경영전략인 경우가 대부분이다. 예컨대 대형마트들의 미끼상품의 경우를 보자. '천원짜리 생닭'이나 '반값 모니터'와 같은 염매뿐 아니라 '동일가격에 크기나 용량이 (경쟁사보다) 두배인 피자' 등은 모두 시장점유율을 노린 이른바 미끼상품에 해당한다. 특히 소비자 수요와는 관계없이 하루 판매수량을 한정해놓은 것은 전형적인 미끼상품 전략이다. 점포의 고객확대를 위한 미끼전략으로 활용하면서도 적자폭을 줄이기 위한 최선의 경영 전략인 것이다.

2) 부당성 판단의 문제

다만, 기업이 통상의 경쟁가격보다 낮은 가격으로 판매하는 것이 항상 위법은 아니며, 경쟁사업자를 배제하고 지산의 시장지배력을 확대하기 위하여 원가 이하로 상당 기간 계속해서 투매하는 경우에는 불공정거래 행위로 간주되어 규제의 대상이 된다. 경쟁업체의 고객을 뺏기 위한 염매행위는 이른바 '약탈적 가격 전략'에 해당하여 처벌도 가능하다.

염매행위의 부당성 판단은 정부당국인 공정거래위원회의 몫이다. 대표적인 사례로 1원짜리 치약사건이 있다. 1983년 4월 국방부 조달본부에서 군용 100 g 짜리 치약 330만개의 구매입찰을 실시하였는데 당시 (주)럭키가 개당 1원으로 응찰해 낙찰을 받게 되었다. 당시 공정거래위원회는 시장가격이 개당 210원인 치약의 1원 응찰은 원가보다 현저히 낮아 시장에서 경쟁사를 배제하기 위한 부당염매 행위에 해당된다고 판정하여 시정조치 명령을 내렸다.

한편, 경쟁당국이 부당한 행위로 판단하지 않은 염매행위에 대한 비교적 최근의 사례가 있다. 지난 2007년 1월 공정거래위원회는 LG텔레콤에서 기분존(Zone) 요금제로 이동전화 요금을 할인하는 것에 대해 '지나치게 낮은 요금으로 경쟁을 제한하는 부당염매(요금덤핑이라고도 한다)행위에 해당하지 않는 것'으로 결정하였다.

앞서 언급한 대형마트들의 치킨이나 피자, 생닭이 이러한 부당 염매에 해당하려면 현저한 원가이하 판매 여부의 입증뿐 아니라, 그러한 염매 때문에 고객을 뺐긴 경쟁업자가 도산되는 결과를 초래했고, 그 후에 가격을 올림으로써 새로운 경쟁기업의 시장진입이 억제되었다는 것들이 상당부분 확인되어야 한다. 그런데 사실상 원가보다 낮은 염매가 분명한지는 객관적인 판단이 쉽지 않다. 그래서 감독당국에서도 "L사의 염가판매 행위가 위법이라고 볼 수 없다"면서도 "해당업종단체 등에서 제소할 경우 법 위반여부를 검토"[50]하겠다는 애매한 입장을 보이기도 했다.

이와 같이, 기업의 염가판매의 부당성 여부에 대한 판단은 위의 두 사례에서 보듯이 경쟁정책 당국의 몫이긴 하지만 그 경계가 분명하지는 않으며, <여담 7.1>에서 볼 수 있듯이 판단결과에 대한 논란이 뒤따른다. 이 문제는 제4절에서 보다 구체적으로 살펴보겠다.

여담(regression) 7.1

공정위 "LGT 기분존 요금덤핑 아니다"

공정거래위원회는 일부 이동전화 요금을 원가 이하로 설정한 LG텔레콤의 '기분존' 서비스 요금제가 부당염매행위(요금덤핑)에 해당하지 않아 위법이 아니라고 밝혔다. 이에 따라 통신사업자 간 경쟁이 가열되면서 '기분존'과 유사한 경쟁 서비스가 잇따르고 통신서비스 가격 인하가 촉발될 전망이다.

공정위는 이날 LG텔레콤의 '기분존'이 부당염매행위에 해당하지 않는 근거로 △서비스 중 이동전화와 유선전화 간(ML) 요금만 원가 이하로 설정됐을 뿐 이동전화 간(MM) 요금은 원가 이하에 해당하지 않고 △LG텔레콤이 할인구간 손실을 기분존 가입자 본인의 다른 요금에서 보전하고 있는 것 △통신 시장에 유사한 요금할인상품이 다수 존재하는 점 △기분

---

50) 뉴시스 2010.12.10.일자 기사 참조.

존 요금제 실시 이후 가입자가 완만하게 증가하고 유선전화 해지를 크게 촉발하지 않은 점 등을 지적했다.

공정위 시장감시본부장은 "결국 기분존이 원가보다 현저히 낮은 요금 수준이 아니고 경쟁사업자(유선전화사업자)를 배제할 우려가 없다고 볼 수 있어 부당염매행위가 아닌 것으로 판단했다"며 "이전 통신위원회 결정과 배치하거나 LG텔레콤이 추가로 조치해야 할 사안은 없다"고 밝혔다.

이날 공정위의 입장은 지난해 10월 '기분존'에 대해 정통부 통신위원회가 '이용자 차별행위'로 심결한 직후 녹색소비자연대전국협의회가 '부당염매행위에 해당하며 공정경쟁을 저해할 가능성이 큰지 여부를 판단'해 달라는 요지의 '불공정거래·시장지배적지위남용·재판매가격유지행위 신고서'에 대해 답변 차원에서 밝힌 것이다.

이에 앞서 통신위원회는 지난해 9월 기분존에 대해 '이용자 차별행위'로 판단했지만 원가 이하의 요금 설정 자체는 '전기통신산업법 위반이 아니다'며 요금체계에 대해서는 이번 공정위와 같은 의견을 밝혔었다. 다만 통신위는 비가입자보다 가입자에게 과도한 할인 혜택을 주고 있어 '부당한 이용자 차별'에 해당한다며 ML과 MM 간 요금격차를 재조정하도록 권고했고, LG텔레콤은 비이용자의 요금을 인하하는 방법으로 차별행위에 대한 시정 조치를 했다.

자료: 전자신문(2007.1.9.일자, 김승규 기자)

그런데, 기업들이 원가보다 낮은 가격으로 판매하게 되면 어떻게 될까? 이도 경쟁의 결과로서 사회적으로 바람직한 현상일까? 소비자의 입장에서는 분명 환영할 일이다. 하지만 원가보다 낮은 가격의 판매는 판매자가 어떤 목적이 있을 것인데, 이 점이 사회적 관점에서는 바람직할까?

2. 경쟁수단으로서의 염가 판매

기업들이 원가보다 낮게 판매하게 되면 손실이 발생한다. 그렇더라도 장기적인 관점에서 유리할 경우에는 그렇게 하는 것이 낫다고 기업들이 판단한다. 예컨대, ㉠ 염가판매 행위를 통한 생산량 증대가 장래에 비용 감소로 이어지거나, ㉡ 장래 수요확대로 이어지는 경우 등이다. 첫 번째의 경우는 평균비용의 감소효과이며 두 번째는 시장 수요의 증대효과를 의미하는데, 이 두 가지 측면을 경제 이론적 관점에서 접근해 본다.

1) 학습효과

염매를 통한 생산량 또는 판매량 증대로 장기적 측면에서의 비용인하 효과가 가능한 것은, 일종의 학습효과 내지 경험효과의 하나로 볼 수 있다.

> ☑ **용어 정리－학습(경험)효과**(studying effect)
>
> 재화나 서비스의 생산 또는 판매의 반복 경험을 통해 평균비용을 낮추게 되는 현상을 말한다. 이러한 학습(경험)을 통해 경쟁기업보다 먼저 생산기술에 숙련되거나 새로운 고안 및 기술을 받아들임으로써 생산(판매)원가를 낮출 수 있다.

생산 현장이나 산업현장에서는 경험을 통해 생산과정을 개선하고자 하는 아이디어들이 발굴된다. 판매현장에서도 마찬가지다. 즉, 경험을 통해 보다 능률적이고 효과적인 고객 응대가 가능해지고, 상품의 진열이나 재고관리의 아이디어가 생긴다. 이러한 효과에 의해, 누적 생산량이 증가함에 따라 평균생산비용(AC)이 낮아질 수 있다.

실제로 관련 연구에 따르면 누적 생산량이 두 배로 될 때마다 약 20%~30% 정도의 비용절감 효과가 나타난다고 한다. 이러한 학습효과는 노동·자본 집약적 산업과 반복공정의 중공업 분야에서 특히 두드러졌다고 한다.

학습효과와 규모의 경제

이러한 학습효과는 생산량을 늘릴수록 평균생산비(생산단가)가 낮아지게 되는 이른바 규모의 경제(economy of scale) 개념과 유사해 보인다. 하지만 양자는 같은 개념이 아니며, 규모의 경제는 학습효과를 발생시키는 하나의 요소로 보는 것이 타당하다.

학습효과를 가져오는 요소들을 살펴보면 첫째, 사람들은 반복적인 활동을 통해서 점차 해당 행위에 익숙해지는 학습 요소이다. 생산이나 판매 과정에서 획득된 경험은 능률과 생산성의 향상을 가져오며, 이는 생산의 평균비용을 감소시키는 것이다. 둘째, 전문화 요소이다. 생산이나 판매 업무를 표준화된 프로세스를 통해 개별 근로자의 생산성을 높일 수 있다. 셋째, 상품의 디자인과 생산 프로세스의 개선 요소이다. 생산량이 증가함에 따라 기술 개선, 공장배치 효율화, 유지 보수 및 생산 공정 개선 등 여러 가지 운영상의 개선이 나타나게 된다. 넷째, 조직구조의 개선 효과이다. 기업의 생산 규모가 증가하게 되면, 종업원간의 협력, 시스템 효율성, 부서간 기술 통합 등 여러 조직적 개선도 함께 나타난다. 다섯째, 자본조달비용의 용이성이다. 염매를 통한 대량생산과 대량판매로 성장한 기업은 보다 좋은 조건으로 자금을 조달할 가능성이 있다. 또한 비교적 낮은 가격으로 원자재도 조달할 수 있다. 마지막으로 규모의 경제성이다. 생산량이 증가하면서, 고정비용은 생산량에 비례하여 분산됨으로써 단위당 생산비용 즉 평균비용이 감소한다.

학습효과가 가시적이라면 기업에게는 원가보다 낮게 다량 판매하더라도 장래의 저비용을 통해 규모의 경제성이 나타나며, 따라서 기업의 이윤이 높아질 수 있을 것이다.

2) 소비자 정보부족 하 수요확대 가능성

기업들이 염가 판매를 하고자 하는 또 다른 요인은 소비자의 수요확대 가능성이다. 비록 원가에 못 미치는 덤핑으로 일시적 손실이 발생하지만 장래의 수요증가로 이어질 가능성이 있는 경우는 경쟁을 위한 염매행위가 바람직한 경영전략일 수 있는 것이다. 이는 크게 품질에 대한 소비자의 믿음이 부족한 경우, 그리고 네트워크효과가 있는 경우인데, 각각의 경우를 예를 들어 공부해보도록 하자.

(1) 품질의 불확실성

신제품이 출하될 경우 소비자는 해당 상품의 품질에 대한 정보가 부족하여 신뢰가 높지 않다. 상품의 외형을 보거나 팸플릿 등의 광고물 등을 통해 정보의 일정부분을 얻을 수 있지만, 이 또한 충분하지 않다. 따라서 소비자는 구매 시점에서 품질의 불확실성(uncertainty of product quality)에 직면하게 되고 소비를 망설이게 된다.

많은 경제학 입문서에서는 경쟁적 시장에서 모든 시장 관계자들이 '완전한 정보'를 가지고 있다고 가정한다. 경제학자들도 시장경제에서 경쟁과 정보가 불완전하다는 것을 알고 있지만, 이론적 분석과 의사결정을 하기 위해서 완전하다고 가정하고 있다. 이는 소비자와 생산자가 시장과 시장거래의 모든 것을 알고 있다는 것이 아니라, 이성적이고 정상적인 의사결정을 하기 위해 필요한 모든 정보를 가지고 있다는 의미이다.

하지만 현실에서의 소비자는 상품의 품질 등에 관한 정보가 완전하지 않은 경우가 더 많으며, 위험과 불확실성을 초래하는 소비의사 결정을 해야만 한다. 이러한 불완전한 정보 아래서의 소비자 행동은 여러 형태의 비정상적인 선택을 가져오게 된다. 대표적인 예가 중고차시장(레몬마켓)에서 소비자는 상품에 대한 정보부족으로 양질의 중고차임에도 낮은 품질의 중고차가 선택될 가능성 때문에 구매를 기피하는 것이다.[51)]

---

51) 겉모습만 그럴듯한 물건을 영어로 'lemon'이라 하고 내실 있는 경우를 'peach'라고 한다. 그런 의미에서 영어권에서는 중고차시장을 lemon market이라 부른다. 중고차시장에 관해서는 경제이론서들을 참고하기 바란다.

경험재와 소비자 선택

소비재는 흔히 탐색재(search goods)와 경험재(experience goods)로 구분된다. 탐색재는 구매의사결정을 하기 전에 충분한 정보가 요구되는 상품을 말한다. 탐색재는 일반적으로 표준화 되어 있어 정보검색을 통해 제품명으로 믿고 구매할 수 있다. 반면에, 소비자가 구입하여 경험하지 않으면 상품의 완전한 품질을 알 수 없는 이른바 경험재는 재화나 서비스로 전달되는 정보만으로는 구매의사의 결정이 쉽지 않다.

어떤 회사가 경험재를 신상품으로 출시한다고 하자. 해당 기업은 자사 상품이 경쟁기업의 제품들보다 훨씬 우수한 품질인 것을 알고 있지만 소비자들은 잘 알지 못한다. 하지만, 해당 기업은 만일 소비자들이 해당 상품을 한번만이라도 '경험'소비를 하게 된다면 상품의 우수한 품질을 알 수 있을 것으로 확산한다고 해 보자. 이 경우 기업의 효과적(!) 마케팅전략은 어떤 수단을 통해서라도 소비자들로 하여금 한번이라도 경험토록 하는 것일 것이다. 광고한다든지, 염매를 통해 소비를 유도할 수 있다. 예컨대, 디지털 음원을 1분간만 무료로 제공하거나 무료 샘플을 나누어 주는 행위, 수퍼마켓에서의 무료 시식코너 등도 이러한 전략의 하나이다. 심지어 마이크로소프트사의 새로운 OS에 대한 (일부 국가나 대학생 개인들의) 불법다운로드 허용도 일종의 경험재로 볼 수 있다.

이러한 소비자 경험을 직접 또는 간접적으로 유도하는 염매 전략은 성취 가능성이 높으며, 해당 염매가 합리적인 경우이다. 다시 말해, 부당 염매가 아니라 품질정보의 광고·선전 수단으로서의 염매인 것이다. 이러한 합리적 수단으로서의 염매의 경우를 그림을 통해 이론적으로 설명해 본다.

<그림 7-1>은 제3장의 <그림 3-1>과 <그림 3-2>와 같은 형태로 나타낸 것이다. 그림에서 완만한 기울기의 수요곡선㉡는 소비자가 상품의 품질을 알지 못하는 상태에서의 시장 수요를 나타내며, 그보다 가파른 기울

기의 수요곡선㉠은 품질에 대한 정보가 완전한 경우의 수요를 나타낸다고 하자. 그림에서, 소비자가 상품의 품질을 알지 못할 경우 원가수준인 40원에는 수요가 전혀 없는 것으로 나타냈다. 하지만, 원가보다 낮은 가격 즉 덤핑가격인 30원에서는 30개 상품 (예컨대 30명의 소비자가 1개씩)에 대한 수요를 나타냈다. 물론 <그림 3-1>에서와 같이 0원에서는 100명의 소비자 모두 하나씩 수요하게 된다.

<그림 7-1> 소비자의 학습효과와 염가 판매

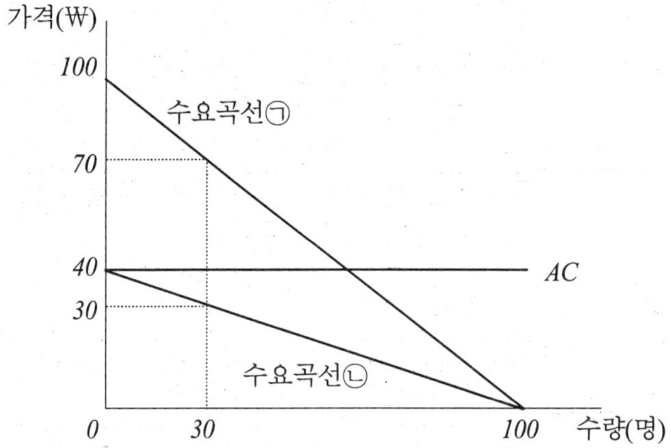

이때 해당 상품의 품질을 경험한 30명의 소비자는 실제 소비해봄으로써 품질의 실상을 알게 되어 객관적 관점에서의 지불의사가격 수준인 70원에도 구입의사가 생긴다.

이제 해당 개업의 손익을 살펴보자. 소비자의 제품경험 이전의 염매를 통해서는 300원의 손실이 생기지만, 소비자의 학습효과 이후에는 900원의 이익을 얻게 된다(독자는 왜 그런지 계산해 보고, 그림에서 음영으로 표시해 보라). 즉, 염가판매를 통해, 단순 계산으로도 600원의 순이익을 얻게 되는 것이다. 즉 이러한 학습효과 내지 경험효과를 예상하여 기업들은 ‘밑지고도 파는’ 염매행위를 하게 되는 것이다.

(2) 네트워크효과

저자가 대학 졸업 후 사회생활을 시작하던 1990내 초반만 해도 개인용 컴퓨터(pc)가 일반적이지 않았다. 그땐 수동식 타자기과 일부 메이커의 전동식 타자기가 일반적 문서제작기였고, 넓은 부서 공간에 두어 대의 전자식 삼보문서작성기(삼보워드)가 보급되어 있었다(자그마치 한 대 값이 250여만 원으로 당시 매우 고가였던 것으로 기억된다). 삼보워드로 작성된 문자(파일)는 삼보워드가 아니면 수정작업 등이 전혀 불가능했기 때문에 이용자가 많으면 많을수록 상품에 대한 수요가 증가되었다. 따라서 회사의 수익도 함께 높아지는 구조였다.

네트워크효과의 의의

이와 같이 많은 사용자가 있는 한 상품의 이용성과 편리성이 높아지는 효과가 일종의 네트워크 효과이다. 네트워크효과는 1950년 미국의 라이벤스타인(Harvey Leibenstein)이 주창한 이론으로, 편승효과(bandwagon effect)와 속물효과(snob effect), 그리고 베블렌효과(Veblen effect)들도 이러한 네트워크 효과의 일종으로 생각할 수 있다.

☑ **용어 정리－네트워크효과**(network effect)

특정 재화나 서비스에 대한 어떤 사람의 수요가 다른 사람들의 수요에 의해 영향을 받거나 주는 효과를 말하며, 네트워크외부효과라고 하기도 한다. 이용자수가 많아질수록 이러한 사람들과의 네트워크 형성효과의 크기가 커지게 된다.

편승효과는 곡예나 퍼레이드 맨 앞의 악대차가 하는 대로 따라 하는, 소비심리를 충동하여 상품을 구매토록 하는 것을 말하며, 충동적으로 구매하는 줏대 없는 소비자를 칭할 때도 사용되는 표현이다. 속물효과는 값비싼 희소상품에 집착하는 소비행위를 나타내는 말이며, 남과 다른 고

상한 구매라는 뜻에서 백로효과로 부르기도 한다. 또 다른 네트워크효과를 나타내는 구매형태는 소비자의 과시 욕구를 설명하는 베블렌효과이다. 즉 가격이 오름에도 과시욕이나 허영심 등으로 인해 수요가 줄어들지 않거나 오히려 늘어나는 현상을 말한다.

네트워크효과의 사례들

실제로, 많은 소프트웨어나 게임소프트 등의 소비에 이러한 네트워크효과가 크다. 앞서 경험재의 하나로 소개했던 마이크로소프트사의 불법다운로드 허용행위 역시 이러한 네트워크효과로도 이해가 가능하다.

마이크로소프트사는 수년전의 한국뿐 아니라 현재의 중국이나 세계 저소득층 사람들의 불법복제행위를 눈감아주고 있는데, 이는 관용의 마음이기보다는 경제적 이익이 더 크기 때문이다. 불법복제행위는 이용자가 많아질수록 재화나 서비스의 가치가 높아지는 일종의 네트워크효과를 불러오는 점을 감안한 결정으로 생각된다. 수십만원 상당의 소프트웨어에 대한 구매력이 부족하거나 없는 많은 사람들의 불법복제를 엄격해 통제하는 데는 많은 감시비용이 들뿐 아니라, 리눅스 등 다른 경쟁 소프트웨어로 수요를 빼앗길 수 있다. 또한 자사의 연계된 프로그램의 수요도 함께 줄어든다. 그러므로 일단 불법복제를 눈감아두되 그들의 구매력이 높아지는 일정 시점에 모니터링을 강화하게 되면 일석이조의 이익창출을 기대할 수 있는 것이다.

이상의 사례에서 살펴본 논리를 염가판매의 경우에 적용해 보면, 네트워크효과가 거의 없는 초기에 염매함으로써 새로운 소비수요를 창출하거나 기존 경쟁사의 고객을 빼앗아올 수 있게 된다. 그리하여 해당 상품의 사용자가 많아지게 되면, 그 상품의 편리성과 이용성이 높아져서 결국 위의 <그림 7-1>에서 수요곡선㉡이 수요곡선㉠으로 이동할 수 있게 된다. 결과적으로 (초기에는 고전할 수 있지만) 장기적으로는 네트워크효과를 통해 기업의 수익이 높아지는 것이다.

3) 경쟁정책 및 소비자후생 효과

지금까지 살펴본 학습효과와 경험재 효과, 그리고 네트워크효과 등으로 설명할 수 있는 염가판매의 경우들은 모두 바람직한 시장경쟁 현상으로 일반적으로 간주된다. 신규진입이나 이노베이션을 촉진하기 위한 수단으로써, 경쟁정책적인 측면에서도 바람직하다고 볼 수 있다.

이러한 염가판매 행위는 또한 낮은 가격이나 더 많은 공급량을 통해, 그리고 다양한 서비스의 제공을 통해 소비자 후생을 높여 준다(물론 발빠른 일부 소비자만 혜택(!)을 보는 여건이나 경험 이후의 가격상승과 충동구매 등의 현상은 소비자 후생을 저해하는 측면이기도 하다).

그렇다면 염가판매가 경쟁정책의 측면과 소비자후생의 측면에서 문제가 되는 경우는 어떤 경우인가? 이 문제는 제3절에서 상세히 공부하도록 한다.

3. 염가판매와 약탈가격 전략

1) 약탈가격 전략

새로운 수요를 창출하는 것이 아니라 오로지 기존의 경쟁기업의 시장수요를 빼앗아 오기 위해, 즉 경쟁기업의 고객을 뺏기 위한 염매행위는 바람직하지 않으며 경쟁법 혹은 공정거래법상 불공정거래행위로 규정하여 규제를 하고 있다. 이러한 경쟁기업을 배제하기 위한 목적의 염매행위는 경제이론에서의 약탈가격 전략과 유사하며, 따라서 약탈가격 전략을 통해 규제의 당위성을 이해할 수 있다.

☑ **용어 정리－약탈가격**(predatory pricing) **전략**

시장을 선점하고 있는 경쟁기업들을 배제하기 위해 자사의 손실을 기대하면서 자신의 원가 이하로 가격을 내린 다음, 시장점유율을 충분히 높여 경쟁자가 배제된 이후에 다시 가격을 독점적 가격으로 설정함으로써 이전의 손실을 만회하려는 전략을 말한다.

만일, 경쟁기업보다 비용조건이 좋은 경우, 저비용기업은 고미용기업의 원가수준 이하이지만 자사의 원가보다는 높은 가격으로 판매함으로써 경쟁기업이 궁박해지는 경우는, 약탈가격 전략이 아닌 일반적 경쟁전략에 해당됨을 주의할 필요가 있다.

이러한 약탈가격은 경쟁과 소비자후생을 저해할 수 있는데, 어떤 경우에 해당하는지 <그림 7-2>를 통해 이해해 보자. 그림은 경쟁기업의 원가보다 낮은 (물론 자신의 원가보다도 낮은) 가격으로 상품을 판매함으로써, 경쟁 기업이 기존의 고객을 빼앗기지 않기 위해 가격을 자신의 원가 이하로 내릴 경우 그 손실로 인해 시장에서 퇴출할 수밖에 없는 상황을 보여주고 있다.

<그림 7-2> 기업의 약탈가격 전략

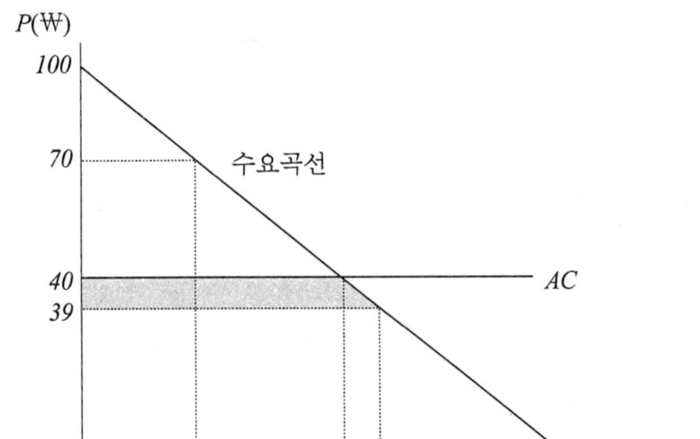

우선, 약탈가격, 즉 자사의 가격을 원가 이하로 염매하는 것이 자신에게 유리한 경우를 살펴보자.

<그림 7-2>에서 각 기업의 생산단가, 즉 평균비용(AC)이 지금까지의 그림들에서와 마찬가지로 40원이라고 하자. 다시 말해 40원은 해당기업의 경제적 이윤이 0인 가격수준이다.

이 경우 만일 A기업이 39원으로 가격을 낮게 책정하여 판매하게 되면 경쟁기업은 손실을 입어 결국 퇴출하게 될 위기에 놓인다. 이때 손실금액은 61원이다. 당연히 해당 기업도 같은 금액의 손실을 입는다.

일단, 경쟁기업(들)이 A기업의 약탈가격 전략을 더 이상 버틸 수 없어 시장에서 퇴출하게 된다고 가정하자. 그렇게 되면 A기업은 시장에서 독점기업이 되어 자신의 이윤극대화 전략에 따라 상품의 가격을 70원에 책정함으로써 30개의 상품을 판매할 수 있다.[52] 이 경우 900원의 이윤을 얻게 된다. 따라서 약탈가격 전략으로 인한 초기의 손실인 61원을 상쇄하고도 무려 839원의 이윤을 얻게 된다.

2) 경합시장에서의 약탈가격 전략과 소비자후생

약탈가격전략에 따른 이러한 독점화는 사실 자유경쟁시장에서는 실현되기 쉽지 않다. 약탈가격의 개념상 독점화에 성공한 기업은 자신의 초기 손실을 만회하기 위해 가격을 독점가격수준으로 올려야 한다. <그림 7-2>에서 가격을 70원으로 설정할 수 있어야 하는 것이다. 하지만 그렇게 가격을 올리기 되면 높아진 가격에 의해 잠재적 경쟁기업들의 진입가능성이 있는 것이다. 우리는 제4장에서 경쟁제한적 시장구조를 공부하면서 이미 경합시장(contestable market) 이론에 관해 살펴본 바 있다. 약탈가격 전략의 문제에 이 경합시장이론을 적용하여 검토해 보자.

---

52) 여기서 70원의 가격이 왜 A기업의 독점가격이 되는지를 설명해 보라.

비록 현실적으로 A기업이 약탈가격 전략을 통해 독점적 이윤을 누리더라도, 시장에 잠재적 경쟁기업들이 상존한다면, 다시 말해 매몰비용이 없거나 미미하여 진입과 퇴출이 자유로운 시장여건에서는 A기업도 어쩔 수 없이 경쟁기업들의 진입을 저지하기 위해 다시 가격을 내려야 한다. 60원이나 50원 수준에서는 별 효과가 없으며 결국 원가 수준인 40원이나 그 이하로 내려야 할 것이다. 경우에 따라서는 이전의 약탈가격인 39원보다도 더 낮게 설정해야만 할 수도 있다. 왜냐하면, 잠재적 진입기업군은 기존의 경쟁기업보다도 더 경쟁적인, 예컨대 신기술과 새로운 서비스로 무장한 경우도 포함되어 있을 수 있기 때문이다. 만일 A기업이 가격을 38원으로 낮추게 되면 현실에서의 경쟁기업(들)을 퇴출시킬 수 있지만, 또다시 잠재적 기업들이 생겨날 수 있어 결국 그러한 과정이 반복되면 A기업조차 초기 손실을 만회할 수 없게 되어 결국 퇴출될 가능성도 없지 않다.

약탈가격전략의 성공 조건

이러한 관점에서 우리는 어떤 기업의 약탈가격 전략이 성공할 조건을 어렵지 않게 도출할 수 있다. 다시 말해 약탈가격 전략이 해당기업에 긍정적 효과가 발휘되기 위한 필요조건은, 잠재적 진입위협을 배제하거나 저지하기 위한 진입장벽이 상당히 높아야 한다는 것이다.

우리는 이미 제4장에서 경쟁전략으로서의 진입장벽 결정의 요인들에 관해 공부했다. 즉 기술의 독점적 확보와 수요독점, 유통채널의 독점화와 독자적 상표, 기존 생산설비 등을 경쟁기업의 진입을 저지하는 장벽으로 활용함으로써 약탈가격 전략의 효과를 누릴 수 있는 것이다.

소비자후생

앞서 제2절에서도 염가판매의 소비자후생 효과를 살펴보았지만, 이를 약탈가격전략의 측면에서 다시 조명해 보자. <그림 7-2>에서 A기업이 39

원의 약탈가격을 설정하게 되면 낮아진 가격으로 인해, 수요곡선 아래와 가격선 위의 삼각형으로 나타난 소비자잉여(consumer surplus)의 크기가 커진다. 즉 소비자의 후생은 1,800원에서 1,860.5원으로 60.5원이 증가한다. 이에 더하여, 만일 경합시장의 여건이라면, A기업의 추가적인 가격인하(예컨대 38이나 그 이하)에 따라 소비자잉여로 나타낸 소비자후생은 더욱 늘어난다.

물론 기업의 약탈가격 전략의 성공으로 독점력을 회복하여 70원 수준의 독점가격이 설정된 경우에는 소비자잉여가 수요곡선 아래, 70원 가격선 위의 삼각형에 해당하는 450원 수준까지 줄어들게 되지만, 잠재적 시장진입이 가능한 경합시장이라면 기업의 약탈가격전략에 따른 소비자후생은 증가할 것이다.

따라서 아무리 독점적 시장상황이라 하더라도 잠재적 시장경쟁이 가능한 이른바 경합시장 여건 아래에서는 기업의 약탈가격 전략이 성공할 가능성이 없거나 낮으며, 따라서 소비자후생의 손실은 없거나 많지 않을 것이다. 이를 위해서는 제4장에서도 공부했듯이 시장에서 잠재적 경쟁기업의 진입과 퇴출이 자유로울 수 있도록 시장여건을 조성할 필요가 있다.

4. 부당염매 규제

1) 규제대상의 판단

지금까지 염가판매의 개념과 부당성 판단의 문제를 살펴본 후에, 염가판매가 시장경쟁의 하나로 용인되는 경우와 약탈적가격의 하나로 규제의 대상이 되는 경우를 기초적 경제이론을 통해 고찰해보았다. 그리고 비록 어떤 기업이 약탈가격 전략을 통해 부당한 독점적 이윤을 추구하더라도 경쟁기업의 진입가능성이 잠재된 경우라면 그 효과를 보기 어려움을 경합시장이론을 통해 살펴보았다.

따라서 적어도 이론적으로는, 어떤 기업의 염가판매행위가 공정거래법에서 규정하는 '부당'염매에 해당하는지, 그래서 경쟁자를 배제하기 위한 약탈적 가격 전략으로 판단하여 이를 제재할지 여부의 경쟁정책은, 단지 원가이하 판매라는 점에만 문제 삼으면 곤란하며, 일단 퇴출된 기업이 재 진입하는데 진입장벽이 존재하는지 여부와, 경합시장의 조건인지 여부를 파악해 볼 필요가 있다.

2) 공정거래법 상 부당염매

앞서 설명했듯이 공정거래법 제23조 ①항 2호에 따르면 특정 사업자가 경쟁사를 배제하기 위해 정상적인 경쟁 수단을 사용하지 않고 부당염매, 부당고가매입, 그리고 부당한 고객유인 등 '부당하게 경쟁자를 배제하는 행위'를 금하고 있다. 특히, 자기의 재화나 서비스를 공급함에 있어서 정당한 이유 없이 그 공급에 소요되는 비용보다 현저히 낮은 대가로 계속하여 공급하거나 기타 부당하게 재화나 서비스를 낮은 대가로 공급함으로써 자기 또는 계열회사의 경쟁사업자를 배제시킬 우려가 있는 행위를 '부당염매'로 규정하고 있다(공정거래법 시행령 제36조1항 관련 '별표 1의2').

지금까지 공부했듯이, 위의 규정은 적어도 2가지의 문제가 있다. 첫째, 판단기준이 명확하지 않으며, 둘째, 기업의 자유로운 가격 설정을 저해할 위험이 있다. 각각의 경우에 대해 설명을 추가해 본다.

판단기준의 애매함 문제

공정거래법 제23조 중 '공급에 소요되는 비용 즉 원가보다 현저히 낮은 가격'이 어느 수준을 의미하는지 불명확하다. 앞서 우리는 평균비용(*AC*)이 생산량에 관계없이 일정한 수준 즉 수평선의 형태로 가정했다(이 경우 평균비용은 한계비용(*MC*)과 일치한다). 또한 고정비용(*FC*)도 없다고 암묵적으로 전제했다. 따라서 *AC*=*MC*의 가격수준 이하로 판매하는 경우를 염매로 단정했다.

하지만, 현실에서는 일정부분의 고정비용이 존재하는데, <그림 7-3>에서 보듯이 고정비용이 있는 경우에는, 전제한 평균비용과 실제 평균가변비용은 서로 다르다. 또한 평균가변비용은 생산량에 따라 달라진다. 따라서 $AC=MC$는 성립하지 않는다. 이 경우 공정거래법에서 말하는 '공급원가'의 의미가 무엇인지 명확하지 않다. 평균고정비용과 평균가변비용의 합을 의미하는 것인지 아니면 평균가변비용만을 의미하는 것인지 불명확하며, 평균가변비용 역시 생산량에 따라 변하기 때문에 그 판단이 매우 복잡해진다.

더불어서, 공정거래법상 그러한 염매의 목적이 '경쟁사업자를 축출함으로써 자신의 독점력을 높이기 위한 행위'라는 부당염매 인정 요건 역시 애매한 부분이 적지 않다. 사례를 들어보면, 오래 전 국내 굴지의 재벌 기업이 인공위성용 저해상도 카메라 납품 입찰에서 1원에 낙찰 받아 화제가 된 적이 있었다. 당시 부당염매로 신고 된 사안에 대해 공정거래위원회에서는 부당하지 않다는 결정을 내렸다. 그 이유를 보면, 해당 기업이 1원에 낙찰 받음으로써 경쟁사를 축출하고 독과점적 위치를 확보할 가능성이 거의 없었고, 낙찰자는 선진국 인공위성 제작업체로부터의 첨단기술을 습득할 기회가 제공될 것으로 예상되기 때문에 부당한 염매가 아니었다는 것이다.

여담(regression) 7.2

삼성테스코(주)(홈플러스)의 부당염매행위 심결에 대한 견해

부당염매행위에 관한 대표적인 심결사례로 2001년 2월에 있었던 '삼성테스코㈜홈플러스의 부당염매행위에 대한 건'이 있다. 우선 이 사건의 내용을 요약해 본 후에, 정책당국의 부당염매 규제 문제를 생각해 본다.

사건요약 : 피심인 홈플러스 안산점은 2008년 8월 30일부터 11월 2일까지 약 2개월간 코카콜라를 구입원가보다 현저히 낮은 가격으로 판매하였다. 코카콜라는 당시 구입원가가 1.5리터당 984.5원이었다. 홈플러스 안산점에서는 그런 코카콜라를 구입원가의 90.4% 수준인 890원에, 이후에는 39.6% 수준인 390원까지 9차례에 걸쳐서 가격을 인하하여 판매했다.[53] 공정거래위원회에서는 홈플러스 안산점이 소비자에게 인지도가 높은 코카콜라를 미끼상품으로 내세워 장기간 동안 고객을 유인함으로써 경쟁관계에 있는 다른 유통업자들의 사업 활동을 곤란하게 하여 이들을 시장에서 배제하기 위한 부당한 행위로 인정하여 공정거래법 제24조의 규정을 적용하여 시정명령을 했다.

홈플러스의 이러한 행위에 대한 정책당국의 시정명령은 공정거래법상 부당염매행위 규정에 따른 적적한 조치였다. 앞서 살펴보았듯이 염매란 상품을 원가이하로 판매하는 것을 말한다. 하지만 염매행위는 기업의 입장에서는 치열한 경쟁에서의 생존을 위한 경영전략일 수도 있기 때문에 부당행위 판단 여부는 신중해야 한다. 통상적으로 다음 세 가지 조건을 만족하는 염매의 경우 부당염매로 인정된다.

첫 번째는 원가보다 '현저히 낮은 가격'으로 판매하는 경우이며 두 번째는 해당 염매행위로 인해 '경쟁기업이 시장에서 배제될 우려'가 있어야 하는 것이다. 이에 더하여 세 번째 충분조건은 경쟁기업이 배제된 후 다시 가격을 높일 가능성이 있어야 한다는 점이다.

경쟁기업의 배제는 결국 시장의 독점화를 의미하며, 진입장벽이 있는 한 독점상태에서는 가격이 비정상적으로 상승함으로써 소비자의 후생을 저해하게 된다. 그렇기 때문에 이러한 3가지 조건이 충족되는 염매행위에 대해서는 공정거래법상 부당염매행위로 인정되는 것이 바람직하다.

이상의 세 조건에 비추어 이 사건을 재정리해보면, 우선 홈플러스는 코카콜라의 가격을 구입원가의 39.6%까지 염매를 함으로써 첫 번째 조건인 '현저한 염매'에 해당한다고 볼 수 있다. 두 번째 조건의 경우 공정거래위원회에서 제시한 근거를 인용하면 '코카콜라가 소비자에게 인지도가 높은 상품이라는 점과 홈플러스의 특성상 매장에서 여러 상품을 한번에 구입한다는 점을 감안하여 보면, 홈플러스의 코카콜라 염매행위는 인지도가 높은 코카콜라를 미끼상품으로 내세워 장기간 고객을 유인함으로써 경쟁사업자의 사업활동을 곤란하게 하여 시장에서 배재시킬 우려가 있다고 판단된다.' 만일 코카콜라가 아니라 소비자에게 인지도가 없거나 약한 '씨원콜라'였다면 앞서 배웠던 경험재의 특성에 따라 소비자의 상품에 대한 인지도와 신뢰축적을 통한 수요증대의 목적으로 한 단기간의 염매행위는 합리적 수단일 것이다. 세 번째 조건인 경쟁기업 배제후 가격인상 가능성의 충족여부는 어떻게 판단해야 할까? 홈플러스와 같은 대규모소매업태의 경우 상당한 진입장벽이 존재하며, 진입장벽이 높다는 것은 경쟁기업이 배제된 후의 독점상태의 지속이 상대적으로 수월함을 의미한다. 따라서 경쟁기업이 배제된 후라면 다시 코카콜라의 가격을 올려 일정한 독점적 이윤을 추구할 가능성이 높다(물론 이에 대한 반대견해도 가능하다). 따라서 홈플러스의 코카콜라 가격의 염매행위는 약탈적 가격전략으로써 공정거래법상 부당염매행위에 해당하며, 정책당국의 결정이 옳았다고 생각된다.

이 사건은 홈플러스가 행위사실을 인정하고 스스로 시정함으로써 경쟁법에 따른 처벌은 뒤따르지 않았다.

---

53) 공정거래위원회 홈페이지에 있는 심결법위반사실건(삼성테스코(주)(홈플러스)의 부당염매행위에 대한 건)의 '주문' 부분을 참고했다.

[검토과제]

1. 상품의 품질에 대한 불확실성이 있거나, 정보가 불완전한 경우, 원가 이하 판매 즉 염매가 마케팅수단으로서 유리한 이유는 무엇인가?
2. 네트워크효과가 있을 경우 염매가 유리하게 되는 이유는 무엇인가?
3. 약탈적가격 전략이 경쟁정책 내지 소비자정책에서 문제가 되는 경우는 어떤 경우인지 사례를 들어 설명하라.
4. 공정거래법에서 '공급원가보다 현저히 낮은 가격'을 구체적으로 설명하라.
5. 공정거래위원회 홈피에는 (주)텐커뮤니티의 이의신청에 대한 건(2003심삼0341) 등 20여개의 경쟁사업자 배제(부당염매) 관련 심결례가 소개되어 있다. 이 중 하나를 선택하여 요약하고, 제7장의 내용을 응용하여 견해를 피력하라.
6. 〈여담 7.2〉에 소개한 사건에서 '기업의 자유로운 가격설정을 저해'하는 측면이 있는지 검토해 보라.

제 8 장 기술혁신과 지적재산권 및 소비자후생

정보통신기술(ICT)이 눈부시게 발달하고 있는 오늘날에는 기술혁신이 기업들의 주된 경쟁수단으로 활용된다. 이는 또한 국가경제의 핵심적인 성장동력이기도 하다. 유명한 영국이 경제학자인 케인즈(John Maynard Keynes)와 함께 20세기 전반을 대표하는 경제학자인 슘페터(Joseph Schumpeter)[54]는 그의 명저 '자본주의, 사회주의, 그리고 민주주의(Capitalism, Socialism and democracy, 1976)'에서, "자본주의가 현실에서 중요한 점은 (중략) 신상품, 신기술, 신공급, 신조직형태 등으로부터 오는 경쟁이다"라고 하면서 이들이 질적 이윤을 창출하게 된다는 이른바 기술혁신의 중요성을 강조했다.

이 장에서는, 이러한 기술혁신 그리고 기술혁신과 밀접한 관련이 있는 지적재산권의 문제를 관련된 경제·경영의 기초 이론을 바탕으로 경쟁정책 및 소비자후생의 문제와 연계하여 살펴본다.

54) 오스트리아 출신의 미국 이론경제학자. 경기순환에 관한 이론과 역사·통계의 종합적 성과인 '경기순환론'을 저술하였으며 케인즈와 더불어 20세기 전반의 대표적 경제학자로 평가된다.

1. 시장의 구조와 연구개발(R&D)

1) 기술혁신

기술혁신이란 말은 슘페터가 사용한 이노베이션(neuerung)이라는 말에서 유래되었으며, 위에서 언급했듯이 기술의 발전뿐 아니라 기존의 경제에 충격을 주어 변동을 일으키는 여러 요인들에 의해 동태적 이윤을 창출하는 것을 의미한다. 슘페터는 이를 한마디로 '혁신(innovation)'이라 했으며, 신기술 이외에도 신공급원천이나 신조직형태 등 폭넓은 의미에서의 혁신을 의미했다. 그의 혁신에 관련된 경쟁은, 정태적 기술에 따른 가격경쟁보다도 본질적인, 자본주의의 동태성을 의미한다고 생각된다.

슘페터가 말한 것처럼, 기술혁신은, 시장 경쟁에 커다란 영향을 미쳤다. 또한 역으로, 시장경쟁의 존재 형태도 기술혁신에 큰 영향을 미쳤다. 따라서 경쟁정책에 있어서도 어떻게 하면 혁신을 실현시킬 수 있을까? 사회적으로 바람직한 혁신의 방향은 무엇일까? 혁신이 사회후생에 미치는 영향은 무엇인가? 등에 관한 관점이 중요하게 된다.

이러한 기술혁신과 경쟁정책 그리고 소비자후생과의 관계에는 여러 논점이 있을 수 있지만, 이 장에서는 2가지 논점만 중점적으로 설명한다. 첫째, 경쟁적 시장구조와 독점적 시장구조 중 어느 경우가 보다 활발한 혁신이 가능할까?의 문제와, 둘째, 혁신과 밀접한 관련이 있는 '지적재산권'제도와 경쟁정책 및 소비자후생과의 관계의 문제에 관해 공부한다. 참고로, 혁신의 범위가 매우 넓지만 이 책에서는 논의의 집중을 위해 혁신을 위한 주요 수단인 연구개발(R&D) 분야로 한정한다(연구개발 이외에도 생산현장에서의 학습 및 개선 노력, 경영상의 노력, 판매상의 투자 등도 혁신의 주된 수단이자 분야이지만 여기서는 논의를 생략한다).

2) 슘페터의 기술혁신 이론

제1장에서 시장경제 체제와 경쟁에 관해 공부하면서 경쟁시장의 균형과 독·과점시장의 균형에 관해 살펴보고, 독점적 시장구조 아래서의 불공정경쟁의 가능성을 배웠다. 특히 독점적 시장구조는 시장의 실패를 가져오는 하나의 원인이며, 소비자후생에도 부정적 영향을 미침을 공부하였다. 이러한 시장구조가 연구개발과 같은 기술혁신에는 어떤 영향을 미치게 될까? 즉 독점적 시장과 경쟁적 시장 모두 기업의 연구개발과 같은 기술혁신 활동에 긍정적 영향일 미칠까 그렇지 않다면 어떤 시장구조 아래서 연구개발이 보다 활발할 것인가?

(1) 슘페터의 가설

이 논점도 우선 슘페터의 표현을 통해 고찰해보자. 그는 "새로운 생산방법이나 신상품의 도입은, 그 출발점에서는 완전경쟁으로 보기는 극히 어려우며" 특히, "경쟁자집단에서는 이용이 불가능하지만, 독점자에게 있어서는 이용이 가능한 수단이 존재한다."라고도 했다. 이러한 논쟁을 중심으로 한 다음 가설을 '슘페터 가설'이라고 한다.

☑ **용어 정리 – 슘페터의 가설**(Schumpeter's Theory of Innovation)

기술혁신이 경제발전의 진정한 원동력이며, 독점적인 시장구조에 있는 기업일수록, 그리고 기업규모가 크면 클수록 기술혁신을 위한 연구개발(R&D) 활동이 보다 활발히 전개된다.

이러한 슘페터 가설은 사실 슘페터 자신이 주장하고자 하는 본래 의도는 아니었다. 그는 미시경제학에서의 완전경쟁의 시장구조에서는 R&D가 나타날 수 없다고 강조하고 있지만, 위의 가설과 같이, 시장이 독점적

일수록, 기업규모가 클수록 R&D 활동이 활발해진다는 양자 간의 단순한 증가함수의 관계를 고려한 것은 아니었다.

오히려 그는, "기업들 간에는 지속적인 경쟁의 상태"가 유지되고 있어서, "독점적 지위는 일반적으로는 쉽게 유지되는 현상은 아님"을 지적하고 있다. 또한 그는 과점기업 간 기술혁신 경쟁의 결과, 이른바 '창조적 파괴(creative destruction)'로 개념을 정의한 동태적 경쟁과 자본주의 발전의 과정이 나타난다는 점을 강조하였다.[55] 사실 삼성과 LG간 백색가전과 스마트기기 개발경쟁, SKT, KT, LGT간 이동통신서비스 경쟁이 슘페터의 이러한 주장을 잘 반영하고 있다고 하겠다.

(2) 슘페터 가설의 성립 조건

슘페터의 가설은 독점을 죄악시하는 전통적 관점에 도전하는 논점이지만, 그는 사실 독점 자체를 옹호하지는 않았다. 기술혁신을 통해 독과점 체제가 나타나게 되며, 이를 통한 독점이윤이 다시 기술혁신을 위한 원천이 되므로 독과점체제가 기술혁신에 유리하다는 점을 강조한 것이다.

이러한 슘페터의 가설이 성립될 수 있는 조건을 자금력, 규모의 경제성, 위험의 분산, 발명의 이익증대효과 등의 측면에서 제시해 본다.

첫째, 자금력의 문제를 생각해 보자. 연구개발에의 투자에는 다양한 불확실성이 따른다. 투자원금을 모두 잃어버릴 수 있으며, 예상했던 발명의 결과가 나타나지 않거나 기대에 미치지 못할 수도 있다. 신기술 개발의 성과를 얻더라도 시장여건 상 상품화가 어려울 수 있으며 수익성이 낮을 수도 있다.

그런데 민간 기업이 연구개발에 투자하려면 매출 이익이나 차입을 통해 충당해야 한다. 매출 이익이 많지 않은 중소기업이나 매출이익이 전

---

55) 하지만 '창조적 파괴' 개념은 그가 활동한 대공황의 회복기인 20세기 중반에는 당시의 주류경제학 사조였던 케인즈 경제학의 위세에 밀려 별로 주목받지 못했었다.

혀 없는 창업기업은 어쩔 수 없이 금융기관의 대출이나 정부의 연구개발 지원, 엔젤투자 등에 의존할 수밖에 없다. 하지만 연구개발 투자에 따른 여러 불확실성 때문에 이러한 외부 차입이 쉽지 않으며, 따라서 연구개발의 자금조달에 상당한 어려움이 수반된다. 하지만 상대적으로 사내자금이나 매출 이익이 많은 대기업이나 독점이윤을 얻고 있는 기업의 경우는 수반되는 불확실성에도 불구하고 R&D 투자가 상대적으로 용이할 것이다.

둘째, 규모의 경제성 측면에서 슘페터 가설의 성립 여부를 제시할 수 있다. 연구개발의 규모가 커지게 되면 그에 따른 전체 비용의 크기도 커진다. 하지만 연구개발규모의 크기가 클수록 연구에 필요한 장치나 시설, 문헌 등을 공용할 수 있어 단위당 비용 즉 평균비용(*AC*)은 낮아질 가능성이 있다. 또한 연구개발규모의 클수록 다양한 분야에서 연구하는 연구자와 전문가와의 교류에 따른 성과가능성도 높을 수 있다. 삼성의 경우 2013년 R&D투자액수가 146억원이었고 약 6만명이 해당분야에 종사하고 있다. 향후 수년 내 연구개발인력을 9만명까지 늘려 기업 전체인력의 1/3까지 높이겠다는 계획을 발표하기도 했다.

셋째, 큰 규모일수록 위험(risk)의 분산효과가 클 수 있다는 점이다. 앞서 지적한 불확실성이 있는 경우, 여러 연구프로젝트를 수행하면서 그중 소수만 성공하더라도 어느 정도는 위험을 분산시킬 수 있다. 실패에 따른 위험을 분산할 수 없으면 시장경쟁에서 이기기 위해 끊임없이 새로운 사업과 제품을 생산할 수 없는 것이 현실이다.

넷째, 독점적 시장구조 또는 대규모 기업일수록 신제품 등의 발명에 따른 이익 증대 가능성이 크다. 신제품을 발명하거나 개발하였을 경우, 독점적 기업이나 대규모 기업일수록 자신의 브랜드와 판매망 등을 이용하여 수익을 내기가 쉬울 것이다. 또한 생산량이 많을수록 비용절감에 따른 수익창출 효과도 커질 것이다.

(3) 슘페터가설에 대한 비판

이상의 슘페터가설을 지지할 수 있는 조건들에 동의하지 않거나 비판적인 견해도 있다. 가장 큰 비판은, 이러한 슘페터가설 지지조건들은 기본적으로 기업의 자금조달, 연구개발에 관련된 자산의 이용, 위험분산 등의 측면에서 기업내 자체적으로 해결하는 것이 유리하다고 전제하고 있다. 하지만 이러한 것들은 자체 조달뿐 아니라 시장메커니즘을 활용하는 것도 가능하며, 생산과정의 일정 부분을 외주(outsourcing)하는 경우도 적지 않다(아이폰 등 시리즈 상품을 제조, 판매하는 애플사의 경우가 대표적인 사례이다). 자금조달의 경우 이른바 '벤처캐피탈'(모험자본)을 통한 경우도 일반적이다. 사실 한국에서도 새로운 아이디어를 가진 신생 벤처기업들이 주식시장에서 자금을 조달하여 R&D에 성공한 경우가 적지 않다(물론 성공한 벤처기업보다 실패한 사례가 훨씬 많다). 벤처캐피탈은 소규모의 벤처기업들의 자금조달의 어려움 문제를 해소해 줄 수 있다.[56)]

☑ **용어 정리-벤처캐피탈**(venture capital)

높은 기술력과 장래성은 있지만 경영의 기반이 약하며 따라서 일반 금융기관으로부터의 자금조달이 어려운 벤처 비즈니스에 대해 주식취득 등을 통해 투자하는 기업 또는 기업의 자본을 말한다.

모든 연구개발 활동을 전적으로 기업 내에서 수행할 필요는 없다. 경우에 따라 필요한 연구 설비나 연구자를 가진 전문기업에 아웃소싱 함으로써 시간과 비용을 절약할 수 있으며, 대학이나 연구소, 산업체들과 제휴한 공동연구나 위탁연구도 일반적인 현상이다.

---

56) 벤처캐피탈의 하나로 엔젤투자(angel investment)가 있다. 아이디어와 기술력은 있으나 자금이 부족한 예비 창업자들에게 창업초기부터 투자를 하고 경영자문 등을 하고, 해당 창업 기업이 성장한 후에 투자이익을 회수하는 개인투자자 또는 투자자본을 엔젤투자라고 한다.

또한, 오히려 기업규모가 클수록 혁신적 측면에서 불리하게 된다는 연구들도 있다. 혁신에 관한 적지 않은 연구들은 작은 기업이 큰 기업보다 유연하며 혁신의 추진이 신속하다는 주장까지 하고 있다.

이러한 관점들에서는, 기업의 규모에 관계없이 연구개발의 수행이 가능해 질 수 있으며 따라서 슘페터의 가설을 지지해주지 않는다.

2. 기술혁신의 대체효과

앞서 슘페터의 가설을 지지하는 4가지 측면을 구분하여 살펴보았다. 본 절에서는 그 중 네 번째 조건인 발명에 따른 이익의 경우 독점기업이거나 대규모기업일수록 상대적으로 크다는 견해에 대해 경제학에서의 대체효과(substitute effect) 이론을 접목하여 접근해 보겠다.

사실, 발명이나 신제품 개발에 따른 경제적 이윤이 대규모기업이나 독점기업일수록 상대적으로 클 것이라는 견해에 대한 반대의견도 만만치 않다. 어떤 기업이 큰 소비 수요가 예상되는 신제품의 개발에 성공하여 경쟁사의 제품을 시장에서 구축(crowding-out)시킬 수 있다고 하자. 그러면 해당 기업의 규모가 큰 경우와 작은 경우를 비교해보면 작은 경우가 상대적으로 유리할 수 있다. 예컨대, 기존의 시장점유율이 50%인 경우와 10%인 경우를 비교해보면, 대규모기업은 신제품 출시로 점유율이 2배로 증가된 반면, 소규모기업은 같은 상황에서 10배로 증가되었다(물론 해당 제품에 대한 시장수요는 변하지 않으며, 경쟁사(들)의 구축이 확실하다는 전제 아래서이다).

1) 독점기업의 대체효과

이제 특정 제품의 시장점유율이 높은 독점적 기업이 신제품을 개발하여 출시한 경우를 생각해 보자.

독점기업가가 신제품을 출시하는 경우 일정부분 자사의 기존 제품(이를 '구제품'이라 하자)을 대체하게 된다. 스마트폰의 시장점유율이 높은 애플사가 신제품인 i6를 출시한 경우 상당부분은 기존의 i3~i5를 대체하는 효과가 있다. 따라서 신규진입 기업의 신제품 출시에 따른 (경쟁사를 구축하는 것이 가능한 경우의) 이익 증가에 비해서는 그 규모가 상대적으로 제한될 수밖에 없다. 이러한 현상을 경영학 등에서 대체효과(substitute effect)라고 한다.[57)]

☑ **용어 정리－대체효과**(substitute effect)

기술혁신에 따른 신제품의 출시로 기존 제품을 대체함으로써 기존 제품의 수요가 감소되며, 따라서 신제품의 공급 증가에 따른 순이윤의 증가폭이 줄어드는 현상을 말한다. 이러한 현상은 경우에 따라서는 기업들의 신제품 출시의 유인을 줄이는 결과를 낳기도 한다.

삼성전자의 스마트폰 시리즈인 갤럭시S 제품의 경우를 예로 들면, 최근의 갤럭시S6의 출시는 새로운 수요층을 확대하는 것보다는 기존의 구형 S5, S4, S3, S2 제품을 대체하게 됨으로써, 구형제품의 수요를 감소시키게 되어 전체적 이윤의 증가폭은 대체가 없는 경우에 비해 적게 된다. 이러한 대체효과는, 제조상의 혁신(product innovation)에서뿐만 아니라, 생산방법의 혁신(process innovation)에 따른 생산비용 절감의 경우에도 성립한다. 이를 간단한 그림을 통해서 구체적으로 살펴보자.

독점화기업의 이윤극대화

지금까지의 그림들과 마찬가지로 <그림 8-1>에서도 완전경쟁기업의 평균비용이 40원 수준이라고 하자.[58)] 그런데 한 기업이 기술혁신을 반영한

57) 경제학에서의 대체효과의 의미와는 다소의 차이가 있다. 경제학에서의 대체효과란, '어떤 상품의 상대 가격의 변화가 각 상품의 수요 변화에 영향을 미치는 효과'를 말한다. 예컨대 주식인 쌀의 가격이 상승하면 대체재인 빵의 수요가 늘고 쌀의 수요는 그만큼 줄어들어 빵이 쌀로 대체되는 효과가 있다.

58) 엄밀히 말하여 40원보다 낮은 예컨대 39원이어야 다른 기업의 퇴출이 가능해질 것이다.

신제품의 판매 가격이 10원이 인하된 30원 수준이라고 하면 해당기업의 이윤은 <그림 8-1>에서 D+E+F의 면적인 600원이다(혹은 G 면적이 포함된 650원이라고 봐도 무방하다).

한편, 당초 독점화기업의 독점이윤을 보면, <그림 3-2>에서와 마찬가지로 해당기업은 70원의 독점가격을 설정하여 30개의 제품을 판매함으로써 이윤극대화가 가능하다. 즉 A+B의 면적에 해당하는 900원이다.

이제 이 독점화 기업이 신제품을 출시함으로써 얻게 되는 이윤극대화 수준을 살펴보자. 해당 시장의 수요는 변동이 없다는 전제 아래 신제품 출시 후 이윤을 극대화할 수 있는 독점가격은 65원이다(왜 그럴까?). 65원의 가격에 직면한 시장수요는 35개이며, 이때 얻을 수 있는 이윤은 B+C+D+E 면적에 해당하는 1,225원이다.

<그림 8-1> 독점의 대체효과

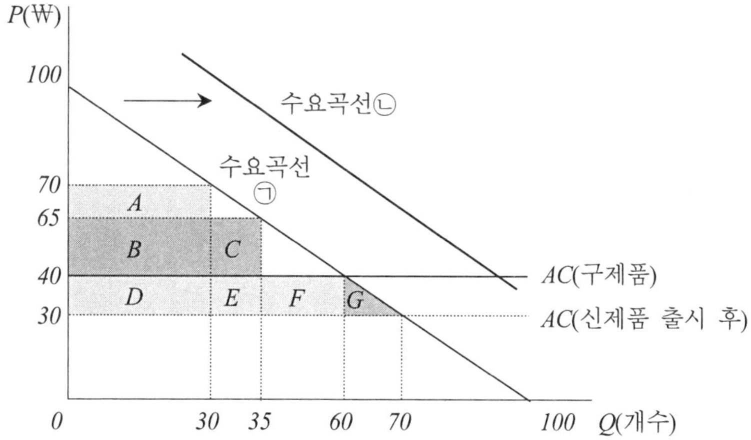

2) 경쟁기업과의 비교

이제, 경쟁기업과 독점화된 기업의 신제품 출시에 따른 추가적인 이윤증가의 크기를 비교해 보자. 독점화된 기업의 경우는 신제품 출시로 1,225-

900=325원의 이윤이 늘어난 반면 경쟁기업의 경우는 600원이 증가되었다. 즉 경쟁기업이 독점화된 기업에 비해 신제품 출시에 따른 이윤의 증가폭이 훨씬 크다. 왜 그럴까?

<그림 8-1>을 통해 지금까지 설명했듯이, 완전경쟁시장에서의 발명기업의 경우가 기술혁신에 따른 신제품 출시의 이윤증대 효과가 더 크다. 그 주된 이유는 앞서 정의한 독점에서의 대체효과 때문이라고 볼 수 있다. 즉, 시장의 수요가 변하지 않는다는 전제 아래, 신제품의 출시는 비록 기술혁신에 따른 가격인하 요인이 반영된 수요의 증가가 나타나지만, 상당부분 기존 제품의 수요를 대체할 수밖에 없고, 따라서 독점화 기업의 순이윤의 증가는 제한적일 수밖에 없으며, 경우에 따라서는 이윤이 오히려 감소될 수도 있다.

반면 경쟁기업의 경우는 기존의 경제적 이윤은 0이지만 신제품 출시의 비용 인하 요인에 따른 수요증가가 모두 자신의 이윤증가로 나타나게 되는 것이다.

☑ **용어 정리－경제적 이윤**(economic profit)

> 회계장부로부터 산출된 이윤에서 해당 경제활동 과정에서 투입된 암묵적 비용들을 모두 제외한 경제적 의미에서의 이윤을 의미하며, '총수입-경제적비용'으로 계산된다. 여기서 경제적 비용(economic costs)이란 명시적 비용(회계적 비용)에서 암묵적 비용(귀속비용)을 뺀 것을 말한다. 따라서 경제적 이윤은 '회계적 이윤-암묵적 비용'의 의미도 된다.

물론, 독점화 기업의 신제품 출시로 기존의 시장수요가 확대되는 경우는 독점화기업의 이윤증대가 경쟁기업의 경우보다 커질 수도 있다. <그림 8-1>에서 수요곡선 자체가 우측으로 이동한 수요곡선ⓛ의 경우이다. 이 경우에 대해서는 독자 스스로 분석해보기 바란다.

3. 급진적 혁신과 점진적 혁신

지금까지 기술혁신과 관련하여 두 가지 논점을 제시해 보았다. 즉 대규모기업이나 독점화된 기업일수록 신제품의 판매가 활발하여 연구개발의 인센티브가 높다는 이른바 슘페터의 가설과, 신제품이 기존 제품의 수요를 대체하는 이른바 대체효과에 따라 원래 독점적 기업의 연구개발에 따른 인센티브가 상대적으로 작다는 견해이다. 이 두 논점 중 어느 쪽이 보다 현실적인지에 관해 살펴보자.

1) 급진적 혁신과 점진적 혁신의 의의

어터백(James M. Utterback, 1994)은 기술혁신을 점진적 혁신(incremental innovation)과 급진적 혁신(radical innovation)으로 구분하여 설명하였다.[59)]

점진적 혁신은 기존의 제품에 기능을 추가하거나 불편사항을 개선하는 형태로 점진적으로 진행되는 혁신을 의미한다. 친환경 에너지절약 LED전구 기술의 적용, 찬물에도 사용가능한 세제의 개발, 기존 HDTV보다 4배 선명하면서도 전기사용량을 줄인 4HDTV기술의 상용화 등이 대표적인 점진적 혁신의 사례이다.

급진적 혁신은 기존과는 전혀 다른 제품을 개발하는 것을 일반적으로 의미하는데, 세계를 호령하던 필름메이커인 코닥을 파산으로 몰고 간 디지털카메라 기술, CD산업의 흥망을 지켜보게 한 디지털음원의 상용화 등이 급진적 혁신의 좋은 예이다.

---

59) Utterback, James M(1994), Innovation : How Companies Can Seize Opportunities in the Face of Technological Change, Harvard Business School Press.

급진적 혁신과 대체효과

기술혁신에 따른 대체효과 이론은, 신제품 출시 기업이 경쟁시장에서 경쟁자들을 완전히 구축할 수 있다는 점을 전제하였다. 이는 생산방법 내지 생산 공정에서의 기술혁신이라면, 신기술 기업이 타사들보다 절대적인 비용우위를 갖고 있다는 의미이다. 또한 제품혁신(product innovation)의 경우는, 현실적으로 모든 고객의 구매성향을 기존제품에서 새로운 제품으로 대체됨을 전제한 것이다. 이러한 혁신은 어터백에 의해 정의된 급진적 혁신(radical innovation)의 경우라고 볼 수 있다.

점진적 혁신과 수요 증가

한편, 그와 같은 급진적이지 않은 혁신도 있다. 앞서 소개한 점진적 혁신(incremental innovation)이다.

점진적 혁신은 부분적인 개량 등을 통해 경쟁기업의 소비자를 일부 빼앗아올 수는 있지만 모든 수요를 독점화할 수는 없다. 이 경우 시장점유율이 높은 기업은 기존의 자사 제품의 소비자가 많으므로 신제품 출시에 따른 수요증가를 기대할 수 있을 것이다.

2) 기술혁신과 기업 규모

이제 앞서 제시했던 슘페터의 가설과 그와 상반된 견해 등 두 논점 중 어느 쪽이 보다 현실적인지에 관해 기업의 규모와 연관 지어 정리해 보자.

앞서 정의한 급진적 기술혁신의 경우 소규모의 기업, 경쟁적 여건에 있는 기업 또는 그동안 주목받지 못했던 기업의 기술혁신 인센티브가 더욱 큰 반면, 점진적 혁신의 경우는 시장점유율이 큰 대기업일수록 R&D에 따른 인센티브가 클 수 있다.

예컨대, 삼성전자가 휴대폰의 하드웨어에 치중하는 동안 휴대폰이나 태블릿기기의 소외기업이었던 애플사가 혁신적 제품인 iPad와 iPhone을 개발하여 시장을 석권했던 것이 전형적인 급진적 혁신의 예이다. 또한 벤처기업들은, 실패하는 사례가 많지만 급진적 기술혁신을 향해 연구개발에 투자하는 경우가 많은 이유도 그 때문이다. 반면에 도요타와 노키아와 같은 대규모 기업들은 비록 치열한 시장경쟁을 위해 급진적 혁신이 요구될 경우도 있지만 신제품 출시에 따른 기존제품의 대체효과에 따른 이윤상쇄 등의 영향을 감안하여 점진적 혁신 전략을 구사하는 것이 일반적이다.

그러므로 슘페터가설이 현실적일지 여부는 기술혁신의 성격이 급진적인지 아니면 점진적인지 여부에 따라 다르다고 보는 것이 타당할 것이다.

현대자동차와 삼성전자, 토요타, 구글 등 대규모 기업들, 고집중도 기업들이 보다 활발한 R&D활동을 하고 있는 예는 많다. 또한 이에 관한 실증분석도 많다. 하지만 그러한 분석이 슘페터가설을 확실히 지지하는지 여부는 명확하지 않다. 다시 말해 혁신의 형태와 성격에 따라, 혹은 산업의 특성에 따라, 집중 규모와 R&D 활동 간의 관계가 달라진다는 의미이다.

이러한 점들을 경쟁 정책적 관점에서 보면, 혁신을 촉진하려는 취지에서 독점적 시장을 용인하는 것은, 특히 급진적 혁신의 의욕을 꺾는 결과를 가져와 산업의 발전을 저해하거나 위험성을 높일 가능성이 있다. 특히 중소기업이나 벤처캐피탈의 투자의욕과 생산성을 저해할 우려가 있다.

3) 기술혁신과 소비자후생

기술혁신을 통해 생산비가 절감되면 경쟁시장에서 상품의 공급이 늘어나고 가격이 하락하게 되어 소비자잉여의 폭이 증가된다. 따라서 생산자잉여와 소비자잉여의 합으로 산정되는 사회후생이 증대된다. 다시 말해 기업의 혁신적 기술개발의 혜택은 공급자인 기업뿐만 아니라 소비자도 향유하게 되는 것이다. 이러한 소비자후생의 증대는 한편으로 산업발전의 견인차 역할을 하게 된다.

4. 지적재산권

1) 지적재산권의 의의

어떤 아이디어의 고안자는 해당 고안의 사회적 가치를 모두 소유할 수는 없다. 하지만 만일 해당 아이디어 고안자에게 그 소유권을 배타적으로 보장해 주게 되면 그는 아이디어의 사회적 가치의 많은 부분을 전유할 수 있으며 따라서 고안(발명)을 하고자 하는 인센티브를 갖게 된다. 즉 이러한 아이디어 고안의 유인은 그 아이디어의 사회적 가치와 밀접한 관계가 있다. 하지만 이와 같은 명백한 사회적 이익에는 또한 사회적 비용이 수반된다. 아이디어의 소유자는 타인들이 그 아이디어를 사용하지 못하도록 하는 권리를 갖는데, 이러한 배타적 권리는 아이디어의 보급과 응용을 저해한다. 일반적으로, 아이디어 창조자의 재산권의 기간이 길면 길수록, 그리고 그 재산권의 범위가 넓을수록, 아이디어 창조의 유인은 강해지는 반면 그 아이디어의 보급과 응용의 유인은 약해지게 된다. 대표적인 경우가 특허권이며, 특허권을 포함한 지적재산권이 대부분 이러한 성격을 갖는다.

특허권, 실용신안권, 의장권, 상표권(이상 4가지를 산업재산권이라 한다), 저작권 등을 총칭하여 지적재산권(intellectual property; IP; 지재권으로 표현하기도 한다)이라 한다.

☑ 용어 정리－지적재산권

인간의 정신적인 창작활동의 결과물에 대한 재산권을 말하며, 발명·고안·의장 등 산업상의 창작 및 상표 등 영업상의 표지에 관

> 한 산업재산권과, 문예·학술·미술 등 문화적 창작에 관한 저작권으로 구분된다. 지적재산권은 발명자나 창작자에 일정기간의 독점권을 부여함으로써 발명 등의 인센티브를 제공하게 된다.

특허권(patent)은 제4장에서 시장진입 저지전략을 공부할 때에도 설명하였듯이 발명에 대한 배타적 권리를 의미한다. 실용신안권(utility model)은 특허에 비하여 상대적으로 작은 실용적인 발명이나 고안에 대해 주어지는 권리로서, 산업상 이용할 수 있는 물품의 형상, 구조, 조합에 관한 고안들에 대한 배타적 재산권을 의미하며 특허권과 마찬가지로 특허청에 등록하게 된다. 의장권(industrial design)은 제품의 독창적인 모양, 형상, 색채 등 외관상으로 표현되는 디자인의 독창성에 대하여 주어지는 권리이다. 상표권(trademark)은 생산자가 자신의 상품을 다른 상품과 구분하기 위하여 사용하는 문자·도형·기호·색채 등으로 표현되는 상징에 대한 배타적 사용권을 의미한다.

저작권(copyright)은 어문, 음악, 미술, 컴퓨터 프로그램, 캐릭터 같은 독창적 저작물의 저작자에게 부여하는 배타적인 권리이다. 이는 자신의 창작물을 배포하거나 전달하며 타인이 특정의 방법으로 사용하도록 허락할 수 있는 제반 권리를 의미한다.

이상의 여러 지적재산권에 의한 권리자의 독점적 권리행사는 해당 법뿐 아니라 공정거래법에서도 일반적으로 허용되고 있다.

2) 지적재산권과 사회적 후생

독점적 이윤과 사회적 비용

특허권과 시장 독점 간에는 유사성이 있다. 발명은 신제품을 만들어내거나 기존제품을 보다 적은 비용으로 생산할 수 있게 해 준다. 이 유용한 발명은 밀접한 대체재가 존재하지 않기 때문에, 특허권이 주어진다면 하나의 독점이 형성되는 것이다. 제1장에서 살펴본 독·과점의 문제와 같이 독점적 생산자는 초과이윤을 얻게 되므로, 이 독점이윤은 특허제도가 제공하는 발명가에 대한 보상의 의미가 있다. 하지만, 독점은 사회적 비용을 유발하게 되어 사회적으로 필요한 수준보다 낮은 수준의 생산과 높은 가격을 가져온다. 특히 특허 제품은 그 특허권이 지속되는 한 매우 높은 가격에 공급되고 품질도 낮아지게 된다.

특허권뿐 아니라, 앞서 소개한 상표권과 저작권 등의 지적재산권은 모두 이러한 독점화 문제에 직면하게 되지만, 그 해결의 형태는 각기 다르다. 특허에 관련된 제도는 발명 및 기타 기술적 개선에 재산권을 확보해 주게 되며, 저작권제도는 저자, 예술가, 작곡가 등의 재산권을 보장해 준다. 또한 상표권제도는 특수한 상업적 상표와 심벌에 대한 재산권을 확립시켜준다. 이러한 세 가지 지적재산권 제도에 있어 재산권의 범위와 기간은 각각 다르며, 일반적으로 다음과 같이 경제적 효율성에 의존하게 된다. 특허에 대한 재산권 부여의 기간이 사회적 후생에 미치는 효과에 관해서는 제4장 제2절(특히 <그림 4-2>)에서 고찰했으므로 생략하도록 하고, 여기서는 저작권과 상표권의 범위와 기간의 사회후생 효과에 관해 고찰해 보자.

저작권·상표권과 사회적 후생

저작권제도는 특허제도와는 달리 고안자가 자신의 저작물에 대한 저작권을 부여받기 위해 사전적으로 등록해야하는 것은 아니다. 다만 특허법에서와 마찬가지로 저작권에 대한 보호도 그 기간(duration)과 범위(breadth)에는 제한이 있다.

저작권의 범위란 저작권이 부여된 저작물을 별도의 권한 없이도 사용할 수 있는 수준을 말한다. 즉 넓은 범위의 저작권은 모든 권한 없는 사용을 금지하게 되는 반면, 좁은 범위의 저작권은 권한이 없이도 어느 정도의 사용이 허용된다. 예컨대 출판물들은 비평과 풍자를 위해 인용되거나 또는 교육적 목적 아래서 복제를 제한적으로 허용되기도 하는데, 저작권법에는 이와 같은 형태의 사용에 관한 이른바 공정이용제도를 두고 있다. 우리나라 저작권법 제28조의 '공표된 저작물은 보도 비평 교육 연구 등을 위하여는 정당한 범위 안에서 공정한 관행에 합치되게 인용한다' 규정이 이에 해당한다. 다시 말해 공익과 저작권자의 이익 중 공익의 가치가 더 큰 경우는 사익의 제재가 타당하다는 논리이다.

저작권 보호 기간은 대상 저작물의 형태나 국가별로 다를 수 있지만 일반적으로 저작자 사후 50~70년이다. 미국의 경우 18c 이후 저작권 부여 기간이 점차 연장되어 왔으며 오늘날에는 저작권자의 사후 70년까지로 되어있으며, 우리나라는 50년이다. 사회적 후생을 극대화하는 저작권의 최적기간의 문제는 이른바 추적비용(tracing costs)이라는 특허권과는 다른 형태의 비용까지 고려해야 한다. 어떤 저작물을 이용하고자 할 경우 우선 해당 저작권자를 추적해서 허가를 득해야만 한다. 그런데 해당 저작물이 오래되었거나 저작권자가 다수의 저작물사용계약을 맺고 있을 경우에는 그 추적에 어려움이 따른다. 하지만 시효가 이미 만료된 것을 알고 있는 경우에는 그렇지 않다. 그러므로 만일 저작권의 기간을 제한하게 되면 이러한 추적비용이 감소하여 사회적 후생이 개선될 수 있을 것이다.

상표권은 이른바 상표(trademarks)의 이용에 대한 배타적 권리이다. 해당 상표의 이용 권리를 명확하게 어필하기 위해서는 반드시 등록을 해야 한다. 특허권의 경우와 마찬가지로, 상표권 등록신청자는 해당 상표가 상표법에서 제시하는 기준들을 충족함을 보여야 한다. 상표권의 존속기간 역시 국가마다 차이가 있지만 우리나라의 경우 10년이며, 갱신이 가능하다.

상표권도 특허권과 저작권과 마찬가지로 사회후생의 관점에서 적절한 수준의 존속기간 문제를 검토해 볼 수 있을 것인가? 아니다. 상표권의 배타적, 독점적 이용을 허용하는 경우는 특허권이나 저작권과는 달리 오히려 경쟁을 촉진할 수 있을 뿐 아니라 저작권에서의 추적비용도 거의 들지 않는다는 특징이 있다. 상표권은 특허권이나 저작권과는 달리 토지 등에 관한 소유권과 유사한 측면이 있다고 본다.

여담(regression) 8.1

저작권에 우선돼야 할 양심과 윤리

고위공직 인사 때마다 예외 없이 불거지는 쟁점 중의 하나가 '표절'이다. 각 분야 최고 수장으로 거론되는 분들의 논문 표절과 대필 의혹은 국민의 공분을 사기도 했다. 공직인사뿐 아니다. 교수사회나 예체능계의 표절문제도 종종 도마 위에 오르내린다.

타인의 저작물의 일부 또는 전부를 마치 자기의 창작물인양 몰래 사용하는 표절행위는 저작권침해와 같은 불법행위이기 이전에 자신의 양심을 버리고 사회적 윤리를 가벼이 여기는 행위이다. 처벌의 대상 여부에 관계없이 도덕적으로도 지탄받는 것은 당연하다. 그렇지만, '연구윤리지침'이 정부에 의해 처음으로 마련된 2007년 2월 이전의 관행을 무시할 수는 없다.

나의 학창시절 외국 책을 그대로 번역하거나 짜깁기한 수준의 교과서들이 많았다. 물론 출처나 인용표시가 없는 경우가 다반사였다. 지금의 관점에서는 '왕표절'이고, 원저작자의 법적 대응이 있었다면 모두 저작권 침해로 처벌받았을 사례들이다.

학술지 발표논문에 지도교수의 이름을 함께 올리는 것도 당시에는 관행의 하나였다. 나도 학위논문을 준비하면서 수집한 데이터를 분석한 괜찮은 논문에 은사님의 이름을 올려드렸었다. 내가 쓴 논문이지만 은사님의 이름과 함께 발표되는 '영광'이라는 생각까지 했던 터였다. 개중에는 자신의 이름을 제1저자로 올리는 몰염치한 교수도 주변에는 상당수 있었다.

당시의 사회적 여건을 어느 정도 감안할 수는 있어도 관행이라는 이름으로 표절이나 저작권침해가 정당화되어서는 안 된다. 동일본대지진 당시 헌정곡 '피아노 소비나 2번'을 작곡하여 유명세를 탄 일본의 국민작곡가 겐고 쇼이치의 사기극도 처음에는 타인의 곡을 사고파는 관행적 행위에서 비롯되었을 것이다.

창작과 표절, 모방의 경계선이 분명하진 않지만, 정도를 벗어난 표절과 저작권 침해는 창작의욕을 꺾을 뿐 아니라 우리 사회의 윤리관을 무너뜨린다. 표절에 따른 저작권 침해 문제는 창작자의 법적 대응이나 사회적 처벌을 통해 일정부분 보상받을 수 있다. 하지만 창작열의 저하나 국가 신뢰에 대한 부정적 이미지 등 우리 사회가 부담하는 비용에는 턱없이 모자란다. 양심과 윤리관의 정립이 저작권보다 우선돼야 할 이유이다.

자료: 이종인(2015), 당신이 소비자라면, 이담북스, 189~192쪽

3) 장·단기 효율성간 상충과 후생효과

위에서 고찰했듯이 지적재산권은 배타적 이용권의 보장을 통해 필연적으로 경쟁을 저해하게 되며, 따라서 배타적 권리를 통한 아이디어 창출 또는 발명의 유인이라는 긍정적 측면과 서로 상충관계에 놓이게 된다. 여기서는, 지적재산권들 중 특허권을 중심으로 공부해 보자(물론 다른 종류의 지적재산권에 대해서도 유사하게 접근해 볼 수 있다).

제2절에서 고찰한 혁신의 대체효과에 의하면, 발명 이전에는 완전경쟁이더라도 발명 이후에는 해당 아이디어를 상품화한 기업이 독점화되는 것은 주로 특허제도 때문이다. 앞서 제시한 <그림 8-1>을 통해 다시 설명하도록 한다.

그림에서 발명을 통한 새로운 아이디어를 접목한 신제품을 출시한 기업은 원가가 낮아져 신제품 출시 전 경쟁가격인 40원보다 낮은 30원에도 손실을 보지 않는다. 특허를 통해 독점력을 확보한 상황에서 만일 40원의 가격을 받는다면 60개가 판매되어 600원의 이윤이 발생한다. 그런데 이러한 가격과 거래량이 사회적으로 바람직한 수준인가? 다시 말해 특허권 아래서 최적 수준의 사회적 후생이 달성되는가?

그렇지 않다. 그 이유는 다음과 같이 이해할 수 있다. 만일 특허권의 보장이 없다면 경쟁기업들도 신기술을 모방하거나 새로운 아이디어를 통해 30원의 평균비용에 상품을 생산할 수 있게 된다. 이때 시장거래량은

70개가 되며, 따라서 경쟁의 결과 사회적 최적 수준의 생산과 최적수준의 사회적 후생이 달성될 것이다. 물론 소비자잉여의 크기가 최대가 된다. 하지만 특허제도에 기인하여 40원의 독점가격 설정이 가능하다면 소비자잉여 중 생산자잉여로 전환되지 못한 이른바 후생순손실(dead weight loss)이 발생할 수 있다. <그림 8-1>의 삼각형 G의 크기가 이에 해당한다.

단기적 효율성과 장기적 효율성

특허권과 같은 지적재산권은 시장의 효율성, 특히 단기적 효율성 측면에서는 바람직하지 않다. 소비자잉여 중 독점적 이윤으로 전환되지 못한 후생순손실로 인해 사회적 후생이 저하되기 때문이다. 설명의 편의를 위해, 발명과 같은 기술혁신의 결과 그 자체로 인한 자원의 최적 배분이 달성되는 경우를 '단기적 효율성'이라 하자(이는 아래에 설명하는 '장기적 효율성'과 구별하기 위함이다).

하지만, 고안이나 발명에 대한 전용권이 허용되지 않는다면 누구나 해당 신기술을 이용하여 짝퉁제품의 생산할 수 있게 되며, 따라서 신기술을 접목하여 생산한 신제품 출시 기업은 발명에 따른 이윤획득이 불가능해지므로 누구도 그러한 혁신 활동을 할 경제적 유인이 없게 된다. 그 결과 <그림 8-1>에서 평균비용이 40원에서 30원으로 낮출 수 있는 발명이 실현될 수 없다. 다시 말해 기술혁신을 촉진함으로써 장기적으로 다량의 제품을 소비자들에게 낮은 가격으로 공급함으로써 얻을 수 있는 효율성을 기대할 수 없는 것이다. 이러한 효율성을 앞서 정의한 '단기적 효율성'에 대비하여, '장기적 효율성'이라고 정의하자.

효율성간의 상충 문제와 사회 후생

지금까지 살펴본 특허권과 장·단기적 효율성의 문제를 정리해 보자. 특허제도는 배타적 이용권 내지 독점권을 고안자·특허권자·신제품생산자에게 부여함으로써, <그림 8-1>에서 보듯이 후생순손실을 초래해 단기적 효율성을 저해하게 된다. 하지만 장기적으로는 신기술을 접목한 신제품의 대량생산과 관련된 발명의 유인을 촉진함으로써 장기적 효율성을 높이는 효과가 있다. 따라서 단기적 효율성과 장기적 효율성의 상충 문제가 나타난다.

그런데 한 가지 고려할 사항은, 특허제도로 인해 단기적 효율성이 항상 저해되는 것은 아니라는 것이다. 특허제도로 발명 또는 혁신적 신제품 출시가 촉진되는 경우 그렇지 않은 경우보다 사회적 후생이 개선되는 효과가 있을 수 있다. 예컨대 <그림 8-1>에서 특허제도 아래 신제품 출시 기업의 균형은 40원의 균형가격과 60개의 균형거래량이며, 이는 신제품 출시 후의 사회적 최적(30원, 70개)수준에 비해 삼각형 G의 후생순손실이 발생된다. 하지만 신제품 출시 이전의 균형(40원, 60개)과 동동한 수준이다. 따라서 소비자 관점에서는 신제품 출시 이전과 이후 사이에 효용의 차이가 없다. 하지만 기업 입장에서는 신제품 출시 이후 600원의 이익이 발생된다. 사회적 후생의 크기를 '소비자이익+생산자이익'으로 정의했을 때 특허제도는 단기적으로도 사회 후생을 증대시킬 수 있는 것이다.

제5장에서도 설명했듯이 우리나라의 특허기간은 20년이다(특허법 제88조, 의약품은 연장이 가능하다). 특허기간 경과 후에는 타 기업들의 모방이 허용되며, 그렇게 되면 위에서 정의한 단기적 효율성도 달성될 수 있을 것이다. 현실적으로 신기술이 개발되어 특허를 득하게 되면, 특허법을 어기지 않는 범위에서 그와 유사한 새로운 기술들이 생겨난다. 따라서 일정부분, 단기적 효율성도 달성이 가능해질 것이다. 하지만, 특허기간이 길어질수록 해당 기술의 활용이 어려워 유사발명이나 유사특허 출원의 가능성이 낮아져 단기적 효율성은 저해될 것이다.

[검토과제]

1. 슘페터가설의 이론적 근거를 제시하고, 현실에서의 성립 여부를 논하라.
2. 완전경쟁시장 기업이 독점기업에 비해 발명의 동기가 큰 이유를 대체효과로 설명하라.
3. 급진적 혁신과 점진적 혁신 중 어느 경우에서 대체효과가 나타나기 쉬운가?
4. 특허권과 같은 지적재산권에서는 단기적 효율성과 장기적 효율성간의 상충문제가 발생한다. 두 효율성의 의의와 상충관계가 야기되는 이유를 설명하라.
5. 지적재산권이 사회적 후생에 미치는 효과를 설명하라.
6. 지적재산권에 기초한 독점적 권리행사는 공정거래법상 어떤 경우에 허용되고 어떤 경우에 허용되지 않는지 생각해 보라.

제 9 장 우월적 지위의 남용과 하도급거래

우리는 "사실상 독과점 지위에 있는 우월적 지위를 이용해 거래상대방에 대한 불공정 행위를 했다"는 뉴스를 종종 듣는다. 이와 같이 '우월적 지위'를 이용한 바람직하지 않은 행위는 사회적, 정치적 분야뿐 아니라 시장경제에서 규제되어야 할 대표적인 불공정거래행위의 하나로 간주된다. 제9장에서는 경쟁당국에서 규제하고 있는 이러한 '우월적지위의 남용'의 문제에 관해 소비자후생의 문제와 연관해서 살펴본다.

우선 경쟁법에서의 우월적 지위의 의미와 우월적 지위 남용의 경제적 의의를 공부한다. 이어서 매몰비용에 해당하는 특정한 관계 속에서의 자산에 대한 투자로 인해 발생되는 게임이론에서의 이른바 홀드업(hold-up) 문제와, 이의 해소를 위한 시장적 해법의 하나인 평판효과(reputation effect)에 관해 경쟁정책적 관점에서 고찰한다. 물론 경쟁정책의 소비자후생효과도 함께 고려한다.

더불어서, 하도급거래와 가맹사업자거래 분야를 예를 들어 우월적 지위의 남용의 문제를 응용해본다.

1. 우월적 지위의 남용

1) 경쟁법에서의 우월적 지위

우월적 지위의 남용이란, 시장거래에 있어서 어떤 사업자가 상대방에 비해 우월한 여러 형태의 지위를 이용하여 상대방에게 부당한 불이익을 강요하는 행위를 말한다. 이때 우월적 지위(market-dominating status)는 독점이나 과점과 같은 시장구조상의 절대적인 우월함뿐만 아니라, 거래당사자간 어떤 특화된 생산 체제에서 상대적으로 우월한 지위 상태의 경우를 모두 포함한다.

이러한 거래상의 우월적 지위를 남용(abuse)하는 행위는 경쟁법에서 명시적으로 제한하고 있는 위법한 행위이다. 즉 우리나라 공정거래법에서는 일정한 거래에서 단독 또는 타 사업자와 함께 재화나 서비스의 가격·수량·품질, 기타의 거래조건을 결정·유지 또는 변경할 수 있는 시장 지위를 가진 사업자를 '시장지배적 사업자'로 규정하여(법 제2조 7호), 다음과 같은 시장지배적 사업자의 우월적지위의 남용을 금하고 있다(법 제3조의2).

공정거래법 제3조의2 (시장지배적지위의 남용금지)

① 시장지배적사업자는 다음 각 호의 1에 해당하는 행위(이하 "남용행위"라 한다)를 하여서는 아니된다.

1. 상품의 가격이나 용역의 대가(이하 "가격"이라 한다)를 부당하게 결정·유지 또는 변경하는 행위
2. 상품의 판매 또는 용역의 제공을 부당하게 조절하는 행위
3. 다른 사업자의 사업활동을 부당하게 방해하는 행위
4. 새로운 경쟁사업자의 참가를 부당하게 방해하는 행위
5. 부당하게 경쟁사업자를 배제하기 위하여 거래하거나 소비자의 이익을 현저히 저해할 우려가 있는 행위

② 남용행위의 유형 또는 기준은 대통령령으로 정할 수 있다.

2) 우월적 지위 남용의 경제적 의의

거래의 상대방에게 우월한 지위를 남용했다고 인정되는 것으로는 예컨대 어떤 기업이 속한 업태가 과점상태이면서 상대방이 해당기업의 부당한 거래관행 등을 무시할 수 없는 경우, 해당기업과 상대방의 거래에서 상대방이 해당기업에게 특화된 생산체제(이를 '특수관계자산에의 투자'라고 한다. 다음 절에서 구체적으로 설명한다)를 갖추고 있는 경우, 계열화가 진행되어 있는 경우 등을 말한다. 이는 위의 표에 나타낸 공정거래법상 우월적지위의 남용 유형들이다. 즉 가격을 남용하는 행위, 출고를 조절하는 행위, 사업활동을 방해하는 행위, 진입을 제한하는 행위, 경쟁사업자를 배제하거나 소비자이익을 저해하는 행위 등이다.

이러한 행위들은 '자신의 거래상의 지위를 부당하게 이용하여 상대방과 거래하는 행위'로 간주되어, 공정거래법에 따른 '불공정한 거래방법'의 하나로써 금지되고 있다.

애덤 스미스(Adam Smith)의 보이지 않는 손(invisible hands)은 시장의 참가자들(판매자, 구매자, 유통업자)이 자유로이 거래에 참여하여 경쟁할 경우 파레토최적(Pareto Optimum)이 달성된다는 의미이다. 다시 말해 판매자와 구매자가 거래에 참가하는 이유는 양자 모두에게 이익이 되기 때문이다(이를 후생경제학에서는 소비자잉여 및 생산자잉여로 표현하고 있음을 제2장에서 설명했다). 그러한 거래가 만일 자신에게 불리한 결과가 예상된다면 해당 거래를 거절하는 편이 좋을 것이다. 결과적으로 시장에서의 거래는 당사자들 모두의 후생을 필연적으로 증가시키게 되는 것이다(후생경제학에서는 이러한 상태를 사회후생(social welfare)이 증가되었다고 한다).

그런데, 판매자와 구매자 중 일방 당사자가 '우월적 지위'에 있어서 그 지위를 '남용'한다고 하면, 양자의 시장거래가 모두의 후생을 증대시킨다는 '보이지 않는 손'의 메커니즘이 작동되지 않을 수 있다. 다시 말해 경쟁정책상의 파레토효율성이 달성될지 않을 수 있는 것이다. 다음 절과 이어지는 절에서는 이 문제를 경제이론적으로 접근해본 다음, 하도급거래상의 우월적 지위 남용 등과 같은 구체적인 경우의 예를 들어 공부해 보도록 한다.

여담(regression) 9.1

대법원, "공정위의 네이버에 대한 시정명령은 부당"

대법원은 포털사이트 네이버를 운영하는 ㈜NHN(현 네이버)이 "시정명령을 취소해 달라"며 공정거래위원회를 상대로 낸 소송에서 원고 승소로 판결한 원심을 확정했다고 2014년 11월 21일 밝혔다. 재판부는 "NHN이 시장지배적 사업자로서 거래 상대방에게 불이익이 되는 행위를 강제했다고 볼 수 없다고 판단한 원심에는 위법이 없다"고 판결했다.

NHN은 지난해 8월 게임사업부문인 한게임이 분사하면서 네이버로 사명을 바꿨다. 앞서 NHN은 2006년 4월~2007년 3월 ㈜판도라TV 등 동영상 업체와 계약을 체결하며 네이버 검색을 통해 찾을 수 있는 동영상에 사전 협의하지 않은 '상영 전 광고'를 넣지 않기로 했다.

공정거래위원회 그러나 당시 NHN이 사용자제작콘텐츠(UCC) 동영상의 상영 전 광고를 금지한 것은 동영상 시장의 공정 경쟁을 제한한 시장지배적 지위남용이라고 판단하고 시정명령과 함께 2억2천만원의 과징금을 부과했다. 특히 NHN이 2006년 말 매출액을 기준으로 48.5%, 검색쿼리(질의횟수) 기준으로는 69.1%의 점유율을 차지해 검색서비스를 비롯한 인터넷 포털서비스 이용자 시장에서 시장지배적 사업자에 해당한다고 판단했다.

이에 대해 NHN은 "공정위는 인터넷 포털 사업자를 검색(Search)·메일(Communication)·커뮤니티(Community)·전자상거래(Commerce)·콘텐츠(Contents) 서비스 등 이른바 '1S-4C'를 제공하는지 여부를 기준으로 묶었지만 다양한 사업을 하고 있는 포털을 단순히 5개 서비스를 제공하는는 업체로만 규정할 수 없다"며 소송을 냈다.

서울고법은 2009년 8월 "공정위가 인터넷 포털 사업자를 1S-4C를 제공하는 사업자로 한정하고 NHN에 시정명령을 내린 조치는 일반적인 시장획정의 원칙에 반한다"고 판단했다. 고법은 또 "시장점유율을 계산하는데 관련 상품 시장(동영상 콘텐츠 시장)에서의 매출액을 기준으로 하지 않고 인터넷 포털 사업자의 매출액을 기준으로 판단한 것 역시 부당하다"며 원고 승소로 판결했다.

자료: 연합뉴스(2014년 11월 21일자, 박대한 기자) 및 관련기사 참조하여 저자 재구성

2. 특수자산에의 투자와 홀드업(hold-up) 문제

1) 기업의 특수자산 투자

어떤 소비재를 생산하고 있는 A기업이 소비재들을 판매하는 소매점인 B사에 제품을 공급하고 있다고 하자(이때 B사는 소비 제품을 조립 판매하는 회사라고 해도 무방하다). 연초에 A사가 B사에 매주 100개씩 납품하고, B사는 납품받는 대금으로 1개당 1만원씩 지불하기로 약속했다고 하자. 그런데 계약 후 1주가 지난 후에 B사는 A사에게 납품단가를 9천원으로 낮추라는 일방적인 요구를 하면서, 만일 해당 요구를 받아들이지 않으면 A사와의 거래를 중단하겠다는 통지를 했다고 하자. 독자는 이럴 경우 A사가 어떤 대처를 해야 한다고 생각하는가?

계약불이행에 따른 선택

물론 양 당사자가 연초에 법적으로 유효한 계약서를 주고받았으며, 계약의 준수를 위해 요구되는 법적 수단을 포함하고 있다면, A사는 해당 계약에 근거하여 B사를 계약위반(breach of contract)으로 소송 등 법적 대

응을 할 수 있을 것이다. 하지만, 만일 해당 계약이 구두로 이루어졌거나 충분하지 못한 계약이어서 그러한 법적대응수단이 현실적으로 존재하지 않을 경우, A사는 B사의 요구를 울며 겨자 먹기로 수용하든지 아니면 거래를 포기하든지의 선택에 놓이게 된다.

평균비용 즉 단위당 생산비가 일정하다면 선택은 간단하다. 단위생산비가 9천원을 넘는다면 A사는 손실 회피를 위해 B사의 요구를 거절하고 납품 거래를 중단하며, 9천원보다 적다면 (비록 이익은 줄어 억울하지만) 납품계약을 계속 이행하는 것이 이익이다. 또한, B사 이외에 9천 원 이상으로 납품단가를 제시하는 타 고객 C사가 있다면 그 회사로 거래선을 바꾸는 것이 최선의 선택이다.

이때, A사가 납품거래를 B사와 계속함으로써 발생하는 단순한 부의 이전(transfer of wealth), 즉 A사의 납품제품 당 1천원의 이익감소(내지 손실)와 B사의 1천원 이익증가의 문제는, 특히 사회적 관점에서의 경쟁정책에서는 특별히 문제가 되지는 않는다.

단, 문제가 되는 경우는, 거래의 초기 시점에서 A사가 생산설비 등의 자산에 이미 투자한 경우이다. 특히 그러한 자산이 다른 용도, 예컨대 타 고객에게는 전혀 판매할 수 없는 B사와의 특정한 관계를 고려해 행한 투자인 경우이다. 예컨대 B사의 제품에 맞춤형 부품을 생산하기 위해 필요한 A사의 공장설비나 공구, 전문노동력 등이 이에 해당한다. 즉 타사의 제품을 생산하는 데는 이용될 수 없는 (또는 필요에 따라 개조하는데 상당한 비용이 드는) 경우이어서, 생산을 멈추게 되면 이러한 특수자산에의 투자비용의 회수가 거의 불가능한 경우이다. 이는 앞서 제4장에서 공부했던 '매몰비용(sunk cost)'에 해당하며, 경제학에서는 자산특수성(asset specificity) 이론으로 설명하고 있다.

☑ **용어 정리－특수자산**(specific asset)

기업자산 중에는 특정 생산 내지 특정한 거래에서만 그 유용성

> 을 갖는 자산이 존재하는데 윌리엄슨(Oliver Williamson, 1971) 교수는 이를 특수자산 또는 특정거래자산으로 불렀다. 예컨대 S전자 회사와 하청계약을 맺고 있는 J기업이 S전자의 전략스마트폰에만 사용되는 배터리를 생산할 설비투자를 했다고 할 경우 이 생산시설은 타 용도로의 전용이 거의 불가능하다. 이때 만일 S사와의 계약이 중도에 파기된다면 J사의 해당 자산의 가치는 0에 가까워질 것이며, 이러한 관계아래서의 자산이 바로 특수자산이다.

이해의 편의를 위해 가상적 예를 들어보자. 만일 이러한 특수자산에 대한 설비투자비용이 500만원이고, 이 설비는 1년간 가동한 후에는 가치가 없어진다고 하자. 당초 매주 100개를 납품하는 계약이었으니 연간 50주 가동한다고 하면 연간 5,000개의 생산이 가능하고, 따라서 단위설비비용은 1,000원이 된다. 이는 평균고정비용(average fixed cost; AFC)에 해당한다.

생산에는 고정비용 외에도 가변비용(평균가변비용; AVC)이 든다. 즉 생산을 늘릴수록 원재료비와 인건비 등이 함께 늘어나게 된다. 편의상 AVC=8,500원이라고 하자. 따라서 전체 평균비용(AFC+AVC)은 9,500원이 된다.

두 기업 간의 최초 계약시 납품단가를 1만원으로 약속하였으므로 평균비용이 9,500원이면 단위당 500원의 이윤이 기대된다. 따라서 A기업은 상술한 매몰비용 성격의 필수적 설비를 구축하였다. 하지만 B사가 납품가격을 개당 9,000원으로 낮춰줄 것을 요구하여, 결국 단위당 500원의 손실이 발생할 지경이 되었다고 하자. 이 경우, A사는 어떻게 대처해야 할 것인가? 납품을 포기함으로써 B사와의 거래를 중단할 것인가? 아니면 손실을 보고서라도 거래를 계속해야 할 것인가?

2) 홀드업 문제

지금까지 설정한 여러 수치들을 반영한 그림을 통해 이 물음에 답해 보고 그 이유를 설명해 보도록 한다.

<그림 9-1>에서 납품 단가가 9,000원이고, AVC는 8,500원이다. 전체평균비용은 AVC와 단위설비비용(AFC) 1,000원을 합한 9,500원으로 나타나 있다. 이 경우 A사는 연간 250만원의 순손실이 발생하며, 그림에서 빗금친 면적으로 나타냈다.

앞서 가정한 특수자산에의 투자비용 500만원은 매몰비용이다. 즉 생산을 중단하더라도 회수가 불가능해진다. 이 경우 A사는 공장을 멈추기보다는 적어도 단기적으로는 생산을 계속함으로서 제품 생산단위당 500원(P-AVC)이라도 회수해 가는 것이 AFC(1,000원)를 모두 잃는 것 보다 손실을 줄일 수 있다. 다시 말해 적어도 1년간은 500만원의 매몰비용 전체를 감수하는 것 보다는 250만원의 손실만 입는 것이 최선의 선택인 것이다(하지만, 1년이 넘는 계속적 거래관계가 유지된다면 상황이 달라질 것이다. 이 문제는 다음 절에서 살펴보도록 한다).

<그림 9-1> 특수자산투자와 홀드업 문제

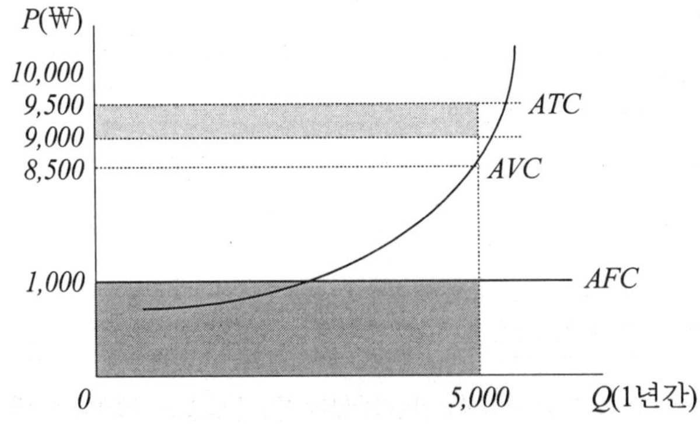

그런데, 만일 B사가 이러한 A사의 비용조건 등 현실적 조업 여건을 잘 알고 있다면 어떤 상황이 가능할까? 아마도 B사는 A사에 납품가격의 인하를 요구할 가능성이 높다. 다시 말해 당초 약속한 단가인 1만원에서 예컨대 1천원을 낮춘 9,000원에 납품해 줄 것을 요구할 수 있다. 이러한 행동을 경제학 게임이론에서는 은행 강도나 노상강도와 같은 행동과 다

름없다는 의미로 "홀드업(손들엇!, Hold up!)" 문제라고 한다.

☑ **용어 정리－홀드업 문제**(Hold-up problem)

특정한 관계를 고려해 투자를 할 경우에 그 투자가 거래상대방으로부터의 복종을 요구받는 상황이 되어 자신의 입지를 약하게 만드는 문제 또는 그러한 상황을 말한다. 그러한 불리한 거래상의 여건에서 사후적으로 불리한 거래조건의 변화 또는 거래중단 우려 등으로 인해 사전적으로 충분한 투자가 이루어지지 않는 현상을 홀드업 문제로 해석하기도 한다.

홀드업 문제는 흔히 '갑을관계에서의 갑의 횡포'를 설명할 때 주로 인용된다. 앞서 살펴보았듯이 B사(甲)와 납품계약을 한 A사(乙)는 B사의 납품단가 인하 요구를 들어주지 않을 홀드업(꼼짝 못하고 B사의 요구를 수용해야 할) 상황이 생길 수 있는 것이다. 반면 B사의 입장에서도 A사가 이런 점을 두려워하여 협력해주지 않는, 즉 충분한 자산투자를 하지 않는 등 홀드업 문제의 부담을 질 수 있다. 이러한 홀드업 문제가 발생하게 되면 부품 등의 공급이 원활하지 못하게 되어 완제품의 생산에도 차질이 생길 수 있다.

홀드업 문제는 2009년에 노벨경제학상을 수상한 윌리엄슨(Oliver Williamson) 캘리포니아대학(Berkeley) 교수가 거래 기업 간 홀드업 문제를 거론하면서 유명해졌다. 우리나라에서는 대기업과 중소기업간 납품계약관계에서의 대기업의 횡포를 설명할 때 종종 홀드업 이론을 활용하기도 하지만, 외국에서는 그 반대의 홀드업 문제 사례도 종종 발생한다.[60)]

---

60) 대기업이 하도급 관계의 중소기업에 시설투자를 제안하고 중소기업은 점점 하나의 대기업에 대한 충성도가 높아진다. 그런데 기존에 거래하던 다른 대기업과의 거래는 물량적으로도 어려워지게 된 상황에서 거래대기업이 일방적으로 납품단가 인하 요구를 하게 되면 이미 모든 시스템이 해당 대기업에 맞추어져 어쩔 수 없이 해당 요구를 들어주지 않을 수 없게 된다. 실제로 그와 유사한 납품단가 인하 요구로 인한 대기업과 중소기업간 분쟁이 종종 있어왔다. 그런데, 이른바 '갑을관계'에서 갑과 을의 지위가 바뀐 경우도 없지 않다. 즉 중소기업이 창의적 아이디

이러한 홀드업 문제는 경쟁법에서 말하는 우월적지위의 남용행위에 해당할 가능성이 있다. 물론 홀드업 문제가 경쟁법상 우월적 지위남용행위로 성립되기 위해서는 행위자가 공정거래법상 시장지배적 사업자에 해당해야 할뿐 아니라 해당 행위가 위의 표에 나타낸 공정거래법 제3조의2 제1항의 남용행위에 해당해야 한다. 만일 어떤 홀드업 문제가 분쟁으로 비화되었을 경우에는 시장지배력의 유무, 특수자산인 필수설비 인정 여부, 거래거절 성립 여부 등을 사법적으로 판단하게 될 것이다.[61]

홀드업 문제는 한편으로 소비자에게도 피해를 줄 수 있다. 단기적 공급 차질로 인해 필요한 상품을 수요할 수 없게 되거나 보다 비싼 가격에 구입하게 되는 등 불편과 피해를 입게 되는 경우가 종종 있다.

따라서 홀드업 문제에 대한 경쟁정책적인 대응에 더하여 관련된 소비자후생에 관한 접근도 필요한 것이다.

그렇다면 이러한 홀드업 문제를 어떻게 해결할 것인가? 다시 말해 공정거래법에서 규정한 시장지배적지위의 남용 행위 중 상품의 가격을 결정·유지 또는 변경하는 행위 중 부당성이 인정되는 경우에 대해 어떤 경쟁정책적 접근을 할 것인가? 이 문제에 관해서는 이어지는 3절에서 공부해보기로 한다.

3. 홀드업 문제의 해법: 평판효과

1) 장기 계약에서의 평판 효과

기업 간 거래에 있어서 거래당사자간 분명한 명시적계약이 전제되어

어와 기술력으로 제조한 핵심부품을 대기업에 납품하는 경우 중소기업이 납품 지연이나 중단 위협을 통해 납품가 인상을 대기업에 요구하는 경우도 있다.

61) 홀드업 문제와 우월적 지위남용 성립 여부에 관한 다음의 논문을 참고할 수 있다. 한서희, FRAND 선언의 사후적 위반행위에 대한 판단-"서울중앙지방법원 2012.8.24. 선고 2011가합39522판결"을 중심으로, 경제법판례연구 제8권, 2013, 22~29쪽.

계약위반에 대한 법적조치를 취하는데 별도의 비용이 들지 않는다면, 상술한 홀드업 문제도 발생하지 않을 것이며, 발생되더라도 사법적 해결을 포함하여 시장에서 해결될 수 있을 것이다. 다시 말해 거래상대방이 홀드업에 해당하는 행위를 하더라도 법적소송 등을 통해 당초의 계약을 지키라고 강제하거나, 이미 발생된 명시적 손실에 대해서는 손해배상을 요구할 수 있기 때문이다. 또한 그러한 상황에 대한 예상으로 시장에서 사전적으로 홀드업 문제가 예방될 수도 있을 것이다.

하지만 홀드업 문제가 지속되는 이유는 현실적으로 계약이 완전하지 못할 뿐 아니라, 비록 계약에 어느 정도 명시화되었다 하더라도 소송과 같은 법적조치에 드는 비용, 이른바 거래비용도 상당하기 때문이다.

평판 효과

흔히 사업관계는 여러 해에 걸쳐 지속되는 경우가 많으며, 그러한 관계에서의 조건들이 종종 바뀌기도 한다. 거래 당사자들은 사업관계 속에서 그러한 변화에 대응하여 자신의 이익을 추구하게 된다. 앞서 살펴보았듯이 단기적으로는 거래 당사자 간에 조건의 변화에 따른 대응의 폭이 그다지 넓지 못하다. 예컨대 A사는 B사의 갑작스러운 납품단가 인하 요구를 어쩔 수 없이 수용해야만 하는 상황이 다반사이다. 하지만 그러한 현실적 여건에서도 관계의 지속이 필요한 여건 등에서는홀드업 문제가 시장에서 해결될 수 있는 구조가 있는데, 이른바 평판효과로 설명이 가능하다.

☑ **용어 정리－평판효과**(Reputation Effect)

약속을 잘 지켜나가서 '신용 있는 기업 또는 사람이라는 평판(image, 명성)을 얻음으로써 거래관계기업들이나 타인들과의 관계가 원활해지거나, 관련 이익을 장기적으로 취득할 수 있게 되는 것을 의미한다.

현실적으로 사업관계는 장기적인 경우가 많다. 장기적인 관계에서 당사자들은 상호협력을 확보하는 수단으로써 계약위반 등에 대한 법적 대응보다는 비공식적 수단들에 의존하는 경우가 적지 않다. 예컨대 기업윤리를 어기는 상대방을 공개적으로 비난함으로써 도덕적 벌을 내리거나 상대 기업주에게 경고의 메시지를 전달하기도 한다. 이러한 수단들은 사실 장기적으로는 상당한 효과가 있는데, 대표적인 경우가 평판효과의 출현이다.

위에 예에서, A사의 납품을 받는 B사가 일방적 단가이하 요구와 같은 홀드업 행위를 하는 경우 단기적으로는 그에 따른 이익이 증가되겠지만, 약속을 지키지 않는 기업이라는 이른바 나쁜 명성(마이너스 평판)을 얻게 된다. 그 경우 B사와의 거래를 꺼리는 기업들이 늘어날 것이므로 장기적으로는 나쁜 평판의 부담이 늘어나 B사에 부담으로 작용할 수 있다. 따라서 B사는 장기적으로는 홀드업 행위를 하지않으려는 경제적 유인을 갖게 되는 것이다. 위의 예에서 본다면 B사는 특정 관계 유지를 위한 필수자산에 이미 투자한 A사에 납품단가 인하 요구와 같은 홀드업 행위를 하지 않게 되어 이른바 '우월적지위의 남용'이라는 경쟁법상의 문제도 야기하지 않게 될 것이다.

2) 평판효과의 성립 조건

사회과학의 여러 분야에서 활용되고 있는 게임이론(game theory)에서는 장기반복게임(long-run repeated game) 상황을 설명하면서 평판(reputation)이라는 개념을 도입하고 있다. 즉 어떤 경기자(player)가 어떠한 선호를 갖고 있는가에 관해 다른 경기자가 가지고 있는 추측을 평판이라고 할 때, 지속적인 관계에서는 이러한 평판이 거래상대방의 행위에 상당한 영향을 미치게 되며, 심지어 앞서 살펴보았듯이 홀드업 문제의 해법으로도 작용하게 된다는 것이다.

하지만 이러한 평판효과가 잘 작동되기 위해서는 몇 가지 조건이 전제되어야 하는데, 앞서 전제한 A사와 B사와의 거래관계를 가지고 그 조건들을 이해해 본다.

(1) 거래의 지속 가능성

첫 번째 조건은, A사 입장에서 B사와의 거래지속 가능성이 예상되어야 한다는 것이다. 다시 말해 거래관계가 1회성 게임(one-shot game)이 아니라 반복게임(repeated game) 상태여야 한다. 만일 1년 이후의 거래관계 지속여부가 불투명하다면 B사는 자신의 나쁜 평판을 크게 염려하지 않을 것이다. 즉 B사가 1회성 거래를 전제할 경우에 홀드업 행위를 하려할 것이라는 것을 A사도 예측 가능할 것이다. 따라서 A사 역시 B사를 신뢰하지 못하게 되어 매몰비용이 될 특정 관계를 전제한 자산에의 투자를 단념할 것이다. 이 경우도 역시 또 다른 형태의 홀드업 문제가 발생하게 된다.

반면에 B사가 만일 반복게임을 전제하여 당초 계약을 유지한다면 A사도 B사가 주문한 핵심부품의 납품을 위한 필수설비를 위한 투자를 지속할 뿐 아니라 납품일정을 준수하는 등 신뢰로 답할 것이다.

결론적으로, 상대방이 잘 협력하는 경우에는 자신도 투자를 단행하지만 상대방이 약속을 어길 경우에는 자신도 투자하지 않는 형태의 전략을 구사하게 된다. 이러한 형태의 전략을 제3장에서도 공부했듯이 '맞받아치기 전략(tit- for-tat strategy)'이라고 한다.[62]

최종회 게임 전략

그런데 홀드업 문제가 단 일회성일 경우뿐만 아니라 장기적 반복거래에서도 발생할 수 있을까? 답은 "그렇다"이다. 사업관계가 무한 반복적으로 지속되지 않는 한 거래당사자 모두 1회성 비즈니스에서와 같은 홀드업 행

62) Tit-for-tat strategy를 1회 배신에 1회 보복한다는 의미에서 '이에는 이, 눈에는 눈'이라고 표현하기도 하며, 일부에서는 발음대로 '팃포텟 전략'이나 '맞대응전략'으로 나타내기도 한다.

위를 언제든지 행할 가능성이 있다. 이는 게임이론에서의 최종회 문제로 설명할 수 있다.

어떤 사업관계이든지 1회성보다는 지속적인 경우가 많음을 앞서 설명했다. 하지만, 그러한 장기적 관계에도 결국에는 종착점이 있으며, 따라서 홀드업과 같은 계약위반의 문제가 발생될 수 있다.

지속적 거래에서는 거래 상대방인 B사가 약속을 어길 경우 A사는 이어지는 다음 거래에서 투자하지 않음으로써 손실을 줄이거나 B사에 보복할 수 있다. 이는 B사로 하여금 납품단가 약속을 지키도록 하는 유인이 된다. 하지만, 언젠가 있을 최종 거래(이를 게임이론에서는 최종회(endgame)라고 한다)에서는 A사도 B사를 상대로 보복할 수단이 없어지게 된다. 이를 아는 B사는 그 이전 거래에서 홀드업과 같은 약속위반 행위를 하게 되며, B사의 이런 전략을 아는 A사도 마찬가지로 그 전전 거래에서 투자를 하지 않게 된다.

이상의 논리는, 주어진 거래에서 상호 협력할 수 없는 당사자들은 해당 거래에 선행하는 모든 거래에서도 협력할 수 없다는 결론이 가능하다. 지속적인 거래관계에서 몇 번째 거래가 최종적 거래가 될 것인가를 아는 합리적인 당사자라면 해당 거래에 협력할 유인이 없으며, 양 당사자 모두 홀드업 행위를 할 유인을 갖는다. 이는 결국 1회성 사업관계의 경우와 전혀 다르지 않는 동일한 결과가 되는 것이다. 따라서 장기적 반복거래에서도 홀드업 문제가 발생할 수 있다.

(2) 홀드업 정보의 공유

평판효과가 잘 작동되기 위한 두 번째 조건은 홀드업 행위에 관한 정보가 잠재적 거래당사자인 타 기업들에게 공유되어야 한다는 것이다.

B사가 A사에 대해 홀드업과 같은 계약위반 행위를 한 것을 다른 기업들이 알지 못한다면, 다음 기(이를테면 이듬해)에서는 A사가 B사를 신뢰하

지 못해 거래를 중단하더라도, B사는 A사가 아닌 다른 기업들과 문제없이 거래관계를 맺을 수 있다. 상술한 평판효과에 따른 B사의 계약이행을 이끌 강력한 유인은 향후 B사와의 납품거래관계가 가능한 모든 잠재적 기업들이 B사의 '나쁜 행위'에 관한 정보가 공유되는 것이다.

이와 같이 거래관계의 지속이 가능하고 일방의 홀드업 행위에 관한 정보가 공유된다면 시장에서 평판효과가 잘 작동되어 홀드업 문제가 해결될 수 있다.

3) 경쟁법적 대응과 계약법적 해법

(1) 공정거래제도

거래의 지속가능성과 정보의 공유라는 이상의 2가지 조건이 충족하지 않으면, 예컨대 정보가 불완전하다면 B사는 자신의 악평(minus reputation)을 무시할 수 있으며, 따라서 이를 아는 A사와 다른 잠재적 납품기업들은 B기업과의 거래를 단절하거나 B사와의 특정 관계를 고려한 자산에의 투자를 단념하여 결국 말 그대로 홀드업 문제가 현실화될 것이며, 앞서 살펴본 자원의 효율적 배분이 불가능해진다. 또한 소비자후생의 감소를 초래하게 된다.

이 경우 만일 공정거래법이나 하도급법, 경제민주화 관련법 등 시장경쟁의 촉진 등에 관한 제도들에서 홀드업 행위를 불공정거래로 간주하여 금지하게 되면, B사는 공정거래법 위반 행위를 단념할 것이다. 따라서 A사는 만일 B사가 홀드업 행위를 하더라도 법위반 행위를 신고하여 제재를 요청할 수 있으므로 B사와의 납품계약에 따른 초기 투자를 계속할 수 있게 된다. 예컨대 공정거래법 제3조의2에서의 '지위남용행위의 금지' 규정은 불완전정보 아래 평판효과가 잘 작동되지 않더라도 이른바 홀드업 행위와 같은 문제가 해소되어 기업간 거래와 특정관계를 고려한 자산에의 투자를 촉진하는 등 사회적으로 바람직한 제도로 볼 수 있다.

또한, 시장에서 기업들간 합병을 통해서도 특수자산투자와 관련된 홀드업 문제가 해결될 수 있다. 예컨대 어떤 기업이 특수자산에 투자한 하청기업을 합병하는 수직결합이 하나의 해법이며, 공정거래제도에서 이를 뒷받침할 수 있다(공정거래정책상 기업합병의 문제는 물론 기업의 경제력집중 문제와 상충하는 측면이 있다).

(2) 장기·지속적 계약과 계약법

시장거래에서의 지속적이고 장기적인 협력관계를 잘 유지되도록 하는 다른 수단으로써 계약법을 통한 강제를 생각해 볼 수 있다.

계약에 관련된 법은 사업관계에서의 약속위반에 따른 거래관계의 단절을 피할 수 있는 법적인 틀을 제공해줄 수 있다. 즉, 하청관계와 같은 직접계약뿐 아니라 프렌차이즈 영업관계나 신탁관계와 같은 당사자간의 직접적 계약에 의하지 않은 관계에 대해서도 법적 권리와 의무를 명확히 하는 역할을 한다. 계약관련 법들에 규정된 법적 의무 조항들은 거래당사자간의 지속적 관계가 유지될 수 있도록 해 준다. 예컨대 B사의 일방적 납품단가 인하 요구와 같은 홀드업 행위에 대해서도 계약 관련법에서는 명시적 또는 묵시적 계약에 기초하여 A사의 초기투자에 따른 예상손실을 줄여줄 수 있다.

사업관계에서는 일방당사자의 계약위반에 따른 분쟁이 발생하여 소송으로 비화되는 경우가 적지 않다. 지속적인 거래관계 중에 당사자간 분쟁이 야기될 경우 법원은 그 관계를 회복시켜주는 역할을 할 수 있다. 예컨대 B사의 계약위반에 따른 피해에 대한 보상 또는 거래관계의 원상회복을 위해 A사가 법원에 도움을 요청했다고 하자. 이 경우 판사는 분쟁의 양당사자간의 실질적인 거래 관계를 유지시켜주려고 할 수 있다. 이 경우 실질적인 관계는 서로간의 타협에 의존하게 되는데, 판사는 이들 간의 타협을 위해 관계의 전체적인 형평성을 검토해본 후 중재자로서의 역할을 할 수 있다. 예컨대 B사와 홀드업 행위에 따른 A사의 금전적 손해를 배상하라는 판결보다는, 우선 각 당사자의 권리를 결정해주지 않고, 서로 간 성실하게 협상해보도록 하는 의무를 지울 수 있다. 이러한 법원에서의 절차는 대안적분쟁해결수단(alternative dispute resolutions; ADR)의 하나이며, ADR은 거래당사자 간 장기적 관계에서의 분쟁을 해결하는 중요한 수단이 된다.

4. 하도급거래 규제와 가맹사업거래 규제

하도급거래에서 원사업자와 수급사업자, 또는 프랜차이즈(franchise; 가맹사업) 거래에서 가맹본부와 가맹점사업자의 관계는 이러한 거래상의 지위남용에 따른 불공정거래행위가 빈발하기 쉬운 전형적인 분야이다. 본 절에서는 이 두 분야에 있어서 우월적 지위 남용의 문제를 살펴본다.

1) 하도급거래와 홀드업 문제

하도급거래(subcontracting transactions)란 모기업과 도급업체간의 거래 형태를 말한다. 대개 대기업을 중심으로 한 모기업과 중소기업들이 주축이 되는 도급업체간에 이루어지고 있다. 다시 말해 기업(甲)이 자기의 생산활동의 일부를 다른 기업(乙)에게 위탁(제조, 수리, 건설, 용역)하고, 위탁받은 기업(乙, 수급사업자)은 위탁받은 부분을 생산하여 위탁기업(甲, 원사업자)에게 납품하는 거래형태를 말한다.

이러한 하도급거래에서 문제가 되는 것은 모기업과 도급업체(중소하청업체)간에 발생하는 우월적지위의 남용과 같은 불공정거래이다. 자금력과 조직력 등에서 상대적으로 우월한 위치에 있는 모기업들은 도급업체들에게 납품대금 지불을 지연하거나 납품가격의 부당한 인하요구 등 홀드업 행위를 일삼는 경우가 적지 않다. 이와 같은 하도급거래에서의 홀드업 문제를 앞서 공부한 내용들을 적용하여 살펴보자.

현실 경제활동에서는 많은 거래관계가 계속적이다. 따라서 장래에도 계속거래가 예상될 것으로 거래 당사자들이 기대하게 되면 상술한 평판효과가 기능하게 된다(평판효과의 제1조건 성립). 또한 계속적 관계를 유지한다는 사실은 서로가 홀드업 행동을 하지 않을 것이라는 정보를 발신(signaling)하는 것이다. 따라서 계속적 거래관계는 평판효과와 함께 홀드업 문제를 해결하는데 기여하게 된다.

또한 계속적 관계에 의해 서로간의 의사소통이 원활해지고 거래상대방의 행동양식을 잘 알게 되어 상호간 또는 각 회사간에 서로의 특성과 방식 등에 관한 유형 내지 무형의 자산이 축적된다. 이는 거래당사자 모두의 비용을 절감하는 효과가 있다.

다만, 그렇게 축적된 자산은 특수거래적이어서 (경우에 따라) 매몰될 가능성이 높아지며 따라서 홀드업될 가능성도 높아진다. 예컨대 하도급 거래관계에서 발주기업의 납품단가 인하요구가 있더라도 하도급업자가 이를 거절하지 못하고, 계속적 거래관계를 유지하는 경향이 있는데, 이는 바로 그 이유 때문이다.

최초의 하도급거래관계라면 발주사가 홀드업할 것이 예상되는 경우 도급업체(들)는 당연히 거래관계를 단절할 것이다. 하지만 하도급관계가 지속되어 온 경우라면, 양사 간 상호의 특성과 업무 노하우를 서로 잘 알고 있어서 특수거래자산이 구축되어 발주사의 무리한 요구를 거절할 수 없게 되는 것이다.

이러한 하도급거래상의 홀드업 문제는 공정거래법상 우월적 지위 남용의 전형적 사례로써 법에 따른 규제가 필요한 이유가 된다.

2) 경쟁정책과 하도급법

경제의 규모가 확대되고 구조가 복잡해짐에 따라 기업들은 생산의 효율성을 높이기 위해 수평적 내지 수직 형태의 분업을 선호하게 된다. 대기업들은 생산 공정의 일부를 타 업체에 외주를 주거나 부품을 납품받아 완성품을 생산하는 경우가 많다. 그런데 그러한 하도급거래 과정에서 당사자 간의 거래상 지위의 불균형에 기인하여 여러 불공정거래행위가 발생할 수 있다.

이러한 하도급거래과정에서 나타날 수 있는 원사업자(위탁기업, 발주기업)의 우월적 지위 남용 행위를 방지하여 경제적 약자인 수급사업자(피탁기업, 수주기업)의 이익 보호를 위해 지난 1984년 12월에 하도급법(하도급거래 공정화에 관한 법률)이 제정되었다.

> 하도급법 제1조(목적)
>
> 공정한 하도급거래질서를 확립하여 원사업자와 수급사업자가 대응한 지위에서 상호 보완하여 균형 있게 발전할 수 있도록 함으로써 국민경제의 발전에 이바지함

앞서 살펴보았듯이, 하도급법이 불완전정보 아래 홀드업문제의 가능성을 낮춰 원활한 거래를 촉진하는 효과를 기대할 수 있다는 점은 경쟁법상 우월적지위 남용의 경제적 효율성에의 효과가 있다고 볼 수 있겠다.

사건 처리건수만으로 본다면 경쟁정책 관련법 중에서 하도급법이 공정거래법보다 앞선다. 관련 법 시행 후 누적 처리건수가 2007년에 거의 2만건에 달하였고, 지난 2009년에는 공정거래법 처리건수(1,240건)보다 1.3배 많은 23,575건이나 되었다. 유형별로 보면, 어음할인료 미지급이 전체의 2/3로 대부분을 차지하며 그 다음이 지연이자 미지급(14.8%), 대금미지급

(9.1%), 선급금 미지급(2.5%)의 순이다. 이들은 대부분 거래상대방에 대한 착취행위에 해당한다.

3) 가맹사업거래 규제

흔히 프랜차이즈라는 용어로 널리 알려진 가맹사업 거래도 하도급거래와 마찬가지로 원사업자(가맹본부, franchisor)의 가맹점사업자(franchisee)에 대한 우월적 지위 남용에 따른 불공정거래 피해가 종종 발생하는 사업 분야 중의 하나이다.

☑ **용어 정리－가맹사업**(franchise)

원사업자가 가맹점사업자로 하여금 자기 영업표지를 사용하여 일정 품질기준에 따라 제품을 판매토록 하면서, 이에 따른 경영·영업활동 등에 대해 지원, 교육, 통제하며, 가맹점사업자는 영업표지의 사용과 경영·영업활동 등에 대한 지원, 교육의 대가로 원사업자에게 가맹료를 지급하는 계속적 거래관계를 말한다.

가맹사업(프렌차이즈) 계약은 최소한의 자본으로 사업을 확장시킬 수 있는 장점이 있으며, 일반적인 시장거래와 기업내부거래의 절충 형태로 볼 수도 있다.

이러한 가맹사업에서 공정한 거래질서를 확립하기 위해 지난 2002년에 가맹사업법(가맹거래의 공정화에 관한 법률)이 제정되었고, 지금까지 4차례 개정되었다.

가맹사업의 유형과 특성

가맹사업의 유형은 크게 제품유통형(product distribution)과 사업형(business format)으로 나뉜다. 제품유통형은 가맹점이 본부로부터의 제품을 받아 판매하는 일종의 공급자와 딜러의 관계에 놓인다. 본부는 상표 사용을 허가하지만 사업운영 관련 시스템은 모두 제공하지는 않는다. 반면에 사업형은, 가맹점이 본부의 제품을 당해 상표로 판매하며 본부가 제공하는 시스템에 의해 사업을 운영하는 관계이다. 본부는 가맹점에 교육, 훈련, 마케팅, 점포운영 등에 관한 매뉴얼을 제공하게 된다.

이러한 가맹사업은 다른 형태의 사업에 비해 부합성과 장기성 그리고 의존성 등의 특성을 갖고 있다. 우선 부합성은, 가맹본부가 일방적으로 내용을 정하고, 이를 포괄적으로 수용하는 다수 가맹희망자들이 동일한 계약을 체결하며 가맹희망자가 개별적으로 계약 내용을 수정할 수 없다는 특성이다. 다음으로 장기성은, 일정 규모의 초기 투자와 지속적 영업을 전제하며 일단 체결된 계약이 상당기간 당사자를 구속하게 되는 특성을 말한다. 끝으로 사업의 성공여부는 가맹점의 노력과 본부의 지원, 그리고 브랜드가치의 향상을 위한 투자 등에 크게 의존하는 의존성의 특성이다.

우리나라는 2014년말 현재 3천5백여개의 가맹본부와 19만여개의 가맹점이이 있으며, 종사자 수는 100만명 수준으로 추산되고 있다. 업종별로는 외식업이 전체의 72.4%를 점하고 있으며, 다음으로 서비스업(18.6%), 도소매업(9.0%)의 순이다.

<표 9-1> 연도별 가맹사업 추이

연 도	2010년	2011년	2012년	2013년	2014년
가맹본부 수	2,042	2,405	2,678	2,973	3,482
브랜드 수	2,550	2,947	3,311	3,691	4,288
가맹점 수	148,719	170,926	176,788	190,730	194,199

※ 자료: 공정거래위원회 가맹정보제공시스템(2015년 8월 22일).

가맹사업 거래에서의 문제

가맹사업의 이러한 여러 특성에 기인하여 가맹사업 특유의 문제들이 발생된다. 즉, 원사업자와 가맹점사업자 당사자 간의 정보비대칭성은 경제학에서의 역선택(adverse selection)의 문제와 도덕적 해이(moral hazard)의 문제를 유발한다. 특히 계약 쌍방의 도덕적 해이 문제가 발생하게 되면 초기투자, 가맹금, 로열티 등이 쌍방의 유인에 복잡한 영향을 미칠 수 있다.

☑ **용어 정리－도덕적 해이**(moral hazard)

정보가 불투명하고 비대칭적인 상황에서 주인(principal)이 대리인(agent)의 행동을 완전히 관찰할 수 없을 때 대리인이 자신의 효용을 극대화하는 과정에서 하는 바람직하지 못한 행동을 말한다. 이 말은 원래 보험시장에서 사용되던 용어였다. 보험에 가입하는 사람은 사고 예방을 위해 합당한 노력을 하겠다는 암묵적 약속을 보험회사뿐 아니라 자신과 하게 되지만, 일단 가입 후에는 그러한 약속을 지킬 유인이 없어진다. 사고예방을 위해서는 상당한 비용이 드는데 비하여 (노력을 소홀히 하여) 사고가 나더라도 어차피 보험사로부터 보상을 받게 되기 때문이다. 보험회사는 가입자의 그러한 도덕적으로 문제 있는 행동에 대한 완전한 정보를 가지고 있지 못하여 제대로 대처하기 어렵다.

실제로 가맹본부의 우월적 지위의 남용에 따른 가맹점의 피해 등 가맹사업거래에 관련된 분쟁이 지속적으로 증가하고 있다. 법에서 정한 정보공개를 거부하는가 하면 허위·과장정보의 제공, 부당하게 가맹계약을 해지하거나 해지를 거부하는 등 다양한 형태의 분쟁이 발생하고 있는 것이다. 해당 분쟁조정 업무를 처리하고 있는 기관의 자료에 따르면 2003년에 243건에 불과하던 연간 가맹사업거래 관련 분쟁조정 접수 건수가 2010년에는 447건, 2014년에는 572건으로 증가하였다.[63)]

---

63) 한국공정거래조정원에 설치되어 있는 가맹사업거래분쟁조정협의회에 접수된 수치이다.

5. 경쟁정책적 과제 및 소비자후생 효과

기업 간 하도급거래나 가맹사업에 있어서의 우월적 지위 남용에 관련된 경쟁정책의 주된 과제는 구체적으로 그것들이 관련시장에서의 경쟁을 촉진하는가 아니면 저해하는가 여부이다. 이는 경제학적으로는 효율성의 문제로 귀착된다. 더불어, 소비자후생에 어떤 영향을 미치는가 여부도 중요한 경쟁정책의 과제일 것이다. 물론 총선과 대선 등의 정치 이벤트 과정에서 주로 부각되어 온 대기업과 중소기업간 거래의 불공정성 문제도 이러한 우월적 지위 남용에 관련된 주된 경쟁정책적 요소라고 볼 수 있다. 또한, 효율성뿐만 아니라 공평성의 관점에서의 판단문제도 우월적 지위 남용에 관련된 주된 경쟁정책의 과제이다.

1) 경쟁정책적 과제

효율성 측면에서의 경쟁정책 과제

우월적지위의 남용 문제에 대해 우선 효율성의 관점에서 살펴보자.

파레토최적의 자원배분을 위해 우월적 지위 남용을 규제하는 것이 바람직한 경우는, 불완전정보 등의 영향으로 평판효과가 불충분하게 기능하는 상황에서 홀드업 문제가 발생되는 경우이다.

홀드업 문제는 특수한 관계 아래서의 거래에 필요한 자산에 투자한 후 거래 상대방이 '홀드업'이라는 이른바 계약위반행위(배신행위)를 할 것을 우려해 충분한 투자가 이루어지지 않는 문제라고 공부했다(물론 홀드업이라는 배신행위 그 자체를 홀드업 문제로 부르는 경우도 있다고 앞서 언급했다). 이러한 상황에서 경쟁법상 우월적 지위남용 규제의 법적조치로 홀드업 행동이 억제되거나, 실제로 홀드업시 이를 위법으로 간주하여 법적소송이 가능할 것이 기대된다면 기업들은 큰 부담 없이 그러한 특정 관계를 고려한 자산에 투자할 수 있게 될 것이다.

실제 우월적 지위 남용의 사례들을 보면, 관련 규제가 홀드업 문제를 완화하는데 기여하고 있다고 평가하는 경우가 많다.

하지만 여러 사례들을 보면 효율성보다는 공평성의 관점에서 평가하고 있는 경우도 적지 않으며 경제적 효율성과 공평성이 혼재되는 경우도 많다. 경쟁정책적 관점에서 공평성의 문제를 함께 고려하는 것이 바람직한지 여부는 쉽게 판단하기 어려운 측면이다(이 문제는 제1장 2절의 내용을 참고하기 바란다).

공평성의 측면

하도급법과 공정거래법상의 우월적지위 남용 규제의 취지는 (앞서 살펴보았듯이) 시장에서 홀드업 문제를 억제함으로써 기업들이 특수자산에 대한 투자를 원활하게 할 수 있도록 하며 거래에 드는 비용을 줄이려는 이른바 효율성의 관점에서 이해할 수 있을 것이다.

하지만 또 다른 측면에서는 '하도급업자(가맹점주)=경제사회적 약자=보호대상'이라는 관점에 기초한, 즉 제1장 2절에서 설명한 공평성 중 결과의 공평성에 기초하고 있다고도 볼 수 있다. 하도급법이나 가맹사업법에서 하도급업자 및 가맹점사업자의 권익보호를 위한 규정들, 예를 들어 가맹사업본부는 매출현황 등을 담은 정보공개서를 가맹 희망자에게 공개토록 강제하는 등의 규정도 이러한 공평성의 관점에서 추진된 것이다.

2) 계약의 불완전성

특수자산에의 투자가 수반되는 거래에 있어서 만일 계약이 완전하다면 계약위반(계약불이행)의 경우 법적대응에 비용이 별로 들지 않게 되고, 이 경우 앞서 살펴보았듯이 홀드업 문제도 발생하지 않을 것이다. 즉 가능한 여러 상황이 모두 계약서에 명시적으로 되어 있어 그 계약내용에 따르기만 하면 되는 것이다. 또한 장기계약을 통해 해당 거래를 장기간 보장해줄 수도 있다.

하지만 현실은 그렇지 못하다. 불확실성과 정보비대칭 상황으로 완전계약이 불가능하기 때문이다. 그에 따라 계약위반 시 법적으로 대응하는데는 적지 않은 비용이 들게 되기 때문에, 홀드업 문제가 종종 발생하는 것이다. 이를 계약의 불완전성 또는 불완전계약이론이라 한다.

☑ **용어 정리－계약의 불완전성**(incomplete contract theory)

계약의 불완전성이란 계약의 내용에 모든 것을 담은 이른바 완전한 계약을 맺을 수 있다는 가정은 허구이며 어떠한 계약에도 정도의 차이는 있지만 계약에서 확정되지 못한 불확정 영역이 존재한다는 의미이다.

미국이나 유럽과 같이 계약법에 크게 의존하는 국가들에서는 계약의 불완전성이 우리와 같이 크게 문제되지 않는다(미국의 각종 계약서를 보라). 하지만 특히 하도급거래에서 불충분한 계약이 관행화되어 있는 여건에서는 (미국과는 달리) 하도급법에 의해 우월적 지위 남용을 규제하는 것이 합리적이라고 생각된다.

그렇지만, 이러한 문제들을 공평성의 관점에서 보고자 하는 정치·사회적 관점에는 문제가 있다. 작금의 대·중소기업간 갈등, 영세업자와 대규모유통기업간의 갈등을 (공평성의 관점에서) 우월적지위남용의 대상으로만 보려는 것은 시장에서의 자유로운 기업활동의 제한하고 창의적인 경영의욕을 꺾을 우려가 있다. 우리도 이제 관행에서 벗어나 명확한 계약의 체결을 일상화하고, 우월적 지위 남용의 법적규제는 홀드업 문제가 분명한 경우로 한정하는 것이 바람직하다.

3) 우월적 지위 남용 규제의 소비자후생 효과

여러 시장적 방법과 규제를 통해 시장지배적 기업의 우월적 지위남용 행위로부터 중소기업의 피해를 줄이거나 예방하는 것은 당연하다. 하지만 문제는 규제의 방법과 소비자후생에 미치는 효과이다. 이른바 갑을관계로 표출되는 대부분의 우월적지위 남용행위에 대한 대처는 주로 중소기업, 하청업체 보호에 초점이 맞춰지고 있다. 하지만 보다 근본적인 문제는 이러한 불공정거래관계에서 주된 경제주체인 소비자의 후생에 관한 관심이 많지 않다는 것이다.

하도급거래관계는 겉으로 보기에는 대기업이 수직계열화 등을 통해 중소기업을 차별하여 피해를 입히는 등 대기업과 중소기업 간의 문제이다. 하지만 하도급 거래관계를 자세히 보면 모기업-중소하청업체-소비자로 이어지는 3자간의 관계이다. 따라서 하도급거래 관계에서 소비자의 이익 내지 소비자후생을 함께 고려해야 한다. '경쟁자 보호'뿐만 아니라 '소비자 이익'까지 확보하기 위해 대기업의 우월적 지위 남용행위를 규제해야 하는 것이다. <여담 9.2>에서 소개한 대기업의 영화서비스 시장의 불공정 행위에 대한 제재도 표면상 차별받는 중소업체를 보호하기 위한 조치이지만 궁극적으로는 그러한 우월적 지위 남용에 따른 소비자후생 저하문제까지 고려한 것으로 보인다.

여담(regression) 9.2

CGV·롯데시네마에 영화 불공정거래 제재

소수 대기업 계열사들이 영화의 제작·배정·상영을 독점해 수직계열화한 뒤, 계열사 제작 영화에는 특혜를 주고 독립적 중소 영화업체는 차별하는 불공정 거래행위를 하는 것에 대해 처음으로 제재가 내려졌다.

공정거래위원회는 영화 상영업체인 CJ CGV와 롯데쇼핑(시네마)이 계열 배급사 또는 스스로가 공급하는 영화에 대해 스크린 수와 상영기간 등을 유리하게 차별적으로 제공하며 공정거래법을 위반해 과징금 55억원을 부과하고 검찰에 고발했다고 2014년 12월 22일 발표했다. 또한 CJ와 롯데가 거래상 우월적 지위를 남용해 독립적 중소 영화배급사와 협의 없이 영화 할인권을 발행한 행위와 CJ E&M이 제작사와 투자계약를 맺으면서 금융비용을 받을 수 있도록 거래 조건을 설정한 행위에 대해서도 시정명령을 내렸다.

그동안 소수 대기업 계열사들의 영화산업 수직계열화로 인해 독립적 중소 영화업체들이 차별 대우를 받는 등의 폐해가 지적돼왔으나, 공정위의 제재를 받기는 처음이다.

<표 9-2> 대기업의 영화서비스시장 수직계열화 현황(2013년)

	영화상영(좌석수)	영화배급(매출액)	영화제작
CJ	42.2%	21.2%	최근 CJ·롯데의 참여 증가
롯데	31.0%	14.6%	

조사 결과, CJ와 롯데는 계열사와 자사가 만든 영화 중에서 일부 대작에 대해서는 적정 기준보다 많은 수의 스크린을 편성하고, 관객 순위가 저조해도 상영기간을 연장했으며, 좌석수가 많은 큰 영화관을 배정하는 등의 특혜를 주었다. 또 CJ E&M은 우월적 지위를 이용해 제작사와 투자계약을 맺을 때 투자금액의 7%에 상당하는 금액을 투자보상 명목으로 청구할 수 있는 조항을 넣어, 투자수익은 얻고 투자위험은 제작사에 전가하는 '갑의 횡포'를 부렸다.

CJ와 롯데는 금번 제재를 계기로 공정한 경쟁질서를 회복하고 소비자 후생을 높이는 자체 개선 방안을 시행하기로 했다. 두 회사가 공정위에 제시한 개선 방안은 메이저 배급사 영화의 스크린 점유율 제한, 독립·예술 영화 전용관 확대, 중소 배급사의 애로사항 개선을 위한 상설협의체 구성, 상영관별 스크린 편성 내역과 관객을 주 단위로 공개 등이다.

자료: 한겨레신문(2014년 12월 22일자, 곽정수·유선희 기자) 저자 재정리

최근 대형 유통업자인 구매자(buyer)의 우월적 지위 남용문제가 쟁점이 되었는데, 결론은 구매자의 우월적 지위의 행사는 경쟁을 촉진시켜 최종 제품의 가격하락과 안정화에 기여할 뿐 아니라 소비자후생을 증진시킬 가능성이 크므로 이에 대한 규제는 신중해야 한다는 것이다.

구매자의 우월적 지위 행사에 대한 평가 시 두 가지의 오류가 발생할 수 있다. 효율적이며 경쟁 촉진적이어서 소비자후생을 증진시킬 수 있는 정당한 권한행사임에도 법이 개입하여 반경쟁적 행위로 판단하는 경우(false positive error; Type I 오류)와, 반경쟁적 기업행위를 적절한 것으로 판단하여 법이 개입하지 않는 경우(false negative error; Type II 오류)이다.

구매자의 우월적 지위행사에 대한 법적 개입의 경우는 Type I 오류가능성이 Type II 오류가능성보다 커 경쟁의 촉진을 저해할 가능성이 높다. 그러므로 구매자의 우월적 지위 남용 행위를 법적으로 규제하기 이전에 소비자 이익의 저해 여부를 기준으로 판단할 필요가 있다.[64]

[검토과제]

1. 특정 관계에서의 투자(특수자산)는 어떤 의미인가? 예를 들어 설명하라.
2. 홀드업 문제가 무엇인가? 어떤 여건에서 홀드업 문제가 발생하기 쉬운가?
3. 경쟁법에서의 우월적 지위 남용 규제는 홀드업 문제가 우려되는 경우에는 효율성 제고에 기여할 수 있을 것이다. 그 이유를 설명하라.
4. 평판효과의 의의를 설명하라. 동 효과가 효력이 있는 경우를 예를 들어서 설명하라.
5. 가맹사업 거래에서 발생하기 쉬운 쌍방 도덕적 해이의 사례를 들어 보라.

64) 신석훈, 최근 하도급법 개정 논의의 문제점, KERI칼럼, 2011, 3쪽.

제 10 장 공익사업에서의 경쟁과 소비자후생

전기와 가스, 수도와 교통서비스 등 이른바 공익사업(public works or public utilities) 분야에서는 시장 경쟁이 오히려 소비자의 불이익을 초래하므로 독점을 허용하는 것이 바람직한 것으로 알려져 있다. 그런 의미에서 공입 사업의 경우 경쟁법의 적용으로부터 제외되는 경우가 적지 않다.

제10장에서는 이러한 공익사업의 특성을 살펴보고 시장에서의 공익사업의 경쟁유지 방안에 관해 배운다. 이어 여러 기본적 경제이론에 기초하여 공익사업에 관련된 경쟁 정책이 소비자후생에 어떤 효과를 미치는지 등에 관해 공부한다.

1. 공익사업의 의의와 특성

1) 공익사업의 의의

일반적으로 공익사업이란 '공공의 이익에 관련되며 국민의 일상생활에 필수적인 서비스를 공급하는 사업'을 의미한다. 전기, 가스, 수도, 전신(우편), 교통(전철, 철도, 정기항공, 정기선, 대중교통) 등의 서비스를 제공하는 사업이 대부분 공익사업들이며, 공익형사업 또는 공익상사업으로 표현하기도 한다. 우리나라 '노동조합 및 노동관계조정법'[65](제71조)에서는 공중의 일상생활과 밀접한 관련이 있거나 국민경제에 미치는 영향이 큰 사업으로서 ① 정기노선 여객 운수사업, ② 수도·전기·가스·석유 정제 및 석유 공급 사업, ③ 공중위생 및 의료사업, ④ 은행 및 조폐사업, ⑤ 방송 및 통신사업 등을 공익사업으로 규정하고 있다. 한편, 법적 의미에서의 공익사업은 '공익법인이 수행하는 사업'을 의미하는 경우[66]도 있다.

이러한 공익사업들은 유형(여객, 화물, 우편, 수도 등)과 무형(전기, 정보 등)을 띠며, 격지적으로 이전 내지 이동하게 된다는 특성을 갖는데, 교통서비스와 전기통신서비스, 우편서비스는 '이동(배송)' 그 자체가 하나의 사업(business)이 된다. 가스나 수도, 전기, 천연가스 등은 원료를 이용하여 정수장이나 발전시설에서 생산하고 가공하는 제조업의 성격을 갖기도 하지만, 가공된 상품을 소비자에게 전달한다는 측면에서 일반적인 제조업과는 다른 의미를 갖는다.

여담(regression) 10.1

필수설비의 독점력을 이용한 기업메시징 서비스 시장의 독점

공정거래위원회는 가입 고객의 무선통신망을 독점하고 있는 점을 이용하여 기업메시징 서비스에 필수적인 무선통신망 이용 요금을 자신들이 제공하는 기업메시징 서비스[67] 가격에 비하여 높게 책정함으로써 무선통신망이 없는 경쟁 사업자는 아무리 효율적이더라도 퇴출될 수밖에 없도록 한 ㈜엘지유플러스와 ㈜케이티에 시정명령과 과징금 총 62억 원(잠정)을 부과하기로 결정하였다.

---

65) 이 법은 기존의 '노동조합법'과 '노동쟁의조정법'을 합쳐 1997년에 제정되었다.

66) 공익사업을 위한 토지 등의 취득 및 보상에 관한 법률(공익사업법)을 참고하라.

67) 이동통신사의 무선통신망을 이용하여 기업고객이 거래하는 이용자의 휴대폰으로 신용카드 승인내역이나 쇼핑몰 주문배송알림 등의 문자메시지를 전송해주는 부가통신서비스이다.

이들 두 사업자는 다른 경쟁 사업자들이 기업메시징 서비스를 공급하기 위해서는 자신들의 무선통신망을 반드시 이용할 수밖에 없는 점을 악용하여 무선통신망 이용 요금은 거의 그대로 둔 채(2011년말 이후 변동 없음) 무선통신망을 보유하지 않은 경쟁 사업자들이 기업메시징 서비스를 공급할 수 있는 최소 가격보다 저가로 기업메시징 서비스를 직접 판매하여 시장을 독식해왔다(SK텔레콤(주)은 기업메시징서비스에 관련된 사업을 하고 있지 않다).

이들이 부당하게 저가로 판매한 기업메시징 서비스는 전체 기업메시지 발송 건수의 약 80%를 초과하며, 그 매출액도 전체 기업메시징(SMS) 매출의 65%를 초과하는 등 전체 판매의 대부분을 차지하는 실정이었다.

<표 10-1> 최근 10년 간 기업메시징 사업자의 시장점유율 추이

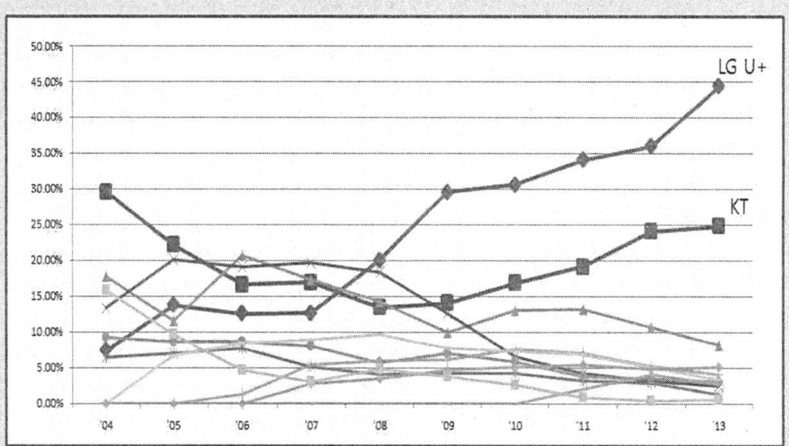

이번 조치는 수직통합기업이 필수 원재료의 독과점적 지위를 바탕으로 이를 가공하여 생산하는 상품의 가격을 원재료 이용 가격 등보다도 낮게 책정한 행위를 적발하여 제재한 최초의 사례이며, 향후 경쟁활성화와 함께 필수 원재료에 해당하는 무선통신망 이용 요금이 인하되어 기업메시징 서비스 가격 안정화 효과도 나타날 것으로 기대된다.

자료: 공정거래위원회 보도자료(2014년 11월 28일)에 기초하여 저자 구성

2) 공익사업의 특성: 규모의 경제와 보편적서비스

(1) 규모의 경제성과 독점성

공익사업은 일반적으로 서비스의 이동이나 특정한 설비가 필요하게 되며, 해당 설비들은 대부분 규모의 경제(economy of scale)라는 경제적 특성을 가지고 있다. 또한 공공의 이익(공익)을 위주로 하는 독점성이 강한 사업이 대부분이다.

공익상 고독점성 사업이란 일반적인 시장에서의 경쟁이 오히려 국민들에게 불이익(소비자후생의 감소)을 초래하며, 따라서 경쟁을 (부분적으로) 제한하는 것이 저렴한 가격으로의 상품 공급이 가능해지는 경우를 의미한다. 그러한 측면에서 공익사업에 대한 경쟁정책은 일반적 시장행위에 대한 경쟁정책과는 다른 상대적으로 어려운 부분이 있다. 그와 같은 이유 때문에 대부분의 공익사업은 공기업 형태의 사업체가 경영하고 있는 실정이다.

(2) 보편적서비스

또 다른 공익사업의 특성으로는, 앞서 공익사업의 의미에서 살펴보았듯이, '국민의 일상생활에 필수적'이라는 점이다. 역으로 설명하면 공익사업의 생산물은 모든 국민들이 누구나 이용할 수 있어야 한다는 것이다. 다시 말해 공익사업의 사업자는 공익서비스를 수요 하는 모든 국민들에게 해당 서비스를 공급해야 하는 의무를 갖는다는 의미인데 이를 보편적서비스(universal services)라고 한다.

☑ **용어 정리－보편적서비스**(universal service)

모든 이용자가 언제 어디서나 적정한 가격으로 양질의 기본적

> 서비스를 제공받을 수 있도록 하는 것을 의미한다. 주로 통신서비스산업 분야에서 사용되어 왔으며, 오늘날에는 규제관련 산업에 널리 사용되는 경제적 용어이면서 법적 용어이기도 하다.

이 개념은 19세기 말 통신 부문에서 처음 시작되었다. 통신 부문에서는 미국 AT&T사가 이 개념을 기초로 미국 전화 시장의 독점을 정당화하고, 독점 구조 아래 전화망을 전국적으로 확대하며, 적절한 요금을 부과하여 전 국민에게 전화 서비스의 혜택을 제공하겠다는 독점을 전제로 하는 기업 목표에서 본격화된 바 있다. 이러한 '보편적서비스'라는 개념을 처음 사용한 사람은 AT&T사의 베일(Theodore Vail)사장이다. 그는 1908년 당시 AT&T사업광고에서 'One System Policy, Universal Service'라는 표현을 사용하여 통합된 하나의 통신망을 사용하여 국민들에게 보편적인 서비스를 제공하겠다는 의지를 광고를 통해 나타내었다.

이러한 공익사업의 특성들은 경쟁정책에도 커다란 영향을 미치게 된다. 독자는 위에서 언급된 여러 공익사업 분야들이 대부분 독점기업이나 소수의 과점기업들이 해당 서비스의 공급을 담당하고 있음을 깨달았을 것이다. 우편서비스, 전기나 상수도 사업이 대부분 그와 같다.

다음 절에서는 이러한 독점화되어 있는 공익사업이 과연 바람직한 것인지 여부를 고찰해 본다. 또한 오랫동안 독점을 누려왔던 한국전력이 지난 2001년에 전격적으로 분할된 것과 같이 이른바 공익사업의 민영화가 요구되는 이유가 무엇인지에 관해서도 살펴본다. 덧붙여, 최근 한국전력의 연이은 요금인상 단행과 요구에서 보듯이 공익사업자의 자체 가격설정이 허용돼야 하는지 아니면 (소비자를 위해) 국가가 엄격히 통제해야 하는지 등 공익사업에 관련된 경쟁정책들을 소비자후생의 문제와 연관지어서 살펴보도록 한다.

2. 필수설비와 자연독점

1) 필수설비의 특성

(1) 필수설비의 의의

공익사업에 관한 분석에서 제외될 수 없는 개념이면서 경쟁정책에 관한 용어 중에 하나로 필수설비가 있다. 해당 사업을 유지 내지 추진하기 위해 필수적인 설비를 필수설비(essential facilities)라고 한다. 공항(항공사업), 전화망·광통신망(전기통신사업), 배송망(우편서비스), 가스·수도관(가스서비스, 수도서비스) 등이 대표적인 필수설비이다. 특히 전기, 가스, 통신 등과 같이 네트워크가 영업활동에 있어 필수적인 이른바 네트워크 산업에서는 특성상 서비스를 제공하기 위해 대규모 기간시설을 이용해야 하는데 신규사업자나 소규모기업의 경우에는 이러한 시설을 독자적으로 보유하거나 시장에 진입하기는 거의 불가능하다. 따라서 기존의 사업자가 갖고 있는 시설을 임대 등을 통해 이용할 수밖에 없는 상황이 된다.

이러한 필수설비에 관련된 이론으로 필수설비원리(essential facility doctrine)가 있다. 필수설비를 보유한 시장지배적 사업자가 경쟁사업자에게 정당한 이유 없이 시설의 제공을 거절하거나 차별적인 조건을 제시하는 등 우월적 지위를 남용하는 경우에 이를 불법적으로 간주하여 규제할 수 있다는 원칙이다. 즉 필수설비는 일반 시장경쟁에서와는 다른 예외가 허용된다는 논리이다. 이러한 논리는 필수설비를 보유한 기존의 기업이 (필수설비를 활용한 차별적 취급 등) 우월적인 지위를 남용할 가능성이 있으며, 그에 따라 독점적 행태를 하게 되며, 결국 시장경쟁을 저해할 뿐 아니라 소비자후생을 저해한다는 관점의 원리이다.

이 원리는 미국의 독점금지법(1912)에서 필수설비의 독점을 막기 위해 처음으로 비롯되었으며 유럽연합, 영국 등 여러 나라에서 자체 법체계에서 이 원칙을 채택하고 있다. 각 나라마다 필수설비원리에 대한 통일된 개념은 없지만 필수적인 설비의 보유자에 대해 적정한 가격에 차별 없는 접근을 허용토록 강제한다는 인식은 같다.

공익사업 분야에서 이러한 필수적 설비를 구축하는 데는 막대한 비용이 들게 되어 개인 사업으로 추진하기에는 커다란 리스크가 따른다. 그런 연유로 많은 공익사업들이 정부사업으로 시작되어 또 그렇게 장기간 지속되고 있는 것이다.

(2) 필수설비의 특성

필수설비는, 앞서 정의한 '사업의 추진·유지에 필수적인 설비'라는 의미 이외에 규모의 경제와 매몰비용적 요소 등 두 가지의 경제 이론적 특성을 갖는 경우를 일컫는다. 각각의 특성을 정리해 본다.

규모의 경제

규모의 경제라는 기술적 요인이 존재한다. 하루 이용객이 500명 정도인 변두리 전철역과 5,000명이 이용하는 도시 중심부 전철역이 있다고 할 때, 도심부 역의 크기가 변두리역보다 열배 크게 만들 필요는 없다. 소수의 인원이 이용하더라도 역사와 개찰구는 필수적이며, 승객들이 이용하는 승차장의 크기와 길이는 일정규모 이상이어야 한다. 이러한 외형적 시설뿐만 아니라 최소한의 근무인원이 요구되며 스피커시스템과 통신시설 및 컴퓨터와 같은 필수적 시설이 필요하다.

즉, 전철역의 이용자가 늘어나면 날수록 해당 역의 평균적 비용은 감소하며 이는 이른바 규모의 경제(economy of scale) 현상을 보여주는 좋은 예이다. 규모의 경제가 존재하는 사업 분야에서 새로운 기업들이 진입하게 되면 중복투자를 통한 사회적 비효율이 발생한다. 이러한 사업분야는 이 책의 제1장1절에서도 살펴보았듯이 시장구조의 독점화가 진행될 수밖에 없을뿐더러, 사회적으로도 독점기업이 효율성을 갖게 된다. 이러한 현상을 이른바 자연독점이라 한다.

> ☑ **용어 정리－자연독점**(natural monopoly)
>
> 여러 경쟁적 생산·공급자보다는 하나의 생산·공급자가 더 적은 비용으로 재화와 서비스의 생산 및 공급을 담당할 수 있는 시장 조건을 말한다. 자연독점 현상은 규모의 경제라는 기술적 요인이 특정 산업에 영향을 주고, 이것이 독점화 경향으로 이어질 때 나타난다.

이러한 자연독점은 규모의 경제로 인해 발생되는 시장진입장벽(entry barriers)이 매우 높을 때 발생한다. 예컨대 철도와 가스, 전기사업과 같은 생산과 전달체계를 구축하는데 막대한 규모의 초기설비 투자가 요구되는 공익사업에서 종종 나타나는 현상이다. 이러한 자연독점의 특성 아래에서는 생산을 늘릴수록 생산단가(AC; 평균비용)가 낮아지게 되는 것이다.

매몰비용적 요소

일반적으로 기반시설의 구축을 위해 투자하고 유지하는 데는 막대한 비용이 든다. 그 비용은 일단 투자된 후에는 회수가 불가능한 이른바 매몰비용(sunk costs)적인 특징을 갖는다. 예컨대 1조원이 넘는 비용이 투입된 용인경전철 사업이 만일 이용객이 증가하지 않아 폐업하게 된다면 투자된 시설비용의 대부분을 회수할 수 없을 것이며,68)

이러한 매몰비용의 존재는 주된 시장진입장벽의 역할을 한다. 기존 사업자는 투자된 설비를 거의 무상으로 사용할 수 있지만, 신규로 진입하

68) 말도 많고 탈도 많았던 용인경전철이 2013년 4월 개통시에는 하루 이용객이 1만명도 되지 않아 대표적인 부실사업이라는 비판도 있었지만, 개통 1년이 지나면서 이용객이 늘고 무공해, 무소음이라는 친환경적 측면도 부각되는 등 이미지가 다소 좋아지고 있다고 한다. 다행이다.

게 되는 기업은 새로운 막대한 투자를 해야 하며, 만약 무리해서 투자를 하게 되더라도 이후에 경영여건이 악화되어 폐업하게 된다면 회수가 불가능하거나 어렵게 된다.

2) 공익사업 가격규제

이상과 같은 여러 공익사업의 특성은 생산하여 공급하는 재화와 서비스의 가격에도 영향을 미치게 된다. 국영이든 민영이든 관계없이 공익사업에 있어서의 필수설비에 따른 자연독점화 현상은 해당 기업들로 하여금 이윤극대화를 위한 독점적 가격설정 유인으로 작용한다. 즉 제1장에서 살펴본 <그림 1-2>에서 보듯이 자신의 한계수입(MR)과 한계비용(MC)이 일치하는 수준의 생산량(q_m, 이는 경쟁시장에서의 생산량보다 적다)을 선택하려 하고, 따라서 경쟁시장에서의 가격수준보다 높은 독점가격(P_m)을 설정하고자 한다. 그렇게 함으로써 자신의 이윤을 극대화할 수 있는 것이다.

이에 대응하여 경쟁정책당국에서는 일정 수준의 가격규제를 통해 독점이윤을 줄이고자 하는 것이 일반적이다. 즉 정부가 직접 공공서비스의 공급을 담당하면서 적정한 수준에서 가격을 설정하거나 또는 공익사업을 시장(민간)에 맡기면서 지속적인 가격통제를 하게 된다. 전기요금이나 가스요금, 전철료와 버스요금, 전화비 등 대부분의 공익사업 서비스의 가격은 이와 같은 규제가격이다. 시내버스요금의 경우도 서비스제공자가 자의적으로 인상하거나 조정할 수 없으며, 해당 행정관청의 허가를 받아야만 가능한 것이 현실이다.

공익사업 요금의 결정

공익사업에 의해 제공되는 공익적 서비스에 대한 이용자가격(user price)을 대개 '공공요금'이라고 한다.

☑ **용어 정리－공공요금**(public utility rate)

국민생활에 있어서 기초적이고 필수적 성격이 강한 공익서비스 가격을 말한다. 우리나라의 경우 공공요금에 포함되는 항목은 철도·전기·우편요금, 전신전화요금, 상하수도사용료, 공업용수사용료, 도시가스요금, 지하철운임, 시립·도립병원 등의 의료비 기타 기획재정부에서 국민생활의 안정을 위하여 필요하다고 지정하는 사업요금 또는 수수료 등이다.

공공요금의 결정이나 변경은 소비자의 생활물가 등 국민경제에 미치는 파급효과가 크다. 공공요금이 오르면 그것이 소비자물가 지수에 반영되는 가중치 이상으로 다른 소비자물가의 전반적인 상승을 초래한다는 연구결과도 있다. 한국은행에 따르면 공공요금이 10% 오를 경우 그 파급효과로 소비자물가는 2.2%, 생산자물가는 1.8% 오른다고 한다. 정부가 어느 선에서 공공요금의 수준을 결정하느냐 하는 문제는 재정정책의 문제와도 연관된다. 가격 및 요금의 현실화 대신 인상의 억제에만 주력할 경우, 정부에서 재정지원을 해야 하므로, 이것은 정부의 부채를 증가시켜 건전재정을 위협하게 된다.

공공요금은 일반적으로 원재료비용과 인건비용, 자본비용 등을 합한 총비용을 감안하여 그 수준을 정부에서 인가한다.[69] (이러한 가격결정방식을 '총비용가격결정(total cost pricing)'방식이라 한다). 이러한 방식은 기업들로 하여금 생산비용 감소를 위한 경제적 유인을 약화시키는 경향이 있고, 이는 결국 소비자들은 비싼 공공요금을 물게 되는 한 요인이 되기도 한다.

기업의 비용절감 유인을 약화시키지 않기 위해서는 이러한 공익사업에도 경쟁을 도입하고 관련 규제를 철폐할 필요가 있다(하지만, 제4장에서

---

69) 공공요금의 결정시 주무부처 장관은 국무회의의 심의를 거쳐 대통령의 승인을 얻어야 한다. 또, 주무부처 장관은 다른 법률이 정하는 바에 따라 가격이나 기타의 요금을 결정·승인·인가 또는 허가할 때에는 미리 기획재정부 장관과 협의하여야 한다.

의 경합시장이론에서 공부했듯이 만일 시장에서 진입장벽이 없거나 낮은 수준이라면 비록 독점화되어 있는 시장에서의 기업도 독점가격의 설정이 불가능해진다. 지난 1980년대부터 미국을 중심으로 일기 시작한 이른바 규제완화의 물결도 바로 이러한 점을 배경으로 하고 있다).

여담(regression) 10.2

공공요금의 결정 방식

공공요금의 결정방식은 나라마다 차이가 있지만 일반적인 요금결정의 원칙으로는, 첫째, 공정하고 타당해야 하며, 둘째 원가를 보상할 수 있어야 하고, 셋째 산업발달에 기여하는 것이어야 하며, 넷째 임금 및 물가 안정에 보탬이 되어야 한다. 이러한 원칙 아래 우리나라에서는 원가보상주의를 취하고 있다. 즉 해당 공공기관이 서비스를 제공하기 위해 소요된 비용에 적정투자보수를 더하여 요금을 정하는 총괄원가방식을 택하고 있다.

공공요금의 결정에 관련된 이론적 요금설정방식으로는, 독점기업의 규제를 위한 원칙적 방법으로써 한계비용가격설정방식, 평균비용가격설정방식, 이부가격방식, 가격차별방식 등이 있다.

우선 한계비용 가격결정(MC Pricing) 방식은 공공서비스 공급자의 한계비용(MC)이 정부가 추정하는 완전경쟁시장에서의 시장가격(P)과 같아지는 수준 즉, $P=MC$가 성립하는 수준에서 요금의 상한을 설정하는 방식이다. 제1장에서의 <그림 1-2>에서 설명하면, 독점에서는 $P_m>MC$가 성립하지만 완전경쟁시장에서의 효율적 자원배분의 조건은 $P>MC$이므로, 그림에서 Pc를 가격상한으로 설정하는 것이다.

그런데 공익사업의 경우 규모의 경제에 따른 자연독점적 특성으로 인해 정부에서 정한 산출량 수준에서 한계비용이 평균비용보다 낮기 때문에 $P=MC$가 성립되도록 요금의 상한을 제한하게 되면 해당 공익사업자는 늘 손실을 보게 되는 문제가 있다. 만일 정부에서 이러한 손실을 충당하기 위한 보조금을 지급할 수 있다면 한계비용가격설정방식에서도 적어도 이론상으로는 효율성을 달성할 수 있게 된다.

<그림 10-1> 평균비용가격설정

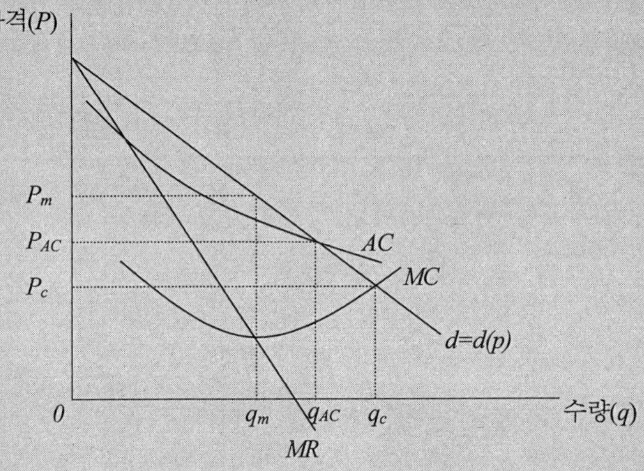

하지만 만일 정부가 해당 공익사업자에게 적정한 보조를 할 수 없는 경우에는 해당 사업자의 손실을 0으로 하는 수준의 가격을 설정할 필요가 있다. <그림 10-1>에서 보듯이 평균비용곡선과 수요곡선의 교점에서 산출량과 가격을 결정하는 것이며, 이를 평균비용가격설정방식(AC Pricing)이라고 한다. 즉 한계비용가격설정방식보다는 높은 '평균단가' 수준의 요금을 받을 수 있으므로 순손실을 보는 일은 없다. 하지만 이 방식은 (한계비용가격설정방식과 마찬가지로) 정부가 시장의 수요와 기업의 비용구조에 관해 충분한 정보를 갖고 있어야만 효과적으로 기능할 수 있다는 제약이 있다.

독점에서의 가격설정 또는 공공요금에 관련된 다른 가격설정방식으로 이부가격(two-part tariff)제가 있다. '기본료+분당요금'으로 부과되는 휴대전화요금과 같이, 한계비용에 해당하는 사용요금 부과시 발생(될 것으로 예상)한 결손액을 사용자수로 나누어 기본요금으로 부과하고, 적정 사용요금을 달리 부과하는 방식이다.

마지막으로 가격차별(price discrimination)의 방식이 있다. 예컨대 일정 수준의 산출량 구간에서는 높은 요금을 부과하고 지불용의가 낮은 구간에 대해서는 낮은 요금을 부과하는 방식이다. 이러한 이중적 요금을 통해 효율적인 자원배분을 달성하면서도 공급자의 최소이윤을 보장하고자 하는 취지이다.

3. 공익사업의 경쟁과 사회적 후생

1) 공익사업의 연쇄구조

공익사업에 관련된 다른 경쟁정책 측면에서의 딜레마가 있다. 즉 자연독점으로 귀결될 수밖에 없는 필수설비의 경쟁배제효과와 같은 공익사업의 특성과 더불어, 시장경쟁을 촉진하기 위하여 진입장벽을 제거해야하는지 아니면 일정수준의 진입장벽을 허용해야하는지의 문제이다.

철도사업이나 수도사업 등 여러 공익사업들을 단순화해 보면 대개 다음 <표 10-1>과 같은 연쇄구조의 형태를 띤다. 즉 출발점 내지 개별적 지역망(local lines)을 통해 연계점 A에 도달하고, 이어 기간망(main lines)에 이른다. 이어 목적지와 연결된 연계점 B에 도달한 후에는 다시 지역망을 경유하여 서비스의 최종 수요자인 목표지점 내지 개인수요자에게 이르게 된다.

<표 10-1> 공익사업의 연쇄구조(예시)

사업	출발점	지역망1	연계점A	기간망	연계점B	지역망2	목표점
철도	출발지	걷기	역	선로·차량	역	걷기	목적지
공항	출발지	버스	공항	공로·항공기	공항	버스	목적지
전기	발전소	지역송전망	변전소	기간송전망	변전소	지역송전망	수요자
전화	발신자	가입자회선	중계국	기간회선	중계국	가입자회선	수신자
우편	발신자	집배	집배국	철도·트럭	배달국	배달	수령자

<표 10-1>에는 이러한 공익사업의 연쇄구조를 철도사업, 공항사업, 전기사업, 전화사업, 그리고 우편사업의 경우를 나타내보였다. 예컨대 전기사업분야의 경우 발전소에서 생산된 전기서비스가 지역송전망을 통해 변

전소까지 전달된 다음, 초고압의 기간송전망을 통해 효율적으로 수요자 쪽의 변전소까지 이송된 후 지역전송망을 통해 개별 수요자에게 전달되는 구조이다. 이러한 과정을 대개 공익사업에서의 수직연쇄(vertical chain)라고 한다.

(1) 수직적 통합전략

일반적인 제조물들은 이러한 연쇄를 거쳐 최종 소비자에게 전달되는데, 이러한 과정 중에 어떠한 사업(들)을 하나의 기업 내부에서 담당할 것인가가 이른바 수직적통합의 문제이며, 주된 경쟁정책의 문제로도 논의되고 있다.

> ☑ **용어 정리－수직적 통합전략**(vertical combination strategies)
>
> 원재료나 부품의 취득에서부터 최종적인 생산과 판매에 이르는 전체적인 제품의 공급과정 내지 가치연쇄에서 기업이 일정 부분을 통제하는 전략으로써, 경영 다각화의 한 방법이며, 가치연쇄의 구매자 방향의 전방통합과 원재료 쪽의 후방통합으로 구분된다.

자동차산업의 예를 들어 보면, 20세기 초 미국의 포드사(Ford Auto Co.)는 초기에는 공장 내에 제철시설을 구축하고 있었으며 대부분의 부품도 사내에서 조달했다. 즉 수직적 통합전략을 취했다.

이러한 수직적 통합은 원가상의 우위를 점할 수 있을 뿐 아니라, 공급원 내지 유통망의 확보로 시장지배력을 높일 수 있으며, 통제능력을 강화하여 외부 환경에 조직적으로 대처할 수 있는 장점이 있다.

포드사의 경우 이후에는 강판은 강판전문사로부터 구입하고, 부품들도 해당 제조사들로부터 구입하기 시작하여 수직적 통합이 다소 완화되었는데, 당시 자동차산업뿐 아니라 많은 산업 분야에서 수직적 통합의 형태를 탈피하는 경향이 진행되었다. 이는 수직적 통합의 장점으로 인식되어 왔던 조직 내 정보교환과 조정의 신속함 등의 이점이 정보기술의 발달로

타 기업 간에도 원활하게 된 점이 그 주된 배경이 된 것으로 보인다. 또한, 다양한 사업 분야에 있어서의 고유한 전문기술을 가진 회사들로부터 중간재나 부품을 조달받는 것이 부품공급사들 간의 치열한 경쟁과 제품의 가격경쟁 등으로 인해 비용측면에서도 유리한 환경으로 작용했다.

공익사업분야에 있어서도 <표 10-1>에 나타낸 수직적 연쇄구조에서의 모든 단계를 모두 한 사업자가 담당할 필요는 없다고 본다. 한국전력, 코레일, 민영화된 KT, 도시철도공사 등 현실에서의 공익사업의 많은 부분은 이러한 연쇄를 대부분 수직적통합의 형태로 유지되어 왔는데, 그 주된 배경은 앞서 살펴본 필수설비의 건설과 유지, 관련 기술비용 등에서 나타나는 규모의 경제성이다. 예컨대 수직적 통합 상태를 통해 관련 기술이나 경영을 통합 운영함으로써, 또한 보완성을 이용함으로써 효율성을 높일 수 있는 것이다.

하지만 근래 들어와 민간에서와 마찬가지로 공익사업 분야에도 비통합의 움직임이 일반화되고 있다. 수직적 통합기업 형태의 공익사업의 운영에는 경영상의 비효율과 관리, 기술, 의식구조상의 비효율(X-비효율)로 인해 글로벌 경쟁에서 뒤처지기 쉽다. 전력산업의 경우가 좋은 예이다. <여담 10.3>에서 소개하듯이 우리나라는 2001년에 한국전력의 발전부문을 개방했고, 2004년부터는 판매사업을 전면 개방했다. 이러한 변화는 공익사업 분야도 수직적 통합에 따른 독점화와 비효율을 줄이기 위한 조치라고 생각된다.

☑ **용어 정리－X-비효율**(x-inefficiency)

배분적 효율성(allocative efficiency)과 대조되는 개념으로 직접 관찰하기 곤란한 측면의 효율성을 X-효율성(x-efficiency)이라고 한다. 예를 들어 동일한 노동자라 할지라도 근로의욕의 차이에 따른 효율성의 차가 나타나기 마련이며 근로의욕이 왕성하면 X-효율성이 나타나는 반면 그렇지 못하면 X-비효율성이 발생한다고 이해할 수 있다. 이러한 차이는 기업의 내부요인에 기인하는 것이 일반적이다. 이러한 X-비효율은 여러 가지로 정의되기도 하는데, 독점기업의 효율성에 관련해서는 평균비용이나 총비용보다 높은 수준의 비용을 지불하고 생산 활동을 하는 것을 의미하기도 한다.

(2) 다각화전략

한편, 수직적 통합전략과 유사한 형태이지만 그 의미가 다른 개념의 하나로 다각화전략(diversification strategy)이 있다. 즉 한 기업이 다수의 분야에 걸쳐서 사업을 전개하려는 전략을 말한다. 수직적 통합은 주로 유통경로상의 상하(원재료·부품 공급사업 분야, 수요자사업분야)로 통합해가는 전략을 의미하는 반면, 다각화전략은 기존의 사업과는 거리가 있는 새로운 여러 사업영역에 진출하여 기업의 성장을 추구하는 전략을 의미한다(다음 절에서 이 개념에 관해 보다 구체적으로 살펴본다).

여담(regression) 10.3

캘리포니아 블랙아웃이 주는 교훈

더위가 맹위를 떨치면서 2011년 9월과 지난해 여름의 대정전 사태가 생각난다. 전기가 부족해 모든 전력 시스템이 일시 정지하는 이른바 블랙아웃(black out)이 여러 지역에서 발생해 국민이 큰 불편을 겪었다. 당시에는 블랙아웃의 책임이 원전 가동 중단을 불러온 원전 비리와 국민의 전력 낭비에 있는 것으로 비쳤었다. 과연 그럴까?

미국 캘리포니아주에서는 2000~2001년 전력 부족으로 블랙아웃이 발생했다. 필자는 당시 샌프란시스코 인근의 캘리포니아 버클리대학에서 장기 연수 중이었다. 5인 가족이 머물던 주택에서 며칠씩 정전되는 바람에 곤란을 겪었다. 세계 5~6위권의 경제력을 갖고 있었던 캘리포니아주에서 경험한 '원시적' 현상에 놀라움을 금치 못했었다. 주된 요인은 남부 캘리포니아 지역을 중심으로 한 천연가스 가격 폭등이었다. 천연가스는 주들을 연결하는 송유관(파이프라인)으로 운송되는데, 남부 캘리포니아 송유관을 독점했던 엘파소사가 가스 가격을 높이려고 민간 자회사와 짜고 가스 공급량을 의도적으로 줄인 것이다.

엘파소사는 처음에는 이런 협의를 부인했지만 2003년 캘리포니아주에 17억달러를 배상하는 데 합의했다. 당시 많은 분석가와 연구자들은 엘파소사의 부당한 시장 지배력 행사 행위를 주된 원인으로 결론지었다. 더불어 전력 시장과 같은 공공 부문의 규제 완화가 도리어 민간 기업의 시장 조작을 불러왔다는 비판도 만만치 않았다.

독점은 비록 공익사업 분야라 하더라도 일정 부분 시장의 비효율과 그에 따른 소비자 후생의 악화를 초래한다. 우리의 경우 앞서 2001년 한국전력의 발전 부문은 개방했지만 송·배전과 판매 부문은 여전히 독점 구조이다. 그에 따라 운영의 비효율뿐 아니라 적시의 설비투자가 이루어지지 않아 잠재적 전력 부족을 초래하고 있다. 그에 따른 적자 누적을 수차례의 전기요금 인상으로 소비자에게 떠넘긴다는 지적도 있다.

공포의 블랙아웃이 올여름에도 어김없이 찾아올 단골 메뉴가 되지 않으려면 국민의 전기 절약과 요금 인상에만 매달리지 말고 지금부터라도 전력사업의 효율화를 전제한 기존의 전력 공급 구조의 개편과 가격 설정 방식의 개선 등에 관한 종합적인 진단과 재검토 그리고 대처가 필요하다.

출처: 조선일보(2014.7.9.일자 A29면2단, 이종인), 일부내용 보완

2) 오픈엑세스와 신규진입

제2절에서 공부한 공익사업에 있어서의 필수설비의 문제는 단지 사업에 필수적인 경우뿐 아니라, 규모의 경제가 시현되고, 초기설비비용이 매몰비용 등의 특성으로 인해 신규기업의 시장 진입을 어렵게 하는 주된 요인으로 작용한다. 전화 사업을 예로 들어 설명해 보자.

대도시인 서울-부산 간 기간 회선에는 이용자가 수없이 많아서 설비업자의 규모의 경제성이 충족하고도 남을 것이다. 하지만 문제는 가입자

의 단말 장치(전화기)와 전화국의 교환기를 접속하는 통신로인 <표 10-1> 에서의 '가입자 회선'이다. 전화의 편리성은 누구와도 통화가 가능하다는 점이다. 따라서 모든 가입자와 중계국B를 연결할 필요가 있다. 그렇지만 이 연결회선은 신규 설비 기업에게는 매몰비용이 되기 때문에, 기존 통신망을 가진 KT(무선통신망의 경우 KT, SKT, LGT)가 훨씬 유리한 입장이 된다. 즉, 가입자회선은 최종 이용자의 통신환경(last mile)에서의 병목지점(bottle neck)이 된다.

하지만, 공익사업의 모든 연쇄가 필수설비에 따른 자연독점 상태가 되는 것은 아니다. 또한 그러한 설비를 모두 내부화할 필요도 없다. 예컨대 항공사업의 경우 공항은 필수설비이지만 항공사가 공항의 건설과 운영을 직접 수행할 필요는 없는 것이다.

이는 규제완화뿐 아니라 시장경쟁의 촉진을 위한 경쟁정책의 측면에서 중요한 함의를 갖는다. 즉 필수설비의 사용을 공개(open)하게 되면 기업의 신규진입이 가능하게 된다. 지금까지 살펴보았듯이 자연독점은 공익사업의 전체 연쇄구조 중 필수설비에 한해서만 가능하다. 따라서 필수설비는 독점적으로 투자, 운영되는 것이 바람직할 수 있지만, 연쇄과정에서의 다른 단계에서는 오히려 신규진입을 촉진시킬 필요가 있는 것이다.

☑ **용어 정리－신규진입**(de nove entry; from the beginning)

어떤 기업이 사업의 확장이나 새로운 산업에의 진출을 위해 기존의 기업을 인수·합병하기보다는 신규 투자 또는 새로운 회사의 설립에 의하여 시장에 진출하는 현상을 말한다.

또한, 공익사업에서의 해당 설비의 이용을 누구에게나 허용하는(open access) 것이 바람직하다. 해당 설비를 오픈엑세스한다고 해서 결코 초기 투자자의 권리를 배제시키는 것은 아니며, 공익적 차원에서의 접근인 것이다.

☑ **용어 정리 – 오픈엑세스**(open access)

법적, 경제적, 기술적 장벽 없이 전 세계 이용자 누구라도 자유롭게 무료로 정보에 접근할 수 있도록 저작물 생산자와 이용자가 정보를 공유할 수 있도록 하는 것을 말한다. 오픈액세스는 저자의 비용 부담, 이용자의 무료 접근, 시공간을 초월한 상시적 접근, 저자의 저작권 보유 등의 4대 원칙을 강조하는 정보 공유 체제이다.[70)]

오픈엑세스와 더불어 필수설비의 이용에 관련된 또 다른 쟁점은 해당 설비를 형평성에 맞게 이용할 수 있도록 동등한 지위를 허용할지 여부이다. 이는 타기업 내지 타국 기업과의 경쟁 조건을 누구에게나 대등하게 부여할지 여부, 이른바 시장진입에 있어서의 동등지위(equal footing)원칙에 관한 문제이다.

인천공항과 같이 제3자(인천공항공사)에 의해 운영되는 공익사업의 경우는 오픈엑세스와 동등지위가 그런 대로 유지되기 쉽다. 하지만 전화(KT)나 전기(한전)와 같이 자신이 필수설비를 보유하는 사업자들은 전화, 전기사업을 자체적으로 하고 있으며, 이들은 종종 자기 설비의 공유(오픈엑세스)를 거부하거나 제한하고 있는데, 주된 이유는 경쟁에서의 우위를 유지하기 위함이며, 따라서 지극히 시장적 조치인 것이다.

이러한 비경쟁적 행위를 억제하기 위해 규제완화를 주창하기도 하고, 오픈엑세스나 동등지위를 법으로 강제하는 경우도 있다. 좋은 예가 알뜰폰 서비스 사업이다. 알뜰폰 사업은 SKT, KT, LG U와 같은 기존 이동통신사의 이동통신망을 빌려 독자적으로 이동통신서비스를 제공토록 하는 서비스이다. 한국케이블텔레콤(KCT), 온세텔레콤, CJ헬로비전 등이 이러한 이동통신재판매사업을 하고 있다.

이러한 이동통신재판매사업은 통신망 관리비나 유지비 등의 비용이 들어가지 않기 때문에 소비자가 지불하는 요금부담을 낮출 수 있는 장점이

---

70) 조은혜(2010), "저작권 인식과 학술정보의 오픈 액세스에 관한 연구" 28쪽.

있다. 더불어서 이동통신시장에서의 경쟁을 활성화시킴으로써 시장경쟁을 통한 서비스요금의 인하효과도 기대되어 소비자후생을 증대시킬 수 있다. 이 서비스는 정부에서 오픈엑세스를 허용하고 동등지위를 부여해줌으로써 가능해진 것이다.

알뜰폰 서비스에서 알 수 있듯이 경쟁 정책적인 측면에서도 오픈엑세스나 동등지위를 제한하는 행위를 규제하여 신규진입과 경쟁을 촉진하는 것이 바람직하다. 다시 말해 독점화된 공익기업의 경쟁을 촉진함으로써 독점사업자가 소비자잉여를 독점이윤화하는 것을 억제할 수 있으며 따라서 소비자후생을 증대시킬 수 있다.

3) 보편적서비스의 유지와 사회적 후생

앞서 우리는 공익사업의 주된 특징 중의 하나는 모든 국민들에게 보편적으로 제공되는 서비스라는 점을 배웠다. 미국의 통신 부문에서는 AT&T사가 전화시장의 독점을 정당화하고, 독점구조 아래 전화망을 전국적으로 확대해나가면서, 적정 요금을 부과함으로써 전 국민에게 보편적인 전화 서비스의 혜택을 제공하게 되었다.

이와 같이 보편적서비스는 누구나 이용할 수 있다는 의미에 더해, 누구에게나 동일한 요금으로 이용가능하다는 의미도 포함한다. 다시 말해 상술한 오픈엑세스와 동등지위의 요건까지 충족하는 서비스가 바로 보편적서비스인 것이다.

그런데, 요금수준의 동일성은 사실 경제적 효율성의 논리와는 상충되는 측면이 있다. 제1장에서 배웠듯이 효율성의 기본적 조건은 적어도 이론적으로는 한계비용과 같은 수준에서 시장 가격이 설정되는 것을 의미한다. 즉 한계비용요금설정 방식의 공익사업서비스의 가격이 설정되어야 효율성이 달성된다. 현실적으로 공공서비스 요금이 차별적인 경우, 예컨대 전기요금의 경우 농업용, 가정용, 산업용 요금이 달리 설정되는 이유

중의 하나도 (*P*=*MC* 아래 해당 기업의 초과이윤을 허용하지 않고자 하는 일종의) 효율성 제고를 위한 고육책인 것이다. 만일 공익서비스의 가격이 용도나 지역에 관계없이 동일하다면 서비스의 남용 내지 과소이용이 발생하여 자원의 비효율적 배분이 불가피할 것이다.

한편으로는, 공익서비스의 요금은 지역이나 용도, 수요자 등에 관계없이 동일하게 설정되어야 한다는 이른바 형평성 관점에서의 주장이 일견 보편적서비스와 같은 의미로 받아들여지는 측면이 있다. 공공요금의 형평 문제를 일반적 형평성의 개념을 적용하여 해석해보면, 능력에 따른 부담, 세대 간 부담의 공평성, 소비자와 생산자 등 경제주체들 간 공공서비스 부담의 형평성 등을 통해 공공요금의 배분적 정의를 실현하자는 주장들이 있다. 즉 저소득층은 고소득층에 비해 낮은 요금부담을 가져오는 체제가 바람직하다는 것이다. 예컨대 전화요금의 경우 고소득층 이용률이 높은 국제전화요금은 높게, 저소득층이 많이 이용하는 시내통화요금은 낮게 책정함으로써 공익서비스 가격설정의 형평성이 어느 정도 달성될 수 있다는 측면이다.

하지만, 사회적 후생의 극대화 관점에서는 보편적서비스가 단지 형평성의 문제뿐 아니라 효율성의 관점을 함께 충족하는 서비스로 이해하는 것이 바람직하다. 다시 말해 보편적서비스가 전제되는 공공요금 설정의 경우에도 일반적인 자원배분의 기본 원칙인 효율성과 형평성을 함께 감안해야 하는 것이다.

그런 의미에서 현실에서의 공익서비스들이 보편적서비스가 되려면 한계비용 요금설정(MC pricing) 방식보다는, 동일요금체제를 기본으로 하되 그로 인해 평균이상의 편익을 누리는 지역 또는 용도의 수혜자들로 하여금 평균 이하의 혜택(실질적 손실)을 보는 지역 또는 용도의 수요자들에게 수혜분을 양도케하면 된다. 예컨대 대도시지역은 한계비용 이상의 요금을 부담지우는 반면 산간도서 지역은 한계비용 이하의 요금을 책정함으로써 대도시지역민들이 산간도서 지역민들을 보조하는 효과를 얻을 수 있다.

물론 이러한 가격차별화 전략은 효율성 측면보다는 형평성 관점을 보다 많이 감안한 것으로 보이지만 다양한 정책목표들을 고려해야 하는 여건에서 사회적 후생 극대화를 위한 현실적 방안이라고 생각된다.

4. 범위의 경제와 상호진입, 소비자후생

현대경제에서의 지속적인 기술진보는 수직적 통합을 용이하게 할 뿐만 아니라 업태간의 경계도 허무는 역할을 하고 있다. 대표적인 경우가 전기통신분야이다. 예전에는 전화라고 하면 수화기와 전선과 단말기 등으로 구성된 형태의 통신수단이었지만, 이제는 휴대전화, 스마트폰, IP전화, SNS통신 등 다양한 형태의 전화서비스가 상용되고 있다. 또한 이메일과 카카오보이스톡, 스카이프(skype) 등도 과거 전화의 역할을 담당하고 있다. 이러한 전화서비스 기술진보에 따른 통신서비스의 발전은 이용자의 선택의 폭을 크게 넓히고 있다. 즉 대체성이 높아졌다.

이러한 급격한 변화의 와중에서 정책당국에서도 전화서비스시장 내지 전기통신시장을 획정(market definition)하는 것이 점점 어려워지게 되고 있다. 예컨대 유선전화시장의 경우도 불과 몇 개월 전까지만 해도 유선인터넷전화가 기존의 유선전화를 보완해 옴에 따라 관련된 통신정책을 바탕으로 기존의 시장획정을 그대로 유지해왔으나, 이제는 새로운 환경에 따른 시장획정이 마련될 필요가 있다.

또한 인터넷전화의 확산에 따라 네트워크 접근성과 서비스 이용이 함께 강조되어 온 보편적서비스 개념에서 초고속인터넷 네트워크에 대한 접근 개념인 이른바 보편적 접근(universal access)으로의 전환도 모색할 필요가 있다. 이뿐만 아니라, 이메일과 우편, 우편과 택배, 가스와 전기, 고속열차와 비행기 등 공공서비스 공급 수단에 관한 경계의 획정도 어려운 문제지만 해결해야 할 과제가 되었다.

1) 범위의 경제

이러한 공익서비스를 생산하는 사업자 측면에서도 관련 사업자들과 함께 이용 가능한 유무형의 자산(설비, 기술·경험, 인력 등)이 존재하며, 점차 이른바 (제6장에서도 공부했던) 범위의 경제에 따른 전체적인 효율성 증가가 현실화되어가고 있다. 즉 하나의 기업이 2종 이상의 제품을 함께 생산·공급하는 경우가 각 제품을 서로 다른 기업이 각각 생산·공급할 때보다 평균비용이 적게 드는 경제적 현상이 나타나고 있는 것이다.

예컨대 KT의 경우 자사가 깔아놓은 설비인 광케이블망을 전화선뿐 아니라 인터넷망으로도 사용할 수 있기 때문에 두 가지 사업을 함께 수행함으로써 범위의 경제 효과로 인한 혜택을 누릴 수 있게 된다. 한국전력 역시 기간 송전망을 보유하고 있기 때문에 여기에다가 통신케이블망을 병설하는 것이 (신규로 설비하는 것보다 훨씬) 용이하게 된다. 전기와 가스, 수도서비스의 경우 공통으로 검침하고 요금을 부과할 수 있는 측면이 있다. 실제로 유럽과 미국의 경우 이러한 공통사업을 담당하는 독립된 기업들도 있다. 이를 전문용어로 상호진입(mutual entry)이라 표현한다.[71]

2) 상호진입과 경쟁정책 및 소비자후생

방송과 통신간의 상호 진입과 같이 공익사업자들 간에는 상호진입하는 경우가 적지 않다. 사실 상호진입이 허용되고 또 활성화된다면 경쟁

71) 공익서비스는 아니지만, 온라인소매업과 택배서비스업은 상호진입이 활발한 사업 분야이다. 미국의 경우 1980년 3월 31일 제정된 '금융제도개혁법'(Depositary Institutions Deregulation and Monetary Control Act of 1980)에 의해 기존에는 자회사 방식으로만 허용되었던 은행과 증권사, 장기은행과 단기은행 및 동종업종 간의 상호진입이 완전 자유화되었다.

이 활성화될 뿐 아니라 그에 따른 소비자후생도 증대될 것이다. 하지만, 경쟁정책 및 소비자후생의 측면에서 볼 때 상호진입은 다음과 같은 2가지의 측면이 충분히 고려되어야 한다.

첫째, 내부보조의 문제이다. 예컨대 갑(甲)이라는 공익사업자가 A사업에서 이익을 남기고 B사업에 신규 진입하고자 하려한다고 하자. 해당 공기업이 B사업에서 발생한 초기 손실을 기존의 A사업에서의 이익으로 채우려고 할 경우 이른바 내부보조 문제가 발생된다.

이때 A사업을 갖지 않는 공익사업자 을(乙)이 B사업에의 진입을 결정하게 된다면 자신은 초기 시설투자 등에 따른 상당한 손실 위험을 부담하게 될 것이며 따라서 신규 진입에 어려움을 겪을 것이다. 결과적으로 시장에서의 공정한 경쟁이 저해할 우려가 있으며, 따라서 소비자후생에서 부정적인 영향을 미치게 될 것이다(그렇지만 A, B 양 사업이 모두 필수설비가 요구되지 않든지 또는 매몰비용적 성격이 아니라면 을(乙)사업자도 양 사업에 진출하는데 큰 문제가 없을 수 있다).

둘째, A사업에서 독점력이 있는 사업자 갑이 시장지배적 지위를 이용하여 자신의 B사업에서도 자사 고객을 유인할 가능성이 있다는 점이다. 예컨대 한국전력이 만약 가스서비스업에 신규진입하려 할 때, 가스서비스도 계약하는 조건으로 전기요금을 할인해주는 전략을 취한다면, 전기서비스업에 진입할 수 없는 가스업자들은 경쟁에서 불리한 입장에 놓이게 된다. 또한, 가스수급계약을 맺지 않으면 전기의 공급을 제한하겠다는 것으로 소비자를 권유하거나 강제하게 되면 다른 전기서비스회사와의 계약이 어려운 소비자들은 어쩔 수없이 그 회사와 계약할 수밖에 없다. 결국 다른 가스회사들을 불리한 입장에 놓이게 한다.

이와 같은 일종의 끼워 팔기 행위는 경쟁법에서 불공정거래행위로 간주하여 규제함으로써 사회적 후생을 증대시킬 수 있다.

☑ 용어 정리－끼워 팔기(tying product)

거래 상대방에게 자신의 상품 또는 서비스를 공급하면서 정상적인 거래 관행에서 볼 때 개별적으로 공급되어야 할 다른 상품 또는 서비스를 구입하도록 하는 행위를 끼워 팔기(거래강제)라고 하며 공정거래법에서는 이를 불공정거래로 간주하여 규제하고 있다. 공정거래법에서 이러한 끼워 팔기에 해당하려면 다음의 두 가지 요건이 충족되어야 한다. 첫째, 끼워 파는 상품(주상품)과 끼워 팔리는 상품(부상품)이 독립적 효용을 가지고 있으며 개별적으로 구입이 가능할 것. 둘째 끼워 팔기를 시도하는 사업자가 주상품 시장에서 상당한 지배력(시장점유율 등)을 가지고 있고 거래 상대방에 대해 거래를 강제할 능력이 있어 주상품과 부상품 중 하나만 선택할 수 있는 자유를 제한하고 있을 것.

여담(regression) 10.4

MS사의 메신저 끼워 팔기는 시장지배적 지위의 남용

마이크로소프트(MS)가 메신저 등을 운영체제인 윈도와 결합해 판매한 행위는 시장지배적 지위를 남용한 불법이라는 법원의 판결이 나왔다. 법원은 그러나 MS의 끼워팔기로 인해 경쟁 회사들이 실질적으로 피해를 봤다는 점이 입증되지 않았다며 경쟁사들이 청구한 손해배상소송은 기각했다.

그동안 유럽연합(EU) 법원에서 미디어플레이어를 윈도우 운영체제에 끼워팔기를 했다는 이유로 MS사에 대해 과징금 4억9700만 유로에 처한 적이 있었지만, 윈도우 미디어 서비스와 메신저의 결합판매가 끼워팔기에 해당한다고 법원에서 판단한 사례는 이번이 세계 최초이다.

서울중앙지법 민사합의21부(임성근 부장판사)는 2009년 6월 11일 메신저 프로그램 개발업체 디지토닷컴과 응용소프트웨어 제조업체인 쌘뷰텍 및 미국 쌘뷰테크놀로지사가 마이크로소프트 미국 본사와 한국마이크로소프트를 상대로 낸 손해배상청구 소송에서 원고 패소 판결을 했다.

재판부는 "MS가 메신저 등을 윈도에 결합해 판매한 것은 시장지배적 지위를 남용해 소비자 선택의 자유를 침해하고 가격 및 품질 경쟁을 저해한 것으로 공정거래법에 따른 끼워팔기에 해당한다"고 밝혔다. 재판부는 그러나 "쌘뷰는 가격 경쟁력 등에서 밀려 시장 진입에 실패한 것으로 보이며, 디지토닷컴도 해외진출 사업 실패와 벤처거품 붕괴 등으로 시장에서 퇴출된 것으로 보여 MS의 끼워팔기로 인한 손해가 입증되지 않았다"며 원고들의 청구를 받아들이지 않았다. 디지토탓컴은 메신저 끼워팔기를, 쌘뷰텍은 미디어플레이어 끼워팔기를 문제삼아 MS측에 각각 300억원과 100억원을 요구하는 소송을 냈다.

이에 앞서 공정위는 2006년 포털업체 다음의 신고로 윈도우 서버 운영체계 등을 끼워팔기한 혐의로 MS사에 272억, 한국MS사에 52억원의 과징금을 물린 바 있다

자료: 한국경제(2009.6.11.일자, 서보미 기자), 저자 재구성

[검토과제]

1. 규제완화를 통해 시장진입을 촉진하고자 할 때, 필수설비에 대해서는 어떠한 정책을 써야 하나?
2. 얼마 전에 논란이 되었던 민자 노선인 서울지하철 9호선의 요금 인상 문제의 주요 논점을 정리해 보라.
3. 공익사업자에 의한 많은 서비스는 효율성과 공평성이 상충된다. 예를 들어 설명하라.
4. 대한항공이 저가항공사 '진에어'에 진출한 것은 수직통합인가 다각화인가?
5. 범위의 경제란? 공익사업에서 범위의 경제가 발생하기 쉬운 이유는 무엇인가?
6. 공익서비스 부문에서 상호진입(mutual entry)의 사례를 찾아보고, 해당 사례에서 내부보조 및 시장지배력을 이용한 고객유인 등의 문제를 검토해 보라.

제 11 장 글로벌마켓과 경쟁정책 및 소비자후생

오늘날에는 특히 경제부문에서는 국가 간의 지리적, 정치적 경계를 의미하는 국경이 무의미해지고 있다. 삼성이나 LG와 같은 유수한 국내 기업들이 세계 여러 나라에서 활발한 생산과 판매 활동을 하고 있는 동시에, 해외 기업들도 국내에 기업 활동의 거점을 두고 생산과 판매 활동을 이어가고 있는 실정이다. 이러한 경제의 글로벌화 상황에서는 국내기업들도 거래하는 제 외국의 경쟁법(예컨대, 미국의 독점금지법(anti-trust law) 등)의 저촉을 받게 될 뿐 아니라 해외기업들도 동일하게 공정거래법 등 국내의 경쟁법의 규제 아래 놓이게 된다.

최근에 발표된 우리 정부의 자료를 보면 그 실상을 짐작케 한다. 2012년 11월 13일 공정거래위원회는 '미국 법무부의 카르텔 법집행 현황 분석'이라는 자료를 발표했는데, 그 속에는 한국 기업이 미국에서 1996년 처음으로 라이신 가격 담합으로 157만 달러의 벌금을 부과 받았고, 그 이후 지금까지 미국에서 독점금지법에 바탕을 둔 담합 판정으로 부과 받은 벌금이 무려 12억7천만 달러(한화로 약 1조7천억 원)라는 것이다.

이와 같이 경쟁법의 운용에 관련된 글로벌 경쟁정책은 해당 기업들의 경영 성과뿐 아니라 국익과 국민의 후생에도 상당한 영향을 미치게 된다. 이 장에서는 이러한 경제의 글로벌화에 따라 발생되는 경쟁정책과 소비자후생에 관련된 제반 문제들에 관해 경제·경영이론에 기초하여 공부해 본다.

1. 글로벌 경쟁정책과 국제카르텔

1) 경쟁정책의 국제적 협력

(1) 국제경쟁정책

세계경제의 글로벌화와 국가·지역간 경제통합에 따라 외국기업의 국내에서의 영업활동이 자국시장에 영향을 미칠 가능성이 커지고 있으며, 외국기업간 합병 등 경쟁법의 역외적용과 외국기업의 불공정거래행위에 대한 자국의 경쟁법을 집행해야하는 사례가 점차 늘어나고 있다. 이에 따라 자국 내에서의 경쟁법 집행만으로는 세계적인 다국적 기업들의 국제카르텔과 같은 경쟁제한행위 등에 효과적으로 대처하기가 매우 어려워지고 있다.

이러한 문제들에 대응하기 위해 각국의 경쟁당국은 거래상대국의 경쟁당국, 무역기구, 국제기구 등과 경쟁법의 집행에 필요한 자료와 정보를 서로 교환할 뿐만 아니라 법집행 과정에서의 상호 조율과 협력 등 경쟁당국 간 긴밀한 협력관계를 구축하기 위해 노력해오고 있는 실정이다. 예컨대 우리나라는 과거 10여 년간 세계 46개국과의 자유무역협정(FTA)을 체결해오면서 협정문 내에 경쟁관련 내용(경쟁챕터)을 필수적으로 두고 있으며, 공정거래법의 역외적용 등 외국 경쟁당국과의 협력협정을 체결해 오고 있다.

이와 같이 국경을 넘어 발생하는 경쟁제한행위에 적극 대처하기 위해 외국의 경쟁당국, 무역기구, 국제기구 등과 다양한 방법으로 협력방안을 모색하고자 하는 정책을 국제경쟁정책(international competition policy)이라고 한다.72)

---

72) 공정거래위원회 홈페이지(http://ftc.go.kr/policy/compet/policyNotion.jsp) 등 참조.

국제경쟁정책은 FTA와 같은 양자 간 협력뿐 아니라 다자간 협력, 기술지원과 정보교류를 통해서도 추진되고 있다. 다자간 협력의 대표적 사례는 경제협력개발기구(OECD)의 경쟁위원회를 통한 회원국 상호간의 경쟁정책의 조정과 협력의 추진이다. OECD경쟁위원회에서는 본회의와 산하 작업반회의로 나뉘어 매년 수차례의 회의를 정기적으로 개최하여 글로벌 경쟁정책의 협력과 조화를 도모해오고 있다.

(2) 무역정책과 국제경쟁정책

상품의 수출과 수입을 촉진하거나 규제하는 무역정책(trade policy)은 크게 자유무역주의(free trade movements) 정책과 보호무역주의(protectionism) 정책으로 구분된다. 자유무역주의는 무역에 대한 간섭을 배제하고 자유로운 대외거래를 하도록 하는 정책을 말하며, 보호무역주의는 자국 산업의 보호 등의 목적으로 국가가 무역활동에 적극적으로 개입하여 관세부과, 수입쿼터(수입량 제한), 수출보조금 지급 등을 통해 외국 상품의 국내 수입을 억제하는 것을 말한다.

보호무역을 위한 수단으로 활용되는 관세, 쿼터, 수출보조금 등을 자유무역의 장애요인이라는 의미에서 무역장벽(trade barriers)이라고 하기도 한다. 그런데 이러한 무역장벽 외에도 관세 부과 이외의 정책에 관련된 이른바 비관세장벽으로 불리는 무역장벽이 있다.

☑ **용어 정리－비관세장벽**(non-tariff barriers)

관세 이외의 방법으로 정부가 국산품을 보호하기 위해 외국 상품의 수입을 억제하려는 정책일반을 말한다. 예컨대 국내식품보다 더 복잡하고 까다로운 수입식품 위생검사기준 등은 외국산 식품류의 국내 수입을 억제하는 역할을 하게 되는 것이다.73)

73) 이승신·이종인·박정근(2014), 소비자와 글로벌마켓 중심의 시장경제, 박영사, 172쪽.

이러한 무역장벽과 비관세장벽은 국가 간 경제적 교류와 협력을 저해하는 요인으로 인식되고 있다. 따라서 각국의 경쟁당국은 앞서 살펴본 다양한 국제경쟁정책의 수단들을 통해 이러한 국가 간 무역과 경쟁을 제한하는 요소를 줄이거나 없애고자 노력하고 있다.

2) 무역협정의 확대와 소비자후생 효과

(1) 자유무역협정(FTA)의 확대

상술하였듯이 우리나라는 2004년 1월의 한·칠레 간 자유무역협정(FTA)의 발효 이후 2015년 5월말 현재까지 총 11건(49개국)의 자유무역협정을 체결함으로써 세계 3위의 '경제영토'를 가진 무역 대국이 되었다. 이와 같은 성과로 인해 우리나라는 세계의 가장 많은 국가들과 FTA를 체결한 국가로 평가받고 있다.

☑ **용어 정리－자유무역협정**(free trade agreement)

특정 국가 또는 지역 간의 상호 무역증진을 위해 물자나 서비스의 이동을 자유화하여 교역을 확대하고자 하는 무역정책이면서 동시에 중요한 글로벌 경쟁정책 중의 하나이다. FTA는 시장의 확대로 비교우위에 있는 상품의 수출과 투자가 증대되는 동시에 무역창출효과 가져올 수 있다는 장점이 있는 반면, 협정대상국에 비해 경쟁력이 낮은 산업분야는 타격을 받을 수 있는 단점도 있다.

우리나라는 FTA체결 확대와 같은 개방적 경제정책을 통해 수출시장의 확대와 지속적인 무역의 성장을 이뤘다. 또한 관세인하에 따른 수입제품의 가격 하락과, 이에 동반한 국내 제조 상품들의 가격 할인 등에 따른 소비자 잉여가 발생하고 있다.

<그림 11-1> 한국의 FTA 추진 현황

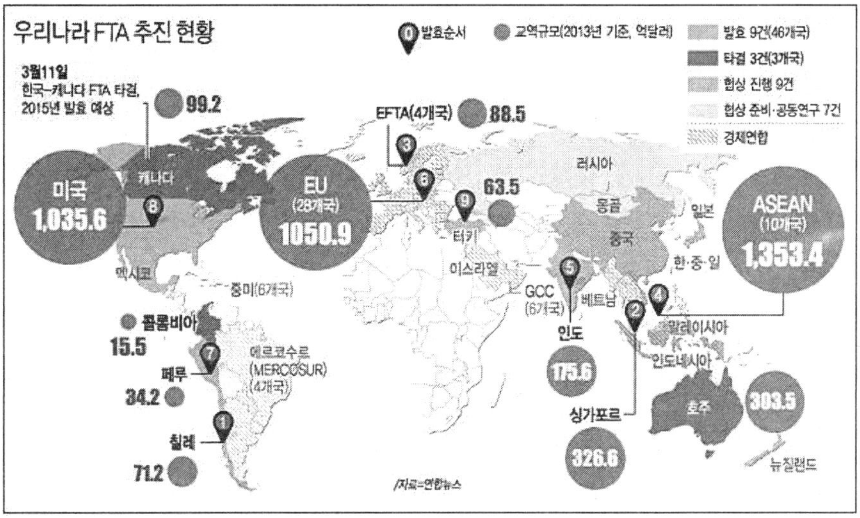

※ 출처: 산업통산자원부 보도자료(2014).

(2) FTA의 소비자후생 효과

FTA는 국내기업들의 기술경쟁력의 상승과 품질개선 노력을 불러올 뿐만 아니라 수입품의 상대가격 하락과 소비자선택의 폭 확대로 인해 소비자의 잉여를 증가시킨다는 것이 일반적인 분석이다. 더불어서, 무역협정을 통한 국가간, 지역간 경제통합으로 인한 효과는 일정한 시간이 지남에 따라 지속적으로 나타나는 것이 일반적이며, 이는 규모의 경제(economy of scale)와 경쟁을 촉진하게 될 아니라 외국인직접투자를 유도하여 경제성장을 가져오고, 이는 결국 소비자의 후생증대에 긍정적 영향을 미치게 된다는 관점이 우세하다.

이와 같은 국가·지역 간 경제협력 협정과 무역자유화 확대를 통한 국내 소비자의 후생증대 효과는 협력협정상의 국제경쟁정책의 추진과도 밀접한 관련이 있다. 국내뿐 아니라 글로벌마켓에서의 경쟁의 확대 역시 소비자후생에는 긍정적 효과를 미치기 때문이다.

한편으로, FTA확산은 한편으로 제도적 개방을 통해 소비자문제를 확대시키거나 새로운 유형의 소비자문제를 야기할 수도 있다. 예를 들어, 국내의 소비자는 새로운 수입상품의 품질이나 안전성에 관련된 정보가 부족하여 소비자 안전이 위협받을 수 있다. 또한 새로운 수입상품이나 서비스를 구매한 이후 발생하는 사후서비스(A/S)나 분쟁해결에 있어서 어려움을 겪을 가능성이 있다. 예를 들어 FTA는 해외직접구매(해외직구)에 기여하는 측면이 있는데, 해외직구는 저렴한 가격 등의 소비자잉여를 기대할 수 있는 반면에 분쟁해결의 어려움 등의 소비자문제를 겪을 가능성이 상대적으로 높다.

이에 대한 현실적인 대응으로는 발생 가능한 소비자문제의 경감이나 해소를 위한 내용을 FTA협정문에 반영하는 것이다. 사실 세계 여러 국가들과 체결한 FTA 협정문은 산업이나 거래 측면이 대부분이며 소비자보호나 공정거래 측면은 소홀히 다루어져 왔다. 예를 들어, 대표적인 한미FTA 협정문에 담긴 주요 내용을 보면 상품과 서비스 무역, 투자, 무역규제, 원산지규정과 통관절차, 지식재산권과 정부조달, 전자상거래, 경쟁, 노동, 환경, 경제협력, 분쟁의 해결 등이다. 이러한 내용들의 대부분은 당사국이나 당사자 기업간 거래에 관련된 것이며, 소비자보호에 관한 직접적인 규정은 별로 없다. 다만, 협정문의 여러 조항에서 직간접적으로 소비자보호와 소비자자 권익에 연계된 내용을 읽을 수 있다.

3) 국제카르텔과 경쟁정책적 대응

(1) 국제카르텔의 의의

앞서 제3장에서는 주로 국내경제의 관점에서 담합과 카르텔(부당공동행위)의 문제에 관해 공부했다. 여기서는 글로벌 경쟁정책적 관점에서 이른바 국제카르텔의 문제에 관해 공부한다. 국제카르텔이란 말 그대로, 경쟁기업들 간의 경쟁완화 등을 목적으로 한 공식적 협정을 의미하는 일반적 '카르텔'의 주체들의 서로 다른 국적을 갖는 경우이다.

☑ **용어 정리 – 국제카르텔**(international cartel)

정치적·경제적으로 독립된 2개 또는 그 이상의 국가 영역에 존재하는 기업간에 결성되는 (가격, 생산·판매량, 판매영역 등에 관한 협정이 체결되는) 카르텔을 말한다.

국제카르텔 역시 각국 기업들 간의 카르텔 협정에 의해 성립되며 각 협정기업(가맹기업)들은 협정에 의하여 일부 활동을 제약받으면서도 법률적 독립성은 유지된다. 국제카르텔은 (주로 세계시장을 과점하고 있는 소수의) 가맹기업을 위하여 국제시장에서의 판매영역 확보(시장분할)와 이윤극대화를 위한 카르텔가격 및 생산규모를 결정하게 된다.

(2) 국제카르텔의 유형

최근의 언론 기사에 따르면 최근 10년 사이에 국내 기업들은 국제카르텔 사건에 연루되어 세계적으로 약 2조4천억원의 벌금 내지 과징금을 부과 받았다고 한다. 세부적으로는 미국에서 1조7천억원, 유럽연합(EU)에서 7천억원, 일본에서 210억원 등이다. 이러한 금액은 해당국의 경쟁당국에서 관련법을 위반한 것으로 판정시 국제카르텔을 통해 얻은 부당이득의 전액에 과징금을 추가한 것이다. 이에 더하여, 국제카르텔로 미국에서 징역형을 받은 우리나라 기업관계자가 9명이나 되며, 미국에서 부과된 벌금 상위 10개 기업 중 3개가 국내기업인 것으로 나타났다.

이와 같이, 국내기업들을 포함하여 세계 많은 회사들이 미국, EU 등의 경쟁정책당국으로부터 과징금(벌금)을 부과 받거나 민·형사상 제재를 받고 있는 실정이다. 최근에는 막대한 배상금을 노린 국제적 민사집단소송도 빈번하다.

<그림 11-2> 최근 10년간 국제카르텔 사건수 및 과징금액

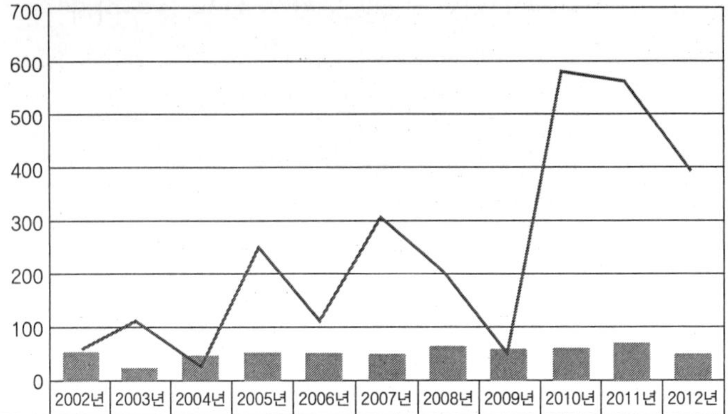

	2002년	2003년	2004년	2005년	2006년	2007년	2008년	2009년	2010년	2011년	2012년
사건수	47	23	35	46	45	44	65	61	62	71	41
과징금액(10억원)	53	109	29	249	110	307	205	53	586	571	399

※ 자료: 공정거래위원회(2015년 8월 15일).

국제카르텔의 확산과 제재 강화

국제카르텔의 불공정행위의 유형은 가격정보교환, 경쟁사간 담합목적의 회합, 조사방해 행위 등이 있는데, 공정거래위원회에서 홍보용으로 제작한 자료를 바탕으로 관련 사례를 소개해 본다.

첫째, 가격정보를 교환하는 공모행위로 제재를 받은 경우이다. 예를 들면, 2008년 바나나 다국적 기업들이 사전에 가격정보를 교환하여 EU 정책당국으로부터 약 6천만 유로의 과징금을 부과 받게 되었다. EC의 최종결정문을 보면 '사전적 가격정보 교환의 목적은 단독으로 가격을 결정하는 불확실성을 줄이는 것으로, 이런 의사연락은 가격고정과 관련된 공모행위(concerted practice)에 해당'하는 것으로 제재 이유를 밝혔다. 둘째, 경쟁사간 담합 목적의 회합의 경우이다. 예컨대, 2001년 네덜란드의 4개 이동전화사업자들이 단 1차례 회합하여 핸드폰 딜러들의 보수를 인하하기로 결정하였다. 이에 대해 네덜란드 경쟁당국은 사건의 위법성을 인정하여 약 5천2백만유로의 과징금을 부과하였다. 이 건에 대해 유럽사법재

판소(European Court of Justice)에서도 해당 공모행위가 1회만의 만남에 따른 결과라 할지라도 위법하다고 판정했다. 셋째, 조사방해 행위에 대한 제재이다. 영국의 Morgan Crucible사의 전임 최고경영자인 Lan P. Norris 씨는 2010년 12월 카르텔 조사방해 행위를 한 것으로 인정되어 징역 18개월 형과 벌금 2만5천 달러를 선고받았다.

위의 사례들에서 보듯이 국제카르텔 불공정행위에 대한 과징금 액수와 민형사상 처벌수준이 높아지는 등 미국, EU, 일본 등에서의 제재수준이 한층 강화되고 있다. 최근에는 국제카르텔이 자국시장에 끼친 영향이 인정될 경우, 카르텔 발생지와 관계없이 자국 경쟁법의 역외적용을 통한 제재도 강화되고 있는 추세이다.74)

여담(regression) 11.1

국내의 국제카르텔 사건의 법 집행 사례

우리 경쟁당국의 국제카르텔에 대한 관점은 어떨까? 공정거래위원회가 처리한 주요 국제카르텔 사건의 예로 가장 먼저 흑연전극봉 사건(2002년)을 들 수 있다. 1992년부터 1998년까지 6년간 전 세계 흑연전극봉 시장의 80%를 점유하는 미국, 일본, 독일의 6개 기업이 판매가격 및 시장 분할을 합의하였고 이에 공정위가 112억 원의 과징금을 부과했다. 이 사건은 공정거래위원회가 국제카르텔 기업들에 대해 한국 공정거래법을 최초로 역외적용한 사건이다. 이 사건을 통해 한국이 국제카르텔을 제재하는 주요 글로벌 경쟁당국에 편입되는 계기를 마련하였고 공정거래위원회를 주요 자진신고처로 인식하게 하는 효과를 자아냈다.

다음으로 복사용지 사건(2008)이 있다. 동남아시아 4개 제지업체가 2001년부터 3년간 한국시장 수출가격을 담합하였고 공정위가 과징금 39

74) 다음 자료들을 참고할 수 있다. 경쟁법 역외적용의 세계적 확산과 그 함의(심영섭, 2007), 글로벌 경제시대의 경쟁법 역외적용(신현윤, 2010), 경쟁법 역외적용의 세계적 확산과 산업정책적 의의에 관한 연구(최수정, 2013).

억원을 부과했다. 이 사건은 국제카르텔과 신설(2008.3)이후 자체 조사역량에 의해 처리한 사건이라는 점에서 중요하다.

2010년 항공화물운임 사건은 공정거래위원회가 처리한 최대 규모의 국제카르텔 사건이다. 항공화물 운송사업자들이 1999년부터 2007년까지 한국발 전세계행 노선과 외국발 한국행 노선에 대해 유류할증료를 도입하고 담합하였는데 공정위는 대한항공, 루프트한자(독일) 등을 포함한 16개국 21개 업체에 대해 1200억원 가량 과징금을 부과했다. 이 사건에서 주목할 점은 해외에 있는 한국 영사관을 외국 피고인 진술조서 작성장소로 정하고 프랑스법원으로부터 담합 관련 자료를 입수하는 등 외국 경쟁당국과 협력과 공조가 이뤄진 사건이라는 점이다.

자료: 미국, EU 및 한국에서의 국제카르텔 제재 강화에 대한 대처 방안 세미나(2014년 4월 8일, 공정거래위원회·전국경제인연합회 주최), 김준법 발표자료 등 관련 자료를 참조하여 저자 작성.

(3) 국제카르텔 증가의 경제적 배경

이상과 같은 국제카르텔 행위들이 늘어나고 또 제재를 강화해 가는 경향은 주로 국내 기업들의 활발한 글로벌 기업 활동에 기인한다고 볼 수 있다.[75] 또한 다수의 해외 기업들이 국내에 진출하여 높은 경쟁 속에 기업 활동을 하고 있는 점도 주된 배경이 된다. 그러한 환경 속에 기업들 간에는 경쟁을 회피하고자 하는 유인을 가지며, 그러한 의사가 카르텔을 형성하는 것으로 표출되기도 하는 것이다. 무한경쟁 시장에 함께 진출하여 함께 경영활동을 함으로써 경쟁력을 높이고자 하는 경제적 유인이 작동하는 것이다.

세계 여러 시장에서 중복적으로 경쟁하고 있는 기업들 간에는 상호협

75) 정부 자료에 따르면 우리나라 기업의 상품들 중 세계시장 점유율 1위를 차지하고 있는 경우가 2013년에 149개 품목이나 된다(산업통산자원부 보도자료). 대표적으로는 메모리반도체, 액정TV, 선박관련 품목들뿐만 아니라 지문인증 모듈, 부탄가스, 항균도마, 양궁 등 다양한 분야의 제품들이 세계1위 자리를 차지하고 있다.

조(암묵적 담합)가 유지될 가능성이 높다. 다시 말해, 전자산업분야 글로벌기업인 S사와 L사가 미국시장에서뿐 아니라 EU시장에서도 경쟁관계에 있는 경우, 만일 S사가 미국시장에서 협조하지 않게 되면, 미국시장뿐 아니라 EU시장에서도 보복당할 가능성이 높아지게 되어 경영상의 부담이 커진다. 따라서 S사는 협조할 가능성이 높아진다. 이는 L사의 경우도 마찬가지이다. 따라서 복수의 다국적 시장에서는 상호협조의 가능성이 높아지게 되는 것이다.

국제카르텔은 (일반적인 카르텔과 마찬가지로) 각 기업들이 연합한 형태로서 하나의 독점기업처럼 행동할 수 있다. 그 결과 각국의 시장에서 사회적 최적수준보다 생산량은 낮추고, 가격을 높이고자 한다. 이에 더하여 국제카르텔은 세계 거대기업들 간에 생산량과 가격뿐 아니라 시장의 분할을 통해 세계시장의 점유율을 높여 이윤을 극대화하려고 한다. 이는 사회적으로 바람직하지 않은 현상이다. 따라서 각국 경쟁당국의 제재가 필요하게 되며, 위에서 언급했듯이 현실적으로 제재의 수준과 강도가 높아지고 있는 실정이다.

우선적인 대처방안으로는 이러한 국제카르텔을 향한 기업들의 경제적 유인을 배제할 수 있어야 한다. 이때 국제카르텔에 대한 규제를 해당국에서만 담당하게 되면 관련된 정보가 부족할 뿐 아니라 실제 조사실행에 어려움이 발생하는 등 그 효과가 크지 않을 것이다. 따라서 관련 국가들의 경쟁정책당국 간 긴밀한 협력을 통해 공동으로 조사하고 심사하는 것이 바람직하다. 하지만 현실적으로 이러한 협력은 매우 제한적이다.

리니언시 제도

이러한 국제카르텔로 인한 국내기업 또는 국내 경제에의 악영향에 대응하는 방법 중의 하나가 이른바 아래 여담에 소개하는 리니언시(leniency) 제도이다. 최근 국내에서도 건설사, 유통업 등을 중심으로 담합 사건이 연이어 적발되면서 리니언시에 대한 논의가 증가하고 있다. 리니언시는 새로운 카르텔 관련 정보를 제공하는 기업에 혜택을 주는 방식으로 미국 등 세계 많은 나라들의 경쟁당국에서 이 제도를 도입하고 있으며 우리나라도 이 제도가 부분적으로 활용되고 있다.

국제 카르텔로 인한 피해를 보고 있는 국내 기업들을 위해서라도 리니언시 제도를 적극적으로 활용할 필요가 있는 것이다. 다시 말해 국내 기업이 연관된 국제카르텔이 문제가 되어 신고를 당하기 전에 먼저 신고하여 해외정책당국에서 정한 제재를 피하거나 줄이는 것이 국익에 도움이 된다.

여담(regression) 11.2

기업판 죄수의 딜레마 리니언시 제도

경제학에서는 카르텔의 취약성을 설명할 때 '죄수의 딜레마(prisoner's dilemma)'라는 고전적 게임이론을 활용하고 있다. 공범자가 서로 협력해 범죄사실을 숨기면 증거 불충분으로 형량이 낮아질 수 있음에도 불구하고, 공범 여부와 범죄사실을 자수하면 형량을 감해 준다는 사법당국의 제안을 수락함으로써 공범자가 무거운 형량을 선고받게 되는 현상을 말한다.

이러한 죄수의 딜레마 게임의 당사자가 기업인 경우 '자수'에 따른 형의 감면제도가 바로 리니언시(leniency) 제도이다. 리니언시 제도는 한마디로 '제재 감면'이라는 '당근'을 줘서 기업들의 자수를 유도하게 하는 제도이다. 불공정행위에 대한 조사의 효율성을 높이기 위해 마련됐으며, 미국·유럽 등 선진국에서도 일반화됐다.

우리나라에서도 공정거래법 제19조의 '부당한 공동행위' 규정을 근거로 하여 '담합 자진신고자 감면 제도'의 이름으로 이 제도를 활용하고 있다. 1순위 신고 기업에는 과징금 전액과 형사 고발이 면제되고, 2순위 기업에도 과징금 50%와 형사 고발이 면제된다. 제도가 처음 도입된 1997년에는 1순위 신고자에 대한 과징금 면제가 75%로 한정돼 있다 보니, 신고하는 기업이 많지 않았다. 하지만 2005년 지금과 같이 1순위 신고자에게 과징금 전액을 면제해 준 뒤로부터 자진신고가 급증했다. '범행을 시인하면 처벌을 면제해 주겠지만, 혼자 부인하면 가중 처벌을 받게 된다'는 기업판 '죄수의 딜레마'인 리니언시 제도의 특징에 따라 담합에 참여한 기업들이 가중처벌이 두려워 담합을 자진 신고하고 있기 때문으로 분석된다.

이 제도에 대해 부정적인 입장에서는, 담합을 통해 막대한 이익을 누린 기업이 리니언시제도를 악용하여 과징금을 면제받는 문제점을 지적하기도 한다.

출처: 이종인(2013), 범죄와 형벌의 법경제학, 도서출판 한울, 140~141쪽.

2. 국제 카르텔의 사회후생 효과

1) 소비자후생에 미치는 효과

시장의 글로벌화와 IT기술의 발전, 온라인거래 확산 등에 따라 적어도 경제 분야의 국경이 없어지고 있다고 해도 나라간의 국경은 엄연히 존재한다. 따라서 각국의 경쟁정책당국은 기본적으로 자국의 사회적후생의 극대화를 지향하게 된다.

우리나라 공정거래법 제1조(목적)를 보면, '이 법은 (중략) 공정하고 자유로운 경쟁을 촉진함으로써 창의적인 기업 활동을 조장하고, 소비자를 보호함과 아울러 국민경제의 균형 있는 발전을 도모함을 목적으로 한다.'라고 규정하고 있다. 여기서 말하는 "국민경제"란 대한민국의 경제를 지칭하며, '소비자'는 대한민국의 소비자를 의미한다.

어느 국가를 막론하고 자국의 경쟁정책은 1차적으로는 국내시장에의 영향에 주목한다. 다시 말해 국내시장에서 카르텔행위가 나타나지 않고 경쟁적이라면 해외에서의 카르텔행위의 존재 여부는 별로 문제가 되지 않는다. 국내 기업이 해외시장에서 카르텔을 통해 (독점적)이윤을 늘리게 되면, 이는 생산자잉여의 증가를 의미하므로 국내에서 해당기업의 주식 가격이 상승할 것이며 관련된 고용이 증대되는 효과가 있을 것이다. 그렇더라도 자국시장에서는 경쟁적이므로 소비자잉여(소비자후생)가 감소되는 일은 없을 것으로 보인다. 다시 말해 국내 기업의 해외에서의 성공적인 카르텔은 국내의 총잉여(생산자잉여+소비자잉여)의 크기를 키워서 사회적 후생을 증대시키는 긍정적 효과가 있는 것이다.

그렇지만, 국내 기업이 포함된 해외에서의 카르텔이 수입을 통해 국내시장의 사회적 후생에 영향을 미칠 가능성은 있다. 우선, 소비자 상품의 해외 가격이 국내 가격보다 싼 경우에는 수입업자들의 이익 증가와 더불어 국내소비자에게도 보다 낮은 가격의 상품을 소비할 수 있는 혜택을 준다. 그런데 만일 해외가격이 국제카르텔에 기인하여 높아지게 되면 수입업자들의 이익이 감소하게 되므로 해당 상품의 국내수입이 감소할 것이며 따라서 국내에서의 공급량이 감소되어 해당상품의 가격이 올라 국내소비자의 잉여도 줄어들 것이다.

이러한 측면은 소비자후생의 관점에서 볼 때 국내 경쟁정책당국에서 국내기업의 해외카르텔까지 규제할 필요성이 있음을 보여준다 하겠다.

2) 경쟁법의 역외적용

그러한 이유에서 경쟁법이 해외에 있어서의 타국기업뿐 아니라 국내기업의 위법행위까지 적용되기도 하는데, 이를 역외적용이라 한다. 다시 말해 어떤 국내 기업이 국내에서는 담합이라는 법위반행위를 하지 않았더라도 국제카르텔을 통해 국내시장에 분명한 영향을 미치는 경우에는 국내 경쟁법의 역외적용이 필요하게 된다.

☑ **용어 정리－경쟁법의 역외적용**(extraterritorial application of antitrust laws)

자국의 영토 밖에서 이루어진 기업 행위가 국제카르텔, 거대기업

간 합병, 다국적기업의 시장지배적지위의 남용 등으로 인해 자국의 경쟁을 제한하거나 경쟁질서에 피해를 주는 경우 (이에 더하여 국내 소비자의 후생에 부정적 영향을 미칠 경우) 해당 행위에 대해 자국의 경쟁법을 적용하고 집행하는 것을 말한다.

국제카르텔에 대한 해외에서의 역외적용 등 역외 규제 사례는 부지기수로 많다. 특히 한국 기업들이 미국과 EU 경쟁당국의 자국 경쟁법의 역외적용을 받는 사례가 크게 늘고 있다.[76] 위에서도 소개했듯이, 지난 10년간 미국 경쟁당국으로부터 2조4천억원, EU의 경쟁당국으로부터는 7천억원의 과징금을 해당국 경쟁법의 역외적용을 통해 한국기업들에게 물린 것이다. 한국기업들은 국제카르텔의 타깃이 된다고 할만하다.

우리나라도 이러한 국제카르텔 행위로 국내 소비자나 기업, 또는 국익에 피해를 입히는 경우 공정거래법 등 국내의 경쟁법을 적극적으로 적용하여 해당 기업을 제재하려고 하는 추세이다. 앞서 <여담 11.1>에서 소개한 2002년 흑연 전극봉 국제카르텔 사건에 참여한 3개국 6개 기업에 112억원의 과징금을 부과하고 시정명령을 내린 것이 최초의 역외적용 사례이다. 2003년 비타민 국제카르텔 사건에 참여한 5개국 소속 6개사에 34억 원의 과징금을 부과한 사례와, <여담 11.1>에서 소개한 2008년의 복사용지 국제카르텔 사건,[77] 그리고 마린호스 입찰담합에 가담해 온 4개 업체에 5억여 원의 과징금을 부과한 2009년의 마린호스 국제카르텔 사건[78] 등이 있다.

---

76) 미국과 EU 외에도, 캐나다, 호주, 뉴질랜드, 일본 등이 자국 경쟁법의 역외적용에 적극적인 편이다.

77) 공정거래위원회 정책자료(역외적용 사례 및 소송현황, 2005.9) 및 관련 자료.

78) 사건의 내용은 다음 자료를 참고할 수 있다. 신현윤(2009), 경쟁법 역외적용의 최근동향,「경쟁법연구」제20권, 한국경쟁법학회, 49~55쪽.

3. 해외 기업결합(M&A)의 국내시장에의 영향

해외 기업 간 또는 타 국적 기업과의 합병 등 해외 기업결합의 경우도 직·간접적으로 국내시장과 국내 소비자후생에 영향을 미치게 된다. 지난 2013년의 경우 국내기업의 결합건수는 585건으로 평년과 비슷한 수준을 유지한 반면에, 해외기업간 기업결합은 93건으로 그 전년도(80건)에 비해 증가한 것으로 나타났다. 이러한 해외 기업간 기업결합이 꾸준히 증가함에 따라 우리 정책당국에서는 해당산업의 독과점 형성에 따른 국내 수요업체의 피해뿐 아니라 국내 소비자피해의 발생을 우려해 해외 기업간 기업결합을 제재하는 조치를 하기도 했다.[79]

2개의 해외 기업이 동반하여 한국에 수출을 하거나 국내에의 직접투자에 의해 국내시장에서 상품을 판매하는 등 기업 활동을 하게 되면, 해당 2개사의 기업결합은 국내시장에서의 집중도를 높이게 된다. 그렇게 되면 이 책의 제6장 4절에서도 살펴보았듯이 한계비용 인하효과가 매우 큰 경우를 제외하고는 국내시장의 가격을 높임으로써 국내소비자의 잉여를 잠식하여 소비자후생을 감소시킬 가능성이 크다. 또한 소비자잉여와 기업잉여(이윤)를 합한 사회 전체의 후생을 감소시킬 가능성이 높다. 이는 해외 기업결합이 국내시장에 미치는 직접적 영향에 해당한다.

그렇지만 이들 합병 대상인 2개 기업 중 1개사만 국내 시장에서 유통·판매 활동을 해 왔을 경우에는 합병한 후에도 국내시장의 집중도에 영향이 없을 것이므로 별 문제가 없어 보인다. 하지만 과연 그럴까?

이들 2개 기업이 합병을 하게 되면 그동안 국내 시장에서 활동하지 않았던 1개의 기업도 잠재적 진입가능한 상태가 된다. 그 결과 2개 기업의

79) 2013년도의 경우 공정거래위원회에서는 유통업 등 독과점 형성으로 소비자 피해가 발생할 우려가 있는 기업결합 3건에 대해 시정조치를 내렸고 기업결합 신고규정 위반한 16건에 대해 2억7700만원의 과태로를 부과하기도 했다(뉴스핌 2014.2.19.일자).

결합은 국내의 잠재적 경쟁기업(들)을 감소시킬 수 있는 가능성이 있다. 그러한 효과는, 예컨대 국내기업이 해외기업을 인수하는 경우에 발생할 가능성이 높다.

4. 불공정 거래와 글로벌경쟁

1) 덤핑과 반덤핑

우리나라 경쟁법상 불공정거래 규정들도 해외기업과의 경쟁을 저해하는 불공정거래 행위에 대해 적용된다. 대표적인 경우가 제7장에서 공부한 공정거래법에서의 '부당 염매'이다.

글로벌시장에서의 염매의 경우는, 예컨대 해외기업이 원가(또는 원가+수송비)보다도 낮은 가격으로 국내 시장에서 상품을 파는 경우 부당염가판매에 해당할 수 있다. 또한, 자국 시장에서의 판매가격(또는 가격+수송비 등)보다 낮은 가격으로 국내 시장에서 판매하는 경우도 일종의 가격차별에 해당하여 불공정한 거래로 간주될 가능성이 있다. 이 경우 염매행위의 부당성 판단 여부는 전적으로 경쟁정책 당국의 영역임을 제7장에서 살펴본 바 있다.

이러한 행위들은 흔히 국제무역에서의 덤핑행위로 불린다. WTO(국제무역기구)에서도 그러한 행위로 인해 자국 내 산업에 실질적인 손해를 초래하는 경우에 한해 법적 조치를 가하는 것을 인정해주고 있는 실정이다. 이를 반덤핑조치라고 하며, 반덤핑관세 부과, 시정명령과 매출액의 2% 범위 내 과징금 부과 등의 조치들이 있다.

☑ **용어 정리 – 덤핑**(dumping)

두 개의 시장 간 가격차를 설정하는 것을 의미하며, 국제 무역에서는 수출국이 자국 내 소비자에게 받는 가격보다 낮은 가격으로 외국에 수출하거나, 생산비용보다 낮은 가격에 수출하는 것을 말한다(자국 내 가격 내지 생산비용보다 높은 가격으로 수출하는 경우는 역덤핑(reverse dumping)이라고 한다).

덤핑행위의 규제

대표적인 반덤핑조치인 반덤핑관세 내지 덤핑방지관세(anti-dumping duties)는 외국 상품의 덤핑행위로 국내 산업이 실질적으로 피해를 입거나 우려가 있을 경우 또는 국내 산업의 발전을 저해할 우려가 있을 때 관세를 부과하게 된다.[80]

세계 대부분의 국가가 자국 산업의 보호를 위하여 이 관세제도를 채택하고 있다. 그렇다고 각국이 덤핑방지관세를 자의적으로 부과하는 것은 수입을 제한하는 결과가 되므로 '관세와 무역에 관한 일반협정(GATT)'은 덤핑의 정의, 덤핑방지관세의 세액과 과세요건 등을 규정하여 그 남용이 방지되도록 하고 있다(GATT 제6조). 우리나라 관세법에서도 덤핑방지관세에 관해 상세히 규정하고 있다(관세법 제51조 및 제56조).

경쟁정책 당국이 반덤핑 여부를 조사하여 반덤핑 판정이 내려지면 정상가격과 덤핑가격의 차액 범위에서 반덤핑 관세를 부과함으로써 공정한 가격경쟁이 이루어지도록 하는 제도이다. 하지만 이러한 제도가 현실적으로 자국의 보호무역주의를 뒷받침하는 수단으로 활용되고 있다는 비판이 있다.

2) 덤핑이 합리적인 경우

국내가격이나 원가보다 낮은 가격으로 타국 소비자에게 상품을 판매하는 덤핑은 공정한 국제거래를 저해하며 따라서 글로벌 소비자잉여를 해치

80) 반덤핑관세는 7장에서 살펴본 염가판매를 배제한다는 취지에서 부당염매방지관세로 불리기도 한다.

는 행위일까? 이 문제는 제7장에서 공부한 경쟁수단으로서의 염가판매의 문제를 상기해보기 바란다. 제7장에서 우리는 염가 판매가 합리적인 경우를 여러 측면에서 살펴보았다. 다시 말해 염가판매 행위를 통한 생산량 증대가 장래에 비용감소로 이어지거나, 장래 시장 수요의 확대를 가져오는 경우에는 되레 소비자후생을 높일 수도 있음을 배웠다. 이를 글로벌 덤핑의 경우에 적용해보자.

품질 불확실성의 존재

먼저, 글로벌 소비자들이 자사 상품의 품질에 관한 정보가 없는 경우, 다시 말해 상품 품질상의 불확실성이 큰 경우를 생각해 보자. 이 경우 제7장에서 살펴보았듯이 글로벌 마켓에서 신제품 출하를 기대하는 기업은 자사 상품의 품질에 대한 소비자의 불확실성을 없애야 한다. 이 경우 원가에 못 미치거나 국내판매가격 이하로 덤핑함으로써 일시적 손실이 발생하지만 장래의 수요확대로 이어질 가능성이 있는 경우는 글로벌 경쟁을 위한 염매행위가 바람직한 경영전략일 수 있는 것이다. 경우에 따라서는 글로벌 소비자를 유인하기 위한 유일한 마케팅수단일 수도 있다. 그러한 덤핑을 통해 고품질임을 경험시킴으로써 자사 상품에 대한 수요를 증가시킬 수 있는 것이다. 이 경우 덤핑은 시장진입 수단의 하나로 인정되는 것이 바람직하다.

해외시장에서의 가격차별화

같은 상품을 서로 다른 시장에서 서로 다른 가격으로 판매하는 것을 가격차별(price discrimination)이라고 하는데 국내시장과 해외 시장 간의 가격탄력성과 소비자 수요가 다른 경우 기업은 가격차별화를 통해 이윤을 얻을 수 있다. 만일 해외시장에서의 가격탄력성이 높고 수요가 낮은 경우 덤핑을 통해 가격차별화를 통한 이윤획득이 가능하다.[81] 이 경우 해외시장에서의 덤핑행위는 기업의 입장에서는 합리적인 시장 활동으로 볼 수 있다.

☑ **용어 정리 – 가격차별화**(price discrimination)

동일한 상품에 대해 서로 다른 시장에서 각기 다른 판매가격을 매기는 것을 가격차별이라고 한다. 가격차별화는 가격탄력성이 다른 시장이 존재해야 하고, 재판매가 가증하지 않아야 하는 등 2가지 조건이 성립해야만 가능하며, 이러한 조건은 가격차별화를 위한 일종의 장벽 역할을 하게 된다. 일반적으로 가격탄력성이 상대적으로 작은 시장에서는 상대적으로 높은 가격이 설정된다.

3) 글로벌마켓에서의 진입장벽과 경쟁정책

(1) 진입장벽

한편, 법적으로 인정되는 국제거래에서의 장벽도 있다. 의약품이나 자동차 등 소비제품의 경우 안전성 확보의 관점에서 수입이 제한되기도 하며, 국내 기준에 적합하도록 추가적인 조치를 취할 것을 요구하기도 한다. 이러한 규제들은 국제거래에서의 사실상의 진입장벽이 된다. 사실 우리가 지금까지 공부해 온 경쟁정책적인 차원에서는 이러한 비경쟁적인 장벽들은 제거되는 것이 바람직하다.

국내시장에서의 판로상의 장벽으로는 경쟁법상 '불공정거래행위'가 있다. 공정거래법에서는 '상품 또는 서비스를 거래함에 있어서, 그 거래 상대방의 거래지역 또는 거래 상대방을 부당하게 구속하는 조건으로 거래하는 행위'(공정거래법 제23조1항5호)를 불공정거래행위의 하나로 규정하고

---

81) 상대적으로 가격탄력성이 낮은 국내시장에서는 경쟁이 가능한 범위 내에서 높은 가격을 유지하게 된다. 한편으로 높은 국내가격을 유지하기 위해 재고를 해외에 덤핑 수출하려는 유인이 생긴다.

있다. 재판매가격 유지행위, 배타적 특약점 거래계약(양판점 불인정 계약) 등이 이에 해당한다.

국내 판매망들이 국내의 해당 기업 전용의 점포망일 경우 해외기업이 국내에 진출할 때 상당한 어려움이 따른다. 판매하려는 상품을 취급해줄 도매상이나 소매상을 확보하기 어렵다면, 새로운 판매망 개척 등을 위해 투자할 수밖에 없으며, 이는 경쟁에서 매우 불리한 위치에 있음을 의미한다. 이런 문제들이 종종 국가간 무역마찰이나 국제거래상 분쟁이 되기도 한다.

(2) 경쟁정책적 대응

이러한 사실상의 진입장벽이 경쟁정책적인 관점에서 문제가 되는 부분은 국내의 보호규정이나 전매독점계약 등이 실질적으로 시장 경쟁을 저해하는지 여부이다. 이때 신규진입 기업이 국내기업인지 아니면 해외기업인지 여부는 문제되지 않는다.

또한, 국내시장의 판매망 구축 시 이른바 '특수자산에의 투자'[82]가 요구되는데, 경쟁 기업들이 그러한 특수자산투자에 (무임)승차하는 것을 배제하기 위한 배타적계약은 합리적 시장 활동의 하나로 간주할 수도 있다. 만일 그러한 무임승차를 배제할 수 없다면 매몰비용적 성격이 강한 특수자산에 대한 투자가 발생되지 않아 해당 산업의 성장을 기대할 수 없을 것이다. 따라서 전매독점계약의 경우도 그러한 관점에서 '경제적 합리성'과 '진입장벽으로서의 경쟁제한효과'간의 균형적 판단이 요구된다 하겠다.

지금까지 살펴본, 경제의 세계화, 글로벌화로 인해 야기되는 제반 문제 중에는, 해당기업의 국적에 관계없이 발생되는 문제들도 적지 않다.

또한, 카르텔, M&A와 같이, 해외기업에 대한 우리나라 공정거래법의

---

82) 이 책의 제9장 2절에 '특수자산에의 투자'의 의미를 상세히 설명해 놓았다.

역외적용이 요구되는 경우도 있다. 우리나라 공정거래위원회의 역외적용의 태도를 보면 아직까지는 유럽이나 미국 등의 경쟁당국에 비해 매우 소극적이다. 국내 소비자의 후생손실을 막기 위해서도 보다 균형 잡히고 적극적인 경쟁 정책적 대처가 필요하다.

[검토과제]

1. 해외시장에서의 카르텔이 국내시장의 가격상승을 초래하여 국내 소비자의 후생을 저해하는 경우를 예를 들어 설명하라.
2. 해외기업과 국내기업간의 합병이나 매수가 국내에서의 경쟁을 제한하는 경우를 설명해보라. (소비자후생에 미치는 효과도 함께 고려해보라).
3. 한 기업이 자국시장에서의 가격보다 (현저히) 낮은 가격으로 타국 시장에서 판매해도 합당한 경우를 가격차별이론을 적용하여 설명하라.
4. 국제거래에서의 가격차별화의 조건은 국내거래에서의 가격차별화 조건과 차이가 있는가?

찾 아 보 기

〈한 글 편〉

≪ ㄹ ≫

≪ ㅁ ≫

≪ ㅂ ≫

≪ ㅅ ≫

≪ ㅇ ≫

〈영 문 편〉

[저자소개]

이종인(李種仁)

서울대(임산공학·농경제학)를 졸업하고 연세대(경영대학원)에서 경제학 석사, 캘리포니아주립대에서 부동산도시계획학 석사, 서울시립대에서 경제학 박사학위를 받았다.

20여 년간 한국소비자원의 정책연구실에서 연구위원으로 일했으며, University of California (Berkeley)의 로스쿨과 동 대학의 동아시아연구소 및 히토쓰바시(一橋)대학 법학연구과에서 객원연구원, 국회 국제경쟁력강화 및 제도개선 특별위원회에서 연구원. 서울시립대, 인하대, 강원대, 명지대, 건국대, 경희대 등에서 미시경제학과 법경제학, 소비자경제학 등을 강의했다.

지금은 재단법인 여의도연구원의 정책연구실에서 연구위원으로 일하고 있으며, 건국대학교 겸임교수로 활동 중이다.

이메일 jongin_lee@yahoo.com

[저 서]

『법경제학』(주해 역저, Cooter & Ulen, 비봉출판사, 2000)
『제조물책임과 제품안전성의 법경제학』(학술정보, 2006)
『불법행위법의 경제학』(도서출판 한울, 2010)
『소비자의 시선으로 시장경제를 바라보다』(이담북스, 2011)
『세상을 바꿀 행복한 소비자』(이담북스, 2012)
『범죄와 형벌의 법경제학』(도서출판 한울, 2013)
『소비자와 글로벌마켓 중심의 시장경제』(공저, 박영사, 2014)
『당신이 소비자라면』(이담북스, 2015)
※ 소비자정책과 법경제학에 관한 다수의 논문과 연구보고서

경쟁정책과 소비자후생

2015년 9월 10일 초판인쇄
2015년 9월 15일 초판발행

저 자 이 종 인
발 행 인 고 호 균
발 행 처 **법 영 사**

저자와의 협의하에 인지첩부를 생략함

06302 서울시 강남구 논현로 130
전화 (501)8898(대) Fax (501)8895
등록 1987. 5. 11. 제3-125호(윤)
Homepage : www.bubyoungsa.co.kr
E-mail : bypuco@chol.com

※ 파본은 교환해 드립니다. 정가 **18,000원**

ISBN 978-89-7032-308-4